メルロ＝ポンティ

可逆性

鷲田清一

講談社学術文庫

まえがき

子どものとき、ひとからナイフをもらったが、切れ味がわるいので、何度もくりかえし研(と)いだ。もっと鋭くしようと懸命に研いでいるうちに、研ぐことそのことに夢中になってしまい、気がついたら刃がすっかりすり減って、なにも切れなくなっていたと、寂しげに幼少のころの思い出を語った……。現象学者エドムント・フッサール（一八五九―一九三八年）の生涯を圧縮した、できすぎともいえそうな逸話である。

《現象学》にとって現象の「記述」はその生命線のようなものである。フッサールとともに開始された現象学的な世界分析は、世界についてのわれわれ自身の経験の分析として遂行される。そのナイフが擦り切れてしまったのである。かわって、《現象学》というナイフでわれわれの世界経験をその濃(こま)やかな襞(ひだ)のすみずみにいたるまで記述したのは、フッサール晩年の講演をパリで聴いたモーリス・メルロ＝ポンティ（一九〇八―六一年）であった。

二十世紀の思想史において《現象学》の出現はどのような事件であったのか。それはいま、世紀の転換点において、さらにどんな可能性を孕(はら)んでいるのか。本書では、メルロ＝ポンティの仕事をとおして、現代思想にとって《現象学》がいったいどのような冒険であったのかをさぐってみたい。

N・M・Mに

目次

メルロ＝ポンティ

凡例

メルロ＝ポンティの主要著作はほとんどが邦訳で読むことができるので、本書でメルロ＝ポンティの文章を引用するときには、基本的には邦訳書の文章を（若干表現や仮名遣いを改めさせていただいたところもあるが）そのまま使っている。長年にわたってメルロ＝ポンティの著作の翻訳作業をその中心で担ってこられた木田元、滝浦静雄両教授に、とくに訳語の選択や原典の文体を映しだすような表現法にしめされた周到でかつ濃やかな感覚に、深く敬意を表したい。

本文中でメルロ＝ポンティの文章を引用する場合には、出典は以下のように略記し、邦訳の頁数を示した。

SC：『行動の構造』滝浦静雄・木田元訳、みすず書房、一九六四年（*La structure du comportement*, Paris: PUF, 1942）

PP：『知覚の現象学』第一分冊：竹内芳郎・小木貞孝訳、みすず書房、一九六七年、第二分冊：竹内芳郎・木田元・宮本忠雄訳、みすず書房、一九七四年（*Phénoménologie de la perception*, Paris: Gallimard, 1945）

HT：『ヒューマニズムとテロル』森本和夫訳、現代思潮社、一九六五年（改訂版）（*Humanisme et terreur*, Paris: Gallimard, 1947）

SNS：『意味と無意味』滝浦静雄・粟津則雄・木田元・海老坂武訳、みすず書房、一九八三年（*Sens et non-sens*, Paris: Nagel, 1948）

AD：『弁証法の冒険』滝浦静雄・木田元・田島節夫・市川浩訳、みすず書房、一九七二年（*Les aventures de la dialectique*, Paris: Gallimard, 1955）

PM：『世界の散文』滝浦静雄・木田元訳、みすず書房、一九七九年（*La prose du monde*, texte établi et présenté par Claude Lefort, Paris: Gallimard, 1969）

S：『シーニュ』第一分冊：竹内芳郎・海老坂武・粟津則雄・木田元・滝浦静雄訳、みすず書房、一九六九年、第二分冊：竹内芳郎・木田元・滝浦静雄・佐々木宗雄・二宮敬・朝比奈誼・海老坂武訳、みすず書房、一九七〇年（*Signes*, Paris: Gallimard, 1960）

OE：『眼と精神』滝浦静雄・木田元訳、みすず書房、一九六六年（*L'œil et l'esprit*, Paris: Gallimard, 1964）

VI：『見えるものと見えないもの』滝浦静雄・木田元訳、みすず書房、一九八九年（*Le visible et l'invisible: suivi de notes de travail*, texte établi par Claude Lefort, Paris: Gallimard, 1964）

RC：『言語と自然――コレージュ・ドゥ・フランス講義要録一九五二―六〇』滝浦静雄・木田元訳、みすず書房、一九七九年（*Résumés de cours: Collège de France 1952-1960*, Paris: Gallimard, 1968）

メルロ＝ポンティ

可逆性

プロローグ　現象学の地平へ

やわらかな哲学者

メルロ＝ポンティはあかるい哲学者である。やわらかな哲学者である。

そう語ったのは、若い日に霊長類の行動研究にたずさわり、現在は文化人類学のほうに研究の重心を移しているおない歳の友人である。かれは学生時代からメルロ＝ポンティを愛読していた。この言葉に託された思いというのは、かれにおいてじつは特別なものがあるのだが、それについてはふれまい。ただ、いまは亡きひとりの哲学者がフランス語で書いたその文章が、極東に住むひとりの人間をその懐で勇気づけていた、その事実を言いたかったのであり、その表現が「あかるい」、そして「やわらかな」であったということを確認しておきたかったのである。

が、あかるいというのは、軽いということではない。哲学の従来のイメージからすれば、哲学とは暗く、深く、とても重いものであって、あかるい哲学などというのは、浅い哲学、軽い哲学などというのと同様、正しくない哲学というのとかわりない。やわらかなというのも、緻密でない、論理構成が甘いというふうに、きっとネガティヴに受けとめられるにちがいない。

けれども、あかるいというのは、希望があるということであって、したがってそれはむしろ、しずかな悲しみ、ひそやかな断念、あるいは深い哀悼の思いのなかにこそある。そういえば、ジャン゠ポール・サルトル（一九〇五―八〇年）も、かつての盟友、メルロ゠ポンティの思い出を綴った文章のなかで、メルロ゠ポンティの思想にはどこか「寂しげな陽気さ」があると書いていた。

メルロ゠ポンティはたとえば、「理性はたわみやすいものである」という、かれが終生愛読していたパスカルの言葉を変奏するかのように、「意識は傷つきやすいものである」と書きつける。あるいは、「もろさ」、「くぼみ」といった言葉を好む。そしてその口ぶりにはどこか温かみがある。どこか救いがある。それがあかるい感じを与えるのだ。やわらかなというのも、論理が緩いとか切れ味が鋭くないといった意味ではなく、論理を超えて、経験や感情の濃やかな襞のその内側にまで浸透していくような繊細なまなざしをもっているという意味であり、あらかじめ用意されている思考の図式にこだわらないで、ものの現われのその折り目の一つ一つに震えるような微細なまなざしを深く送り込んでゆくという意味である。つまりそれは、思考の感受性のことなのだ。

わたしはそういう意味での、メルロ゠ポンティの哲学のあかるさとやわらかさについて、この本のなかで考えてみたいとおもうのである。わたしの友人がかつてその言葉で語りだそうとしていたことを言い当ててみたいのである。

濃やかな思考宇宙

自分のことも、すこしは語らねばなるまい。

わたしはメルロ゠ポンティの文章を読むことで哲学の世界に入った。哲学の文章にはふつう、無味乾燥だというようなイメージがつきまとうようだが、ほんとうは哲学にはぞくっとするような文章が多い。というより、そういう文章につられて、哲学の世界に引きずり込まれるひとが多いように思う。

フランスの文化史を研究しているこれまたおない歳の知人は、ヴァルター・ベンヤミンの『パサージュ論』を手にとったとき、ふと、「子どもが（そして、成人した男がおぼろげな記憶の中で）、母親の衣服のすそにしがみついていたときに顔をうずめていたその古い衣服の襞のうちで見いだすもの——これこそが本書が含んでいなければならないものである」という言葉にふれ、「だとすると、その革命の第一歩は、母親の〈上着付きドレス〉の裾をつかんで〈ギャザー〉の中に顔をうずめる〈子供〉から始まることになる。これほどに感動的な〈革命〉はほかにない」と書きつけた。

ギャザー、布を縫い縮めた襞といえば、メルロ゠ポンティの思考には《存在》をめぐる深い喪失感と信頼とが表になり裏になって交差しており、それらが感覚の濃やかな襞の一つ一つにしみ込んでゆくようなまなざしのしなやかさと一つになって、奥行きのある独特の思考宇宙を構成している。そういう思考の宇宙にはじめてふれたのは、わたしのばあい、つぎのような文章によってだった。

現象学はバルザックの作品、プルーストの作品、ヴァレリーの作品、あるいはセザンヌの作品とおなじように、不断の辛苦である——おなじ種類の注意と驚異とをもって、おなじような意識の厳密さをもって、世界や歴史の意味をその生まれいずる状態においてとらえようとするおなじ意志によって。こうした関係のもとで、現象学は現代思想の努力と合流するのである。

メルロ＝ポンティが一九四五年にソルボンヌに提出した博士論文『知覚の現象学』の序文の結びの文章として書かれたものである。

「哲学とはおのれ自身の端緒がたえず更新されてゆく経験である」

十代の終わりにわたしはこの文章にふれた。背丈の伸びはとっくに止まっているのに、それでもなにかある特定の世界へと自分を限定できないでいるときに、限定できないことをポジティヴにとらえていいのだということを、メルロ＝ポンティのこの文章はメッセージとして届けてくれたように思う。絵画や小説に接するのとおなじ感覚で哲学の文章に接することができる……という期待は、かれの他の著作をひもといたときもいささかも裏切られはしなかった。

それがはたしてメルロ＝ポンティの文章の正しい読み方だったかどうかは、さだかではない。〈襞〉のある思考というものがはたしてどういうものなのかも、頭の隅をよぎりすらしなかったように思う。が、ともかくそのとき以来、世界というものが異なった感触のなかでわたしの眼に映りはじめたことはたしかだった――《現象学》の名とともに。

メルロ＝ポンティの文章の読みやすさも読みにくさも、ともに、曲がりくねるような複雑な論理を駆使するという以上に、「現象学的記述」がじつに濃密だというところにある。「記述することが問題であって、説明したり分析したりすることは問題ではない」と言い切るメルロ＝ポンティは、書くことがそのまま発見となるのでなければならないような言葉の紡ぎ(つむ)だしかたをしている。世界には、ほとんど職人芸とでもいうべきある表現のスティル（様式、文体(スタイル)）によってのみ近づけるような位相がある。スティルがはじめて可能にする視線というものがあるのだ。そしてそれのみが近づきうる存在の秘密とでもいうべきものが、あるいは存在のプロフィルが。

「哲学とはおのれ自身の端緒がたえず更新されてゆく経験である」。これはおなじ『知覚の現象学』の序文のなかでメルロ＝ポンティが下している哲学の定義の一つである。あるいは別の著作のなかでは、われわれの意識の深みに沈澱したさまざまの契機をときほぐす作業を「考古学」と名づけ、そのうえで「われわれの〈考古学〉の領域へのこうした下降は、われわれの分析の手段を無傷のままにしておくであろうか」と述べている。

　これらの言葉もまた、自分が不明になるという体験をポジティヴにとらえていいのだという呼びかけとして、若い日のわたしは受けとめた。そのためには言葉の一つ一つを、その肌(き)

理をたしかめるようにして丹念にえらぶ必要があるということも教わった気がする。メルロ＝ポンティの言葉をもじっていえば、哲学としての《現象学》は一つの学説ないしは体系である前に、一つの試み（essai）だということでもあろう。

現象学とはなにか

そこで、《現象学》である。メルロ＝ポンティについては、かれのコレージュ・ドゥ・フランスでの講義題目をもじって、かれは「現象学をその限界にまで導いていった」といわれることがある。しかし「限界にまで導く」というのは、《現象学》を完遂することなのか、それともそれを乗り越えてしまうことなのか。あるいは、そもそもメルロ＝ポンティが現象学者であるというのはどのような意味でいわれているのか。メルロ＝ポンティの死後、半世紀以上もたって、われわれはまだそういう問いにじゅうぶんに答えていないように思う。

本論に入って見ることになるが、《現象学》という哲学の運動については、その外部から、これまでさまざまに語りだされてきている。《現象学》の視線とは、《現象学》の方法とは、いったいどういうものなのか。メルロ＝ポンティはかれの名をフッサール以後の最大の現象学者としてのちにその歴史に刻みつけることになる『知覚の現象学』の序文においてすでに、《現象学》の限界というものをつよく意識して文章を書きだしている。ただし、それを、フッサール以上に《現象学》的に乗り越えようとしてである。「現象学というものは、ただ現象学的方法によってのみ近づきうるものだ」とは、その序文のなかの言葉である。

メルロ＝ポンティが、二十世紀のとば口でフッサールとともに開始された《現象学》という哲学的思考の運動に大きな喝をあたえた、というよりその歴史の大きな転換点をなした思想家であることはまちがいない。メルロ＝ポンティとともに《現象学》は、学問論や論理学から科学批判もしくは「生きられた経験」の学へと、あるいは諸学の媒介者というポジションへと、大きく展開したということもできる。これはフッサールの乗り越えというよりも、あきらかにフッサールの思考の射程のなかにありながら「考えられないでしまったこと(l'impensé)」の全面展開という意味をもっていた。

メルロ＝ポンティは戦時中、フッサールの遺稿が保存してあるルーヴァン（ベルギー）のフッサール文庫をくりかえし訪れ、後期フッサールの遺稿を丹念に読むなかで、フッサールにおいて「考えられないでしまったこと」を抽きだし、その思想史的な重要性を流麗な文体によってするどく指摘したのであった。

現代思想の努力と合流するために

身体、他者、生活世界、あるいは間主観性、受動性、無名性、先存在といった後期フッサールが取り組んだ主題群は、メルロ＝ポンティによって哲学的な位置づけがはじめて綿密になされたわけであるし、そしてかれのその後の仕事とともに、現代哲学のなかに主題として浮上してきたものである。それらが現代哲学にとっていかに根源的なテーマであったかは、その後の哲学の展開、あるいは現代思想の展開をみれば一目瞭然であろう。その意味では、メルロ＝ポンティは、戦後しばらくたって起こった後期フッサールの思考への注目、つまり「現象学のルネッサンス」、さらには「現象学の徹底化」の仕掛け人だったともいえる。が、他方で、メルロ＝ポンティは現象学のもっとも徹底した批判者でもあった。あるいは現象学のなかに未だ潜んでいる観念論的な契機、あるいは主観主義的な契機にもっとも批判的な視線を向けたひとでもあり、今様の言葉でいえば、「現象学の脱構築」をこそ試みたひとであるともいえる。

が、さらにしかし、メルロ＝ポンティをそのように現象学の枠のなかで理解するということそのことにも問題はある。メルロ＝ポンティの死後半世紀以上たって、われわれはメルロ＝ポンティがはたして現象学者であったと言っていいのかどうかさえも、問わなければならなくなっている。メルロ＝ポンティの思想とはどういう意味で《現象学》的なのか、あるいはどういう意味で《現象学》を超えているのか——このような問題意識を底流としつつ、メルロ＝ポンティが思考したこと、そして思考しないですませたことを、浮き彫りにする作業が要請されていると言ってもいい。そういうわけで、メルロ＝ポンティの《現象学》の生成、それを検証する作業からわれわれによるメルロ＝ポンティの思考の追跡ははじまる。『知覚の現象学』の序文の終わりに記されたあの文章を、もう一度、われわれのメルロ＝ポンティ論の序文の最後に引いておこう。以下の五章は、ほとんどこの文章の解釈のために捧げられるであろうからである。

現象学はバルザックの作品、プルーストの作品、ヴァレリーの作品、あるいはセザンヌの作品とおなじように、不断の辛苦である――おなじ種類の注意と驚異とをもって、おなじような意識の厳密さをもって、世界や歴史の意味をその生まれいずる状態においてとらえようとするおなじ意志によって。こうした関係のもとで、現象学は現代思想の努力と合流するのである。

第一章　構　造——〈行動〉の研究

BIBLIOTHÈQUE DE PHILOSOPHIE CONTEMPORAINE

LA STRUCTURE
DU
COMPORTEMENT

PAR

MAURICE MERLEAU-PONTY

PRESSES UNIVERSITAIRES
DE FRANCE

『行動の構造』（1942年）

1　幸福の薄明かりのなかから――履　歴

はじめから済んでいた生

幼年時代の記憶が、精神分析のいうコムプレックスをなしており、そこから離れられないという面と、自分の過去というものについて書き物のなかで回想することの禁止。友人ポール・ニザン（一九〇五―四〇年）のように「われわれは生まれる以前にすでに殺されている」とは言わなかったにしても、はじめから、済んでしまった生を送っているようであり、とくに四十五歳で母を失ったあとは、まるで「世捨て人」のようにして過ごしたメルロ＝ポンティ、そのかれがみずからの私的生活については終生、口をつぐんでいたのであれば、その幼年期についてなにかある事実を掘り起こすことから、そのひとの思想について語りだすということがいかほどの意味をもちえようかと、はじめにためらいがよぎる。

もっとも、語ろうにも、このようなひとだからその伝記的事実についてはまだまだヴェールに包まれたままで、ごく公式的な事実しかわかっていない。

中央大学の加賀野井秀一氏がこの穴を埋めるべく、メルロ＝ポンティの埋葬されているペール・ラ・シェーズ墓地から出生地であるロシュフォールの市役所、さらに婚姻証明書が出されたボルドーの市役所とその古文書館へと克明な追跡調査を試みられた（「メルロ＝ポンティの伝記に関する調査報告」、『仏語仏文学研究』中央大学仏語仏文学研究会、第二二号、一九九〇年二月）。そこで得られたデータで補いながら、コレージュ・ドゥ・フランスの教授に就任するまでのメルロ＝ポンティの履歴をおおよそのところ描きだしてみよう。

恢復しえない至福の幼年期

モーリス・ジャン・ジャック・メルロ＝ポンティは、一九〇八年三月十四日、フランス南西部、ブルターニュ半島とスペインとに挟まれたビスケー湾内の軍港の町、ロシュフォール・シュル・メールに生まれた。父方の祖父、サミュエル・アナトール・マゼッパ・メルロ＝ポンティは医師、父ベルナール・ジャンは軍人だったが、三歳のときにその父を亡くし、以後、母親のジュリー・ジャンヌ・マリ・ルイーズ、兄ルイ、妹モニクとの親密な家庭で成長する。その親密さは閉鎖的と言えるほどであったといわれる。

かれのこうした幼児期について、サルトルはメルロ＝ポンティの死後、『レ・タン・モデルヌ』のメルロ＝ポンティ特集号（一九六一年十月）に載せた長大な追悼文のなかでこう書きつけている。「メルロは、一九四七年のひと日に、比類のない幼少時期から自分はけっして恢復しなかったとわたしに告げたことがある」（平井啓之訳）、と。

けっしてそこから恢復しなかった至福の数年間、その閉ざされた親密な生活。この失われた楽園にこそ、多くの研究者は、〈共存〉とか〈コミュニオン〉とか〈共同‐出生〉（co-naissance＝認識）といった言葉でしばしば表現されている、自然との、あるいは他者たちとの閉ざされた合一のイメージの根、濃やかな交わり（「交流」や「交換」として語られる）のイメージの根が、深く下ろされているとみてきた。メルロ＝ポンティの思考のなかでたえず密かにはたらきだしていて、やがて「差異」とか「ずれ」、「裂開」とか「炸裂」といった言葉で語りだされる〈存在〉の根源的な亀裂をふたたび蔽ってしまうことになる、あの半透明の膜のようなもの、あるいは子どもを羊液ごとくるんでいる母胎のようなもの。

ちなみに、この幼年期なるものとのかかわりについて、サルトルもメルロ＝ポンティももにある考えをのべているのだが、どちらもそれに二つのタイプがあって、自分と相手とがはじめからべつのタイプに属していたと認めているのはおもしろい。先に引用した部分に、サルトルはさらにこうつづける。

> われわれの幸福の能力とは、幼少期がわれわれに拒んだものとそれがわれわれに譲りあたえたものとのあいだのある種の平衡に左右される。なにからなにまで奪いとられても、すべての望みをかなえられても、われわれは破滅する。

これにたいしメルロ＝ポンティは、幼児期というものについて、ポール・ニザンに託してこう書く。

> 青年である二つの仕方があり、両者は相手を容易には理解しえない。まず、幼年時代によって魅惑されているある種の人びとがいる。幼年時代がとり憑き、特権的なさまざ

まな可能性の次元において、かれらを魔法にかけたままにしておくのだ。また、幼年時代によって、大人の生活のほうへ投げだされる別の種類の人間がいる。かれらは、自分には過去がなく、また、あらゆる可能性のすぐそばにいると思っている。サルトルは後者の人間に属していた。……〔これにたいして〕幼年時代を引き継いでいった、あるいは幼年時代を乗り越えることによってこれを保持していこうと願っていた、つまりは救いの方法を探しもとめていたものたちは……乗り越えられるものは保持されないのであり、なにをもってしてもかれらにノスタルジーを覚えさせる全体性をとり返すことはできないのであり、またあくまでも意地を張るなら、やがては間抜けか嘘つきになる以外に道がなくなるであろうということを、学ばねばならなかったのだ。サルトルは、かれらの探求のなかにまでついていかなかった。だがその探求は公開のものでありえただろうか。妥協につぐ妥協として薄暗がりを必要としたのではなかったか。（S：(1)三六頁）

メルロ＝ポンティとサルトル。パリの高等師範学校（エコル・ノルマル・シュペリユール）で知りあったこのふたりは、政治へのかかわりにおいても、現象学の解釈においても、終生にわたり、深い交叉と反撥しあう磁極のような平行関係とをくりかえすことになるのだが、ふたりは幼児期について語るときも、きれいなまでにすれ違っている。

輝ける世代

さて、第一次世界大戦終戦の翌年、一九一九年に、メルロ＝ポンティは英仏海峡に面した港町ル・アーヴルの高等中学校（リセ）に入学する。一九二三年には、パリのジャンソン・ドゥ・サイイ高等中学校に転校し、翌年にかけて大学入学資格を順次、取得。一九二四年ルイ・ル・グラン高等中学校に移ったあとは高等師範学校の受験準備にあたる。この準備課程では、マルセル・ベルネや（メーヌ・ドゥ・ビラン著作集の編纂者である）ピエール・ティスランらに哲学を学び、ベルクソンの著作を熱心に読んだ。そして一九二六年高等師範学校（エコル・ノルマル・シュペリユール）に入学する。

これまでに登場した二人の人物、サルトルとニザンはともに一九〇五年生まれ、高等師範学校の同級生である。おなじ〇五年生まれにはレイモン・アロンがいた。すこし後輩の〇八年生まれには、シモーヌ・ドゥ・ボーヴォワール、クロード・レヴィ＝ストロース、そしてメルロ＝ポンティがいた。〇九年生まれにはシモーヌ・ヴェイユが。かれらは二〇年代の後半、ほぼ同時期に高等師範学校やソルボンヌ大学に在籍していた。のちに、第二次世界大戦後のフランスの思想界と知的宇宙とをリードする「輝ける世代」である。メルロ＝ポンティは寮生ではなかったので、当時かれらとかならずしも親密に交わったわけではないが、教育実習の際にはたまたまボーヴォワール、レヴィ＝ストロースとおなじ学校に配属された。

一九二九年にメルロ＝ポンティは、ソルボンヌで六十九歳になるフッサールのパリ講演、のちに『デカルト的省察』（一九三一年）として出版されることになる「超越論的現象学入門」を聴いている。また一九二八年からは、ドイツの現代哲学を紹介したジョルジュ・ギュルヴィッチの講義も二年にわたり聴講している。高等師範学校時代のメルロ＝ポンティについては、シモーヌ・ドゥ・ボーヴォワールが『娘時代』（朝吹登水子訳、『コレット　ボーヴォワール』中央公論社〈世界の文学セレクション〉、一九九四年。原題は『ある堅気な娘の回想』で、一九五七年の刊行）のなかで、「おだやかなまなざし」で「うぶな笑い方」をするプラデルという青年のすがたを借りていきいきと描きだしているので、そちらを見ていただくとして、先に進もう。

エドムント・フッサール

サルトルとの深い交叉、あるいはひどい平行状態

一九三〇年七月、メルロ＝ポンティは哲学の教授資格試験に合格する。一年間の兵役のあと、翌三一年に、パリの北にあるオワーズ県ボヴェの高等中学校の臨時哲学教授に就任、このころからフッサールの公刊された著作を読みはじめたらしい。

三三年から一年間、国立科学研究所で研修。延長を申請したが認められず、三四年、パリの西にあるシャルトルの高等中学校に哲学の教授として赴任した。翌三五年から三九年までは、パリで高等師範学校の復習教師を務める。このころから『ラ・ヴィ・アンテレクチュエル』や『心理学雑誌』などの雑誌に寄稿（はじめは書評のたぐい）をはじめる。その後、一九三八年に、われわれが最初にその内容をくわしくみることになる『行動の構造』を脱稿する。公刊は四年後の四二年のことである。

そしてキャリアだけをみれば、三九年に陸軍少尉として一年強の従軍のあと、四〇年にカルノーの高等中学校の哲学教授となり、四四年にはサルトルの後任としてコンドルセ高等中学校で高等師範学校受験級を担当、さらに四五年に、『行動の構造』とこの年に刊行された『知覚の現象学』とで博士号を授与されたあと、すぐにリヨン大学の専任講師に着任し、四八年に教授に昇進、以後四九年にはソルボンヌの児童心理学および教育学の講座主任教授に、五二年にはコレージュ・ドゥ・フランスの教授に選任されるというふうに、アカデミズムの階段を着実に駆け上がっていったといえる。

著作はこの間に、博士論文の二著のほかに政治評論『ヒューマニズムとテロル』（一九四七年）と哲学・芸術評論集『意味と無意味』（一九四八年）を公刊している。

以上が五二年までのアカデミック・キャリアである。が、けっして静謐な生活だったわけではない。個々のキャリアのあいだに二度の兵役服務・従軍がはさまっていることからもわかるように、時代はまさに第二次世界大戦の対独戦線とレジスタンス運動のさなか、そして戦後の動乱と左翼運動のさなかであった。

サルトルとの出会いから共同行動、そして決裂へといたる劇的な関係が、これにさらに絡んでいた。それは深い交叉ともいえるし、ひどい平行状態ともいえる、奇妙な関係であった。サルトルは、メルロ＝ポンティの『ヒューマニズムとテロル』を「道案内」としてマルクス主義の運動にかかわっていったのだが、そのときはメルロ＝ポンティのほうがはるかに深く左翼に脚を踏み入れていた。そして協力して『レ・タン・モデルヌ』誌を創刊、これを拠点に戦後フランスの政治運動の論陣を張った。

が、これはまたサルトル派とメルロ＝ポンティ派との理論闘争の場所でもあった。ボーヴォワールやフランソワ・ジャンソンがメルロ＝ポンティを批判し、クロード・ルフォールがサルトルと激しい論争をした。おなじ現象学徒としては、ともに〈実存〉だとか〈他者〉、〈否定〉といった概念を共有しながら、理論としてはほとんどこれ以上はありえないくらいの距離をへだてて並行していた。〈歴史〉についても〈コギト〉についても議論はほとんど対極にあった。そういう苛烈な関係が、メルロ＝ポンティの哲学的思考の展開と政治運動への紆余曲折の関与の背後に、つねに火床のようにしてあった。

サルトルとの決別

一九三八年、『行動の構造』を完成したその年に——この年、フッサールが逝去している——、ソ連で処刑されたブハーリンの裁判記録を読んでいる。これがのちの『ヒューマニズムとテロル』の執筆につながる。この年、サルトルは初期の問題作『嘔吐』を刊行している。除隊後の一九四一年には、サルトル、ボーヴォワールらとレジスタンス運動のグループ

〈社会主義と自由〉を結成する。一年ほどで崩壊するが、これを機にサルトルとの密接な交際がはじまった。

一九四三年のサルトルの最初の主著『存在と無』の刊行、四五年のメルロ゠ポンティの主著『知覚の現象学』の刊行をはさんで、おなじ四五年の十月に『レ・タン・モデルヌ』を創刊、すぐにサルトルとメルロ゠ポンティが共同主幹となった。以後、一九五〇年までこの雑誌を中心に精力的に活動し、共産主義運動やソ連の強制収容所、フランス共産党の方針などについてつぎつぎと政治的文書を執筆する。ときにサルトルとの連名で書くこともあった。また四八年には、積極的な牽引役ではなかったが、非共産党系の極左を結集して〈革命的民主連合〉(ＲＤＲ)の創立に参画する。

ジャン゠ポール・サルトル

一九五〇年には朝鮮戦争が勃発したが、この事件の評価をめぐってサルトルと鋭く対立することになった。サルトルは以後、共産党に接近し、メルロ゠ポンティは政治的沈黙に入った。そして一九五三年の年頭、メルロ゠ポンティはコレージュ・ドゥ・フランスで教授就任講演「哲学を讃えて」をおこなう。この年はしかし、サルトルと決裂した年でもあった。前年、サルトルが発表した論文「共産主義者と平和」をめぐって、「党」を労働者階級の本質的な核とするか、それを階級闘争のなかで相対化してゆくかの路線論争が、サルトルとメルロ＝ポンティ派のルフォールとのあいだで起こる。そしてこの五三年には、ひとりのマルクス主義者の論文の取り扱いをめぐってメルロ＝ポンティとサルトルが決裂することになる。

　メルロ＝ポンティはそれまで、生涯をとおして一度もアカデミズムの内部へ入ろうとしなかったサルトルとともに、『レ・タン・モデルヌ』誌を主宰し、左翼的立場から同時代の政治状況にたいして積極的に発言してきたが、この年、メルロ＝ポンティはついに『レ・タン・モデルヌ』誌を去った。ともに現象学的思考から出発しながらも、サルトルとメルロ＝ポンティは不思議なほどつねに対照的な場所を選んだ。サルトルが想像力論を展開したとき、メルロ＝ポンティは知覚の分析に取り組んでいた。サルトルが透明な意識の自発性に思考の根拠を求めたとき、メルロ＝ポンティは、世界に内属する、コギト以前、人称以前の主体のあり方、とくにその身体性と受動性に注目したのであった。

ヘーゲルへの熱い関心

　われわれは前期メルロ＝ポンティのアカデミックなキャリアを、アカデミックということでかんたんに片づけすぎたかもしれない。

　フランスではＧＲＥＰＨ（哲学教育に関する研究グループ）が中等教育における哲学教育の削減につよく抗議し、ドイツではコミュニケーション倫理学の研究者らが初等教育のカリキュラム計画に積極的に参加するなど、西欧で哲学者が学校教育に深く関与している事実はずいぶん知られるようになってきたが、フランスではそもそも第一帝政以来、哲学課目が公教育のなかで中等教育の仕上げの意味ですべての生徒に必修課目として課せられ、大学入学資格試験の試験科目にもなってきた。その意味では、西欧では哲学教育はいやがうえにも政治的な影響をもたずにいなかった。

ヴァンサン・デコンブは『同じものと他なるもの』(邦訳は『知の最前線』)のなかで、とりわけ国家が動揺しているときはこの影響は決定的なものであって、たとえば第三共和制の初期、大学の哲学は学生たちに新しい共和制の正当性を教えるという使命を与えられていたという。デュルケームの社会学的実証主義と新カント派の理性主義という二つの学説がその使命実行の名乗りをあげ、ブランシュヴィックの観念論に代表される後者が大学での覇権をにぎったのだとデコンブはいう。

メルロ＝ポンティらの世代が哲学の授業に出だしたのは、そういう新カント派をはじめとする「謹厳居士」たちによる生気を失った超アカデミックな研究への反抗が、むしろ時代の空気として拡がりはじめていたころであった。サルトルは、メルロ＝ポンティがずっと排除しつづけた〈上空飛翔的思考〉にふれつつ、当時を回想してつぎのように述べている。

くだらない謹厳居士であるわれわれの先生方は、〈歴史〉を知らなかった。かれらは、そのような問題は成立しないとか、問題の立て方がわるいとか、あるいは――これは当時はやりの妙な言いまわしであったのだが――「解答は問題のなかにふくまれている」とか答えたものである。思索するとは測定することだ、とかれらのひとりが言ったたが、御当人はそのどちらもやりはしなかった。そしてかれらはすべて、人間と自然は普遍的概念の対象となる、と言っていた。それこそまさしくメルロ゠ポンティが承服できないことであった。自分の先史の古き秘密に悩むかれは、自分を軽飛行機だとみたてて、われわれ人間の生まれながらの埋没状況を忘れ、《上空を飛翔する》これらのまっとうな連中に苛立っていた。

アレクサンドル・コジェーヴのヘーゲル講義に若き知的秀才たちが集ったのも――メルロ゠ポンティのほかに、ジョルジュ・バタイユが、ピエール・クロソウスキーが、ジャック・ラカンが、アレクサンドル・コイレが聴講していた――、そういう背景がある。ロシアの情勢ならびにマルクス主義への関心の高まりということもあったが、それ以上に新カント主義への反抗とベルクソン哲学の失墜がヘーゲルへの熱い関心をよんだと、デコンブは指摘する。

われわれはメルロ゠ポンティがその処女作『行動の構造』において、《弁証法》の概念をきわめてポジティヴに駆使していることをすぐにみるであろう。ちなみに、メルロ゠ポンティが一九五五年に『弁証法の冒険』を刊行したその五年後に、サルトルは『弁証法的理性批判』という大著をものしている。

ヘーゲル主義への反動

ついでにもうすこし弁証法とフランス哲学との関係についてふれておけば、後続する世代――のちにポスト構造主義というふうにグルーピングされる世代の人たち――は、逆に反ヘーゲル主義で戦線を組む。

「非弁証法的な思考は、理性的なものと非理性的なものとの対立を固守するだろうが、みずから弁証法的であろうとする思考は、その定義上からして、理性にとって根本的に疎遠なものへと、他なるものへとむかう理性の運動に着手する。そこで問題はひとえにつぎの点に集約される。すなわち、この運動においては、他なるものが同じものへと還元されてしまうのか、それとも、理性的なものと非理性的なものとを、つまり同じものと他なるものとを同時に包含すべく、理性がみずから変貌し、おのれの原初的同一性を失い、同じものたることをやめて、他なるものにとって他なるものにならなければならないのかを、見極めることである」と、デコンブは指摘する。

ところで理性の他者とは、まぎれもなくのちにミシェル・フーコー（一九二六―八四年）が狂気(フォリー)ないしは非理性(デレゾン)と名づけたものである。そのフーコーは、メルロ＝ポンティの死の十年後、おなじコレージュ・ドゥ・フランスの開講講義（「ディスクールの秩序」）でこう語りだした。「われわれの時代は、論理学によってにせよ認識論によってにせよ、ニーチェによってであれマルクスによってであれ、あげてヘーゲルから脱しようと試みている」、と。

またその二年前に刊行された学位論文（『差異と反復』）の冒頭で、ジル・ドゥルーズ（一九二五—九五年）がつぎのように書いていた。「こうした徴候はすべて、一般化した反ヘーゲル主義にこれを帰しうる。つまり差異と反復が、同一的なものと否定的なものに、同一性と矛盾にとって代わったのである」、と（デコンブ、前掲書参照）。

「プロフィル」

さて、最初の問題にもどろう。サルトルにたいして、たとえば『弁証法の冒険』においてあれほど執拗に、というよりねちねち論駁していったおなじメルロ＝ポンティが、家族のこと、私生活のこと、そしておのれの来歴についてはまったく口をつぐんでいる。「入念に書き上げられた節度のあるその著書から、メルロ＝ポンティは場所ふさぎになるものはすべて切り捨て、自伝的な部分は切りつめた」がゆえに、メルロ＝ポンティには「思い出のアルバム」も「故人への頌辞」も見いだされないというグザヴィエ・ティリエットのようなひともいれば、それを受けて、加賀野井秀一のようにここには「節度以上に告白を忌避する別の理由が存在したのかもしれない」と補足するひともいる。さらに、さきにサルトルがふれていた「自分の先史の古き秘密に悩む」メルロ＝ポンティのすがたから、（ボーヴォワールが語ったとされる逸話にもとづいて）そこに出生の秘密を読みとろうとする解釈者もいる。

しかし、見えるものと見えないものとのたがいにくい込みあった関係がもはや見えるものについての言葉で書きえなかったように、沈黙せるものとのかかわりは書き物としての言語のなかに定着されうるものではありえなかったのだろう。書かれうる絡みあいと書かれえない絡みあいとがあるとでもいうように。

のちにみるように、現象学の発想が芽ばえてくる過程で、メルロ＝ポンティはしばしば現象学から「プロフィル」という言葉を引く。これはフッサールのAbschattung（射映）という概念、つまり古くは輪郭を意味したようだが、今日では濃淡の差とか陰影、あるいはニュアンスといった意味で用いられている言葉である。だが、メルロ＝ポンティにおいてこの言葉が出てくるときには、そうした「射映」という意味でだけでなく――Abschattungにはschatten（影）という語がふくまれている――、あるものがメルロ＝ポンティのひそやかな生のその半影や翳(かげ)りに深く挿し込まれつつ語りだされているのだということを感知しつつ読めば、それでいいのだと思う。ティリエットもおなじ場所で引いていたように、「あまりにも早く終わったもう一つの生に、わたしは希望の尺度をあてるのだが、いぜんとして続いているわたしの生には、死の厳格な尺度をあてるのだ」という感覚を、メルロ＝ポンティ自身が身をもって生きた。おなじ感覚を、われわれはわれわれなりにメルロ＝ポンティにむければいいのだ。

開かれた知

すぐにみるように、対立を固定し、双方を隔離することよりも、むしろその絡みあいを、いや、絡みあいのなかではじめて構造が生成するということを、終生、丹念に描きだそうとしていたメルロ＝ポンティ。初期の仕事を象徴する〈両義性〉という言葉、後期の仕事を象徴する〈可逆性〉という言葉、これらはともにこの絡みあいを概念化した術語である。

そしてこういう姿勢は、かれの歴史観や政治評論にまでも貫徹されている。見かけだけの対立、見かけだけの二者択一を乗り越えて、藪のように入り組み反転する生活世界の光景を、その錯綜するさまざまな次元と、さまざまな反転の軸を、まるでもつれた糸玉をほぐすようにより分けること。その文体によって、メルロ＝ポンティの文章が、ときに、断片だけをとりだせばだれが主張しているのかさえさだかではないように感じられるのも、その描かれるべき地形のうねりと屈折のある構造が要請したのかもしれない。

くりかえして言えば、メルロ＝ポンティの《現象学》を貫いていたのは、西欧の伝統的な思考法のなかでは亀裂や裂け目とみえるもの、たとえば主観と客観のあいだ、自己と他者のあいだ、あるいは言語と知覚、思考と存在、理性と感覚、自然と文化といった襞のあわいに深く入り込んでいって、そうした対立的な意味の出現を、その「生まれいずる状態において」とらえようという意志である。

この意志は観念論的な自己解釈のなかに吸収されるどころか、逆にかれの眼をひろく同時代の知的冒険へと向かわせたのであって、かれは、当時の神経生理学やゲシュタルト理論の研究動向はもちろんのこと、ピアジェやワロンの発達心理学、ソシュールの構造言語学、パノフスキーやマルローの芸術理論、レヴィ＝ストロースの「構造」概念やジャック・ラカンの鏡像段階論などの仕事にもっとも早い段階で注目し、その意義を論じたのであった。同時代の科学研究の動向を全体として視野に入れつつ思考したという意味では、たんに開かれた知のひとという以上に、デカルトやライプニッツといった西欧の《哲学者》の伝統に深く連なるひとであったと言ったほうがよい。

われわれはつぎに、初期の二つの記念碑的著作、『行動の構造』と『知覚の現象学』を読むなかで、メルロ＝ポンティの《現象学》的思考が、二十世紀の思想にとってどのような事件であったかをさぐることにしよう。

2 〈かたち〉の論理

思考の第三の次元へ

われわれの目的は、意識と自然――有機的、心理的、さらには社会的な自然――との関係を理解することである。（SC：一頁）

メルロ＝ポンティが公刊した最初の著作『行動の構造』（一九四二年）は、このような文章とともにはじまる。「有機的」あるいは「心理的」な自然はよいとして、「社会的自然」という言葉には、ふととまどう。メルロ＝ポンティのよき読者ならすぐさま、のちに文化のなかに沈澱した習慣とか、あるいは歴史の身体とでもいうべき制度あるいは制度化の運動などを思い浮かべられるかもしれない。ところが、これにはつぎのような文章がつづく。

「ここで自然とは、因果関係によって結ばれた、相互に外的なさまざまの出来事を意味する」。

つまりここで社会的自然とは、まるで自然科学が物理的な世界をとらえるように社会をとらえる、そのような社会科学の視線に映っている社会だということになる。自然とはここで、フッサールが（自然的態度と区別して）自然主義的態度とよび、のちに多くのひとが科学主義とよんだような視線の相関物のことである。

ここで問題にされている意識と自然の関係は、したがって抽象的なもの、乗り越えられるべきものとして、はじめからネガティヴに理解されている。意識か自然かという二項対立的な見方から切れること、別の言葉でいえば、観念か物か、主観か客観かという二者択一を超えることが、『行動の構造』や『知覚の現象学』といった一九四〇年代のメルロ＝ポンティの仕事を、まるで強迫観念のようにして突き動かしていたということになるだろう。

意識か自然かという、思考の二項対立的な枠組みをその土台から揺るがすということであれば、あらゆる出来事を意識という水準へと還元して考察する思考方式と、他方であらゆる出来事を自然の過程とみなして分析する思考方式との対立を、いわば無意味な対立として、まずは問題として解消してしまう必要がある。メルロ＝ポンティの言葉でいえば、「全自然を意識の面前で構成される客体的統一とする哲学と、有機体と意識を実在の二つの秩序として扱い、その相互関係においてはそれらを結果や原因としてあつかう諸科学」との対立関係そのものを、擬似問題として解体してしまうということである。

それが『行動の構造』では、批判主義的な哲学的反省の立場と経験主義的・実在論的な科学的分析の立場とを同時に乗り越えるような、思考の第三の次元を探究する作業として提示される。そして、(これはもちろん後から見てのはなしではあるが) 世界を綜合する〈意識〉とか〈主観性〉といった知的機能の反省的分析と、他方であらゆるものを物質的なモメントとその相互関係のなかでみてゆく科学主義的分析という、二つの学問的な思考から、そういう学問的思考以前にわれわれがすでにずっと生きてきた〈自然的経験〉の次元——フッサールの現象学では、「自然的態度」によって出会われている「自然的世界」とよばれていた——へと思考の地平を遡らせ、そこで意識でも自然でもない (あるいは、見方によれば、意識でも自然でもある)〈身体〉のその両義的な存在構造を分析するという、思考の全面的なシフト変換を試みる作業として、つぎに公刊された『知覚の現象学』(一九四五年) があるというふうに、さしあたってメルロ゠ポンティの初期の仕事の展開を大きく描いておくことができるだろう。

心的なものと生理的なもの

さて、意識と自然の対立、これは人間の行動に照準をあわせて論じるときに、心的なものと生理的なものとの対立として、もっとも先鋭的なかたちであらわれてくる。それゆえにメルロ゠ポンティは『行動の構造』で、行動科学や生理学による行動分析と、それにたいする哲学的反省のがわからの批判のその双方に、さらに第三の立場から批判の矛先をむける。そのうえで、心的なものと生理的なものというふうに区別ないしは分割されてきた行動の二つの契機を、その区別にたいして「中立的」な立場から定義しなおそうと試みる。

　メルロ＝ポンティはまず、反射行動をとりあげ、古典的な反射学説や条件反射の理論、さらには行動主義的心理学の分析を、ヴァイツゼッカーの神経生理学やゴルトシュタイン、ヴェルトハイマー、コフカらのゲシュタルト理論の研究成果に依拠しながら、批判的に論評する。反射理論は、有機体の行動を、〈刺激‐反応〉という、たがいに外的な物理化学的な出来事の連鎖という図式で理解しようとするが、ここで前提となる刺激と反応との一対一対応というのは、行動において見いだすのがむずかしい。行動においては、刺激すらもたんなる孤立的に作用する物理的動因ではなく、運動とかリズム、他の要素との空間的な配置関係といった形態（ゲシュタルト）的特性をもって有機体に作用してくる。したがって〈刺激‐反応〉という過程の集合態という、行動の原子論的解釈は、すでに生物のレヴェルにおいてすらなりたたないと言わねばならない。

　おなじように、刺激によって感覚受容器のがわで引き起こされる興奮にしても、「外的作用の受動的な記録」ではなく、「外的影響を加工して、それらが実際に有機体の記述的な規範に服しうるようにするはたらき」（SC：五四頁）なのであって、したがっておなじ器官に与えられる興奮のほんのわずかなリズムの変化によっても反応の質が変化するということも起こる。あるいは逆に、疲労や睡眠など受容するがわでの状態の変化が反射そのものを弱めたり強めたりして変化させることもある。おなじ一つの興奮が引き起こす運動性反応が、ときとして有機体のまったく異なった部位にある調整装置によって発動されることもある。つまり、そのつどの刺激にたいして、興奮が起こる解剖学的に限定された部位や局部というものを限定することはできないわけである。

「刺激のゲシュタルトは有機体そのものによって、つまり有機体がみずからを外の作用に差しだす固有の仕方によって創造されるものであって……有機体自身が、自分の受容器の固有の本性に応じ、神経中枢の閾に応じ、諸器官の運動に応じて、物理的世界のなかから自分の感じうる刺激を選ぶのである」と、メルロ゠ポンティはヴァイツゼッカーの反射理論批判によりかかりつつ述べている（SC：三三頁）。刺激も興奮も、その孤立的な諸部分がもつ要素的特性のモザイク的な総和以上のものであって、そこにはいわば刺激があらわれる「状況の意味」ないしは「全体過程」というべきものを認めざるをえないのである。

これは、いいかえれば、反射の水準においてさえ、刺激によって発生する神経活動を受容器から効果器へと伝導する〈縦〉の現象とみることはできず、むしろもろもろの刺激のあいだの相互作用が〈横〉の現象として神経系のどこかで発生しているはずだということになる。刺激は、たんに点的な刺激としてではなく、有機体にたいしては、つねにある布置（configuration）において、つまりある〈かたち〉（ゲシュタルト）として、作用するというわけである。「たった一つの部分に変化が起こってもそのたびに系全体の特性が変わるとか、また反対に部分がすべて相互におなじ関係を保ちながら変化するばあいには、系の特性もそのまま維持されるというところには、どこにでもゲシュタルトが存在する」（SC：八二頁)。

そうすると問題は、外的刺激とそれぞれの刺激にたいする有機体のがわの局所的な興奮にそのつど意味を与えるような「布置」ないしは「全体」がどのようなものかということになる。メルロ＝ポンティがゴルトシュタインの仮説を引きつつ述べているところによれば、「神経系は一つの全体なのであって、異質的な二つの部分からなる装置ではない。一般に理性の出現、高等な神経系の出現は、中脳に依存してもっとも本能的とみえる行動の部分をさえ、変形させてしまう」(SC：四一頁)。ということは、大脳の介入というのは、「行動を再組織し、それをより高い水準の適応と生活へと高める」というかたちではたらくということになる。

移調可能なもの、一般的なもの

刺激のゲシュタルト的特性を考えるとき、われわれは行動の「タイプ」や「水準」といった概念を導入せざるをえなくなる。「興奮は、刺激がいちじるしく増大するたびに、運動装置のなかで新しい運動に翻訳され、そして生物学的な意味をもつ動作を発動させうるように運動装置間に配分されるというしかたで形成される。反射運動性興奮の一覧表におけるこの非連続的な形態の変化、神経活動における新しい秩序の出現は、もはやいくつかの回路の不変性にもとづくのではなくて、各瞬間に神経系の固有の活動によって、また有機体の生活の要求に応じて創造されたものである」(SC：五〇頁)。

おなじ興奮が身体の別の部位に別の運動性反応を引き起こしたり、有機体のがわが刺激のゲシュタルトを選択的に出現させるということがある以上、ここで不変性というのは、そのつど異なる状況のなかで同一の反応を引き起こしうるようななにか一般的で恒常的な因子が、有機体のがわではたらきだしているということにほかならない。さまざまな状況へと「移調可能（transposable）な全体」――これはほかならぬゲシュタルトの定義でもある――、それが有機体の要求に応じて出現してくる。

メルロ＝ポンティはこの「移調」について、たとえば代償行為をめぐるトレンデレンブルクの実験を引いて説明している。

適当な大脳領域が部分的に切除されて、右脚ではエサをつかむことができなくなった動物は、その代理をしていた左脚を切ってしまうと、ふたたび右脚を使うようになる。たとえこのとき右脚を支配する中枢を切除しても、状況が緊急な仕方で強要するとき、たとえば食物が檻の外にあるというときには、いぜん右脚を使うことができる。この実験の各段階にたいして、そのつどの状況がそれを発動させる十全な刺激となるような新しい予備装置を対応させることは、ほとんど不可能である。神経支配はそのつど〈状況〉そのものによって規制されてまったく新しく配分されるという仮説のほうが、その現象の様相にはるかによく合致する。

　ここで動物はある未知の課題に直面し、みずからの諸器官のはたらきを系統的に変換し、身体活動を全体として再組織している。代償行為のほかにたとえば習慣の転移という現象については、メルロ＝ポンティは人間の、書字という行為を引きあいに出している。長い時間をかけて指を使って鉛筆で字を書くことを習得した児童は、なんの予備練習もしないで腕を使いチョークで黒板に字を書くことができる、しかもおなじような筆跡で、である。ここではある筋肉群が長い期間をかけてようやく習得した習慣がただちに別の筋肉群へ転移されるわけで、このばあいの筆跡が、別々の状況に翻訳可能なある〈一般的なもの〉の存在を告知している。

構造の障害

あるいはまた、ある行動様式の解体という病理現象。これもまたある水準における「構造の障害」を意味している。ある局所的な損傷は行動全体にかかわる「構造の障害」を起こすことがある。たとえば、ある種の健忘性失語症においては患者はいくつかの言葉を失うのではなく、それを使用しうるという能力を失う。

　色の知覚において、色の識別は、けっして一色一色脱落してゆくというかたちでは起こらず、むしろ色の差異が全体としてすこしずつ緩み、くずれてゆくというかたちで起こる。「病的変化は、より未分化（moins différencié）でより非組織的な、より全体的でより無定形な行動にむかう方向に起こる」。つまり差異（différence）の系の解体である。

ここでいう解体とは、そのつどの状況のもとでみずからの行動の場を〈意味〉において編制する、あるいは状況の意味を一つの図として無記的な地から浮かび上がらせる、その一般的機制がはたらかなくなるということであり、これをボイテンデイクは「全体（ゲシュタルト）知覚の減退、行動の分化（différenciation）の現象」と規定し、メルロ＝ポンティは諸要素を組織化する一般的な「水準」や「タイプ」の「系統的解体（une désintégration systématique）」と規定する。

人間のばあい、この〈一般的なもの〉、行為の組織化や統合のこの一般的様式がいちじるしく発達しており、そのぶん世界から身を引き剝がし、状況に埋没することなくそれに距離をとることができる。習慣づけにかぎらず、そもそも学習ということがなりたつのは、行動の編制がある一般性をもっているからである。状況が異なってもそこにおなじ意味が見いだされるならばおなじ解決を与えることができる。学習とは、「内容はさまざまであるが意味の一定した多数の行為のうちにあらわれる行動の一般的変容」（SC：一五一頁）のことであり、状況にたいして従来とは別の水準で新たな意味の関係を設定する再構造化のはたらきである。

3　構造の思考

行動の〈構造〉

行動にとって状況とはけっして物理化学的な諸刺激のモザイク的総和ではない。「行動においては〈全体〉が独自の特性をもつ」のであって――いや、そもそも刺激そのものが一つの〈全体〉であった――、そこでは状況と反応とのあいだに〈意味〉の関係が設定されている。

この意味の関係、あるいはこうした状況のゲシュタルト的特性を、メルロ゠ポンティはさらに〈構造〉といいかえている。そこで、この行動の〈構造〉が「内容のなかに埋没しているか、反対に内容から現われでて、ついには活動の固有の主題になっているかどうかに応じて」、行動の諸形態を分類することができるという。そしてここで、その〈構造の記述〉こそが『行動の構造』における「現象学」であったと、すこし先走って言っておくことにしよう。

さてその行動の構造は、(1)「癒合的形態」、(2)「可換的形態」、(3)「象徴的形態」という三つの形態に分類されている。

まず「癒合的形態」であるが、行動はこの水準では「自然的条件の枠のなかに閉じ込められて」おり、そのつどの具体的状況のなかにぴったりはまり込んでいるので、学習ということが不可能である。

つぎに「可換的形態」であるが、この水準においてはじめて信号による行動の編制がえ、つまりは学習が可能になる。ここで最初に例としてあげられているのは、ニワトリを使ったケーラーの実験である。

ニワトリの前に二つの穀物の餌がある。そのうち薄い灰色の標識のあるほうの餌（G・1）を食べ、中ぐらいの灰色の標識（G・2）を食べないよう、数百回かけてニワトリを訓練する。そのうえでつぎに、G・2を取り去って、G・1よりもさらに薄い灰色の標識（G・0）を置くと、一回目に反応したG・1ではなく、新たに設置されたG・0のほうをかなりの頻度で選ぶ。さらにつぎに、一回目に反応しないようしつけられたG・2を設置し、その横にそれよりもさらに濃い灰色の標識を置くと、こんどはG・2を選ぶ。

この実験から読みとれるのは、ニワトリが特定の色調に反応するのではなくて、二つの色調の薄いほうに、つまりはそれらの濃淡の関係に反応するのだということである。したがってここで訓練とは、特定の条件興奮と条件反応との事実的な隣接関係のなかに行動を移し入れることではなく、「関係間の関係」を習得させることを意味したわけである。

自乗された構造

行動の統合がもっと高度な例は、チンパンジーを使ったケーラーの実験から引かれている。棒を道具として使ったことのあるチンパンジーは、手がとどかない目標物と枝をかんたんに折ることのできる枯れ木を前にしても、それを道具として目標物を取ることができない。あるいは箱を足場として利用することを知っているチンパンジーも、その箱に別の猿がすわっているときにはそれを道具として使用することを思いつかない。

これはチンパンジーにとって、道具としての枝と枯れ木としての枝が、あるいは踏み台としての箱と腰かけとしての箱が、「二つの異なった二者択一的な対象であって、同一の事物の二面ではない」ことを意味する。いいかえると、チンパンジーは「同一の事物を違ったパースペクティヴのなかで再認することができない」のである。

その意味するところをさらにあきらかにするために、メルロ＝ポンティはチンパンジーの迂回行動についての実験を参照する。檻のなかにいるチンパンジーに、檻の外にあるコの字形の枠（向こうがわが開いている）のなかにある果物が示される。チンパンジーはそれを棒を使ってたぐりよせなければならないのだが、そのとき果物を枠の向こうがわへいったん押しやったうえで、迂回させてこちらがわへもってくることができない。逆に自分のほうが檻から出て枠を迂回して取りにいくことならできるというのである。これはチンパンジーにとって「目標を迂回させること」と「自分が迂回すること」とが二つの異なった作業だということである。

メルロ＝ポンティによれば、ここで目標を迂回させるということは、「もしわれわれが対象の位置にいるとすればしなくてはならぬはずの運動の図式を、われわれの身ぶりそのものによって描く」ということであり、つまりここに欠けているのは、自分が実際に動くのではなく対象がそこに見えているだけの空間とみずからの運動図式が描きこまれた「生きられた空間」とをたがいに変換させる能力であり、メルロ＝ポンティの言い方だと、「視覚的刺激（や、それの引き起こす運動的刺激）相互のあいだに、自分にもっとも親しい運動的メロディを表わしまた象徴する諸関係を作りだす能力」である。このような「諸関係のあいだに一つの関係を設定する能力」、あるいは「自乗された構造」がそこには存在しないがゆえに、チンパンジーでは「観点を変える」ということができないのであり、つまりそのつどの状況やパースペクティヴに閉じ込められることのない「〈物〉としての構造」が成立しようがないのである。

シンボル化の能力

それを可能にするのは、つぎの「象徴的形態」である。信号ではなくシンボル（象徴）がここでのキー概念となる。チンパンジーにおいてついに不能であった視覚的空間と運動空間の切り換えは、この象徴的形態の水準で可能になる。それをメルロ＝ポンティは、オルガンの演奏を例にとって説明している。楽譜を見ること、鍵盤を見ること、手や脚で鍵盤を叩くこと、曲を奏でること……地図を見ることと風景を実際に現場で見ることとのあいだでも起こっているようなこれら異なる象面の相互変換はどのようになされるのか。

オルガン奏者はオルガンのキーを一つ一つ検査するわけではない。かれは、手足の活動する空間のなかに、一定の音符全体にではなく、表現値に対応する運動の範囲、方向標識、曲線を「再認」するのである。視覚的興奮にたいする運動性興奮の適応は、それらが共通してある音楽的本質に関与することによってなされる。もちろんこれこれの音記号と、演奏者のこれこれの動作と、これこれの音との対応は、便宜的なものである。

鍵盤をいろいろに配列することができるように、音符の体系はいくらでも可能だからである。しかし一項一項では偶然にしか対応しないこれら三つの全体は、それを全体としてみれば内的に交流している。メロディの調子、楽譜の書記形態、動作の流れは、同一の構造にあずかり、おなじ意味の核を共有している。……三つの全体の各一つが他の二つにたいしてもつ表現値は、それらの頻繁な連合の結果ではない。むしろ、それが連合の根拠なのである。(SC：一八二―一八三頁)

つまりここでは、行動の、分析的にみれば異なる諸局面がある〈一般的なもの〉によって媒介されているのであって、演奏するという行動において、鍵盤のキーは「ある運動的全体のたんなる通過点」としてあるにすぎない。演奏におけるさまざまな運動のあいだにある「内的な関係」が確立しているとき、その内的関係がまぎれもない「曲の音楽的意味」なのである。

一つの曲を異なった二台のオルガンで弾くばあい、それを容易に可能にするのも、二つの異なる運動のなかにある「構造的な対応」がなりたっているからであり、その意味で、右で述べた「内的な関係」は「構造の構造」といいかえてもよい。そして人間以外の動物の行動に欠けているのは、まさにこの「同一主題をさまざまに表現しうる可能性」であり、一見なんの直接的な関係もないようにみえる複数の構造と構造のあいだに翻訳や変奏の関係を、あるいは視点の交換可能性を設定するシンボル化の能力なのである。

こうしたシンボル化の能力に媒介されることで、現実的なものだけでなく可能的なものをも含み込んだ世界を所有すること――そこにおいてはじめて、多様な現われをつらぬく同一的な〈物〉という理念性がなりたつ――、そのことが象徴的形態という水準にもっとも特徴的なことである。そしてその意味で、メルロ＝ポンティは（『知覚の現象学』の記述を彷彿とさせる口ぶりで）、人間において行動とは「世界をとり扱うある仕方、世界に内属し実存するある仕方（une manière de traiter le monde, d'« être au monde » ou d'« exister »）」であるという。

構造の弁証法

さて、反射学説は行動を物としてあつかい、それを客観的世界の出来事や関係のなかに挿入し、そこに解消するという誤謬をおかしたのだったが、これにたいして、ゲシュタルト学説はたしかに有機体の行動をその実体的特性においてではなく構造的特性において分析し、その環境との意味的な関係のなかでとらえることで行動をゲシュタルトとして主題化しえた。だが、ゲシュタルトそのものへの哲学的分析を欠いているために、ゲシュタルト学説はそれをふたたび客観的世界内部の出来事へと還元し、原因や実在的事物といった概念とおなじレヴェルであつかうはめに陥っている。実体概念から構造概念への移行は、そこではまだ中途半端にしか遂行できないのである。

そこで、ゲシュタルト学説が提起している問題を哲学的に突きつめるために、メルロ＝ポンティはつぎに《構造の弁証法》とでもよぶべき議論に入ってゆく。これは構造の異なる水準を確定したうえで、そのあいだの生成（ないしは退行）の機制をあきらかにしようとするものである。いいかえると、ゲシュタルトが世界のなかに、あるいは生体のなかにあるといわれるとき、それがいかなる意味で「ある」といわれるのかを問題としようとする。

ふつう、実在の三つの領域として考えられている物質・生命・精神を、メルロ＝ポンティはここで、異なる構造的実在性をもった「意味」の三つの秩序としてとらえている。それは別の言葉では、「構造」の三つの異なるタイプともいわれ、物理的な秩序、生命的な秩序、人間的な秩序のそれぞれにおいて、場の統合のされ方にそれぞれ異なったレヴェルがあるとされる。そういう意味での存在の構造が問題にされるのである。

まず、物理的な秩序は、物理学でいうところの系（システム）にあたるものであって、「各ヴェクトルの大きさや方向は他のすべてのヴェクトルによって規定されるといった平衡状態ないし一定した変化の状態にある諸力の全体」として定義される。

物理的系の統一が「相関関係の統一」であるとするならば、有機体の統一は「意味の統一」である。有機体の構造というのは一種の「規範」概念を導入することによってしか理解できないものであり、それは「自己にたいする事物の作用を自分で測定し、そして物理的世界には類のない循環的過程によって自己の環境を自分で限界づける」（SC：二二二頁）。有機体の活動というのはそれを遂行する身体器官の区別によって分類されるのではなく、その「生命的な意味」（ないしは「環境にたいして有機体がとるさまざまの態度」）にしたがって分類されるものであって、その意味で有機的個体と環境とのあいだには弁証法的な関係がある。いいかえると、物理的運動と区別される行動を特徴づけているのは、「生物の作用が物理的環境の函数として把握されるのではなく、かえってそれの反応すべき世界の諸部分のほうが、生物にたいして、生物の内的規範によって区劃される」という点である。

最後に、人間的な秩序は、有機体の感覚体制によって限定されたこの生命的な秩序にもとづいてさらに第三の弁証法を開始させる。それは行動の象徴的形態のところで述べられたようなシンボルを媒介とした世界との新たな弁証法的関係、いわゆる「意識の生活」であり、文化という固有の環境の形成である。

ここで、メルロ＝ポンティがこの人間的秩序を特徴づけるものとしているのは、あたえられた構造を超出して、高次の構造をあらたに創出する能力である。それは「生物学的自然の向こうがわに第二の〈自然〉を創造する能力ではなく、すでに創造されているある古い構造を超出して別の〈構造〉を創造する能力」（SC：二六一頁）である。

人間におけるこうした活動をメルロ＝ポンティは、「乗り越え（dépasser）」の運動だとか、「変形（Umgestaltung＝ゲシュタルト変換）」だとか、やがてかれの思考のキーワードとなる（先行秩序の）「捉えなおし（reprise）」といった術語で表わしている。

構造化の非連続的な過程

さて、こうした三つの秩序において問題となるのは、それらのあいだの転位のプロセスである。よりくわしくいえば、「上級秩序の出現は、その完成の度合いに応じて、下級の秩序からその自律性を奪い、おのれを構成する各段階に新しい意味を付与するようになる」（SC：二六八頁）といった構造生成の非連続のプロセスである。

このような構造の生成は、逆にそれが停止したときには構造の解体として現象することになる。たとえば有機体と環境との「意味」を媒介とした関係がなんらかのきっかけで、その弁証法的な関係性を破綻させ、平衡と統一を失ってしまうと、そこに組み込まれたより低次の構造が露出してきて、もとの物理的系としての運動を独自に開始するばあいもある。構造のほころびである。

また、生命的弁証法と人間的弁証法の関係の齟齬については、メルロ＝ポンティは〈構造〉概念によるフロイト主義の改釈というかたちでそれを論じている。

すなわち、フロイトが葛藤と呼んださまざまの現象、あるいはかれが記述したさまざまの心的機制、たとえばコムプレックスの形成や抑圧、退行、抵抗、転移、代償、昇華といった機制を、フロイトのような因果的思考から解除して理解しようというのである。「正常な構造化とは、幼児の態度が新しい態度のなかでもはや位置すべき場所をもたなくなるように、行動を根本的に再組織する構造化のことである〔のに〕……その統合化が見かけのうえでしか実現されず、行動のなかに比較的孤立したある系が存続して、患者がその系を変形することもまた引き受けることも拒むといったときには、抑圧があるといわれる」というふうに、解釈するわけである。ここでは、乗り越えられるべき構造が高次のそれに統合されぬまま孤立的断片として存在しつつ、意識の生活に屈曲したかたちで介入してくる。また、コムプレックスにしても、まるで物のようにわれわれの心的生活に沈澱しているのではなく、心的生活の統合が衰弱したり破綻したりするそのかぎりで存在するにすぎないのであって、「夢における遡行とか、過去に得られたコムプレックスの効力とか、抑圧されたものの無意識性といったものは、行動組織化の原始的な仕方への逆行、もっとも複雑な構造の衰え、もっとも容易な構造への後退をあらわすものにほかならないとされる」(SC：二六六頁)。

〈実体〉から〈構造〉へ

さて、このような解体にたえずさらされながら生成する構造化の過程がしばしば「弁証法的」と形容されるのは、先行する構造を廃棄しつつ変換(transformation＝変形)するという、ヘーゲルが「止揚する(aufheben)」という言葉で表現したような運動であるからである。メルロ＝ポンティはこれを、かれの偏愛する術語をもちいてつぎのように表現する。「形態化のはたらきはどれも観念の世界での出来事でありながら、新しい弁証法の制定(institution)であり、新しい現象領域の開口(ouverture)であり、また先行のものを孤立した契機としては消滅させながらも、それを保存し統合するような新しい構成層の設定(établissement)である」(SC：三〇九頁)。

メルロ＝ポンティのこうした《構造の弁証法》とでもいうべき発想は、〈ゲシュタルト変換〉、〈再構造化〉、〈捉えなおし〉、〈一貫した変形〉、〈制度化〉などの概念のかたちで、メルロ＝ポンティの生涯にわたる思想的営為のすべてのフェイズにおいて主導している。

メルロ＝ポンティにおいて弁証法とは、正・反・合、定立(テーゼ)・反定立(アンチテーゼ)・綜合(ジンテーゼ)へとたえず対立が対立を内蔵したまま併合されてゆく過程、つまり「閉じた」弁証法ではなく、偶然をたえず巻き込みながら生成しつづける完結することのない「開かれた」弁証法であって、そのようなものとして最晩年の〈否定哲学〉や〈間接的存在論〉の理念にまでなんども反復される思考である。

また〈構造〉の弁証法的展開というものをメルロ＝ポンティの哲学の軸とみなし、かれの思想の変容を、行動の構造から知覚の構造へ、さらには存在の構造へと主題が転位してゆく過程として描きだす解釈者もいる。いずれにせよ、そのような過程のなかでめざされるのは、実体主義的な発想の解体であり、〈実体〉から〈構造〉ないしは〈布置〉へ、あるいは〈項〉から〈あいだ〉(entre-deux, in-between)へと、視線を転換してゆく作業である。

4　構造と意味

心身問題への態度

メルロ＝ポンティは、心身の関係という伝統的問題についても、これを人間における構造の生成という視点からみていこうとする。

身体というのは、生物とおなじ構造をもっているから身体なのではない。それは人間的行動へと統合されてはじめて人間の身体となる。だから、たとえば人間がなにか知覚しているときに、その知覚にたいして身体的基体を指定するのは困難であって、それというのも「刺激の形成作用や運動流の配分は現象野自体の分節にしたがっておこなわれる」からである。身体的基体はそのとき「生きられた弁証法」の通過点か支点でしかない。

ところが逆に、なんらかの理由でそういう行動の構造が解体され、身体現象が行動へとうまく組み込まれなくなると、身体は統合度のより低い構造へと転換されることになる。たとえば、意識を失ったときとか神経系の切断が起こったときなど、身体の活動はまるで物質のように純粋な因果的な過程として孤立的に展開されることがある。あるいは表情を例にとって、「顔をつくろう」といった自発性の度がきわめて高いばあい、「思わず吹きだす」とか「おのずと顔に出てしまう」といったような制御の困難なばあい、「赤面する」といったそれこそ制御の不可能なばあいなど、制御可能性のさまざまに異なる諸局面を、ここで想像しておくのもよいかもしれない。

このように、心身の二元性というものは、たとえば「飢えとか渇きが思考や感情を妨げたり、また一般にある情念から固有の性的弁証法が顔をのぞかせたりする」というふうに、われわれの存在を統合しているさまざまな水準間の軋轢や拮抗や対立として出現してくるものなのである。

この二元性はしたがってけっして実体としての二元性ではなく、その意味では心と身体の概念は相対化されねばならない。すなわち、「身体一般とは、すでにたどられた道程の全体、すでに形成された能力の全体、つねにより高級な形態化がおこなわれるべき既得の弁証法的地盤であり、そして心とは、そのとき確立される意味のことなのである」(SC：三一二頁)。身体は心の容器ではないし、ましてや意識と物とのあいだの衝立でもなければ、器官の総体なのでもない。

知覚的経験の分析へ

さてこのように論じたうえで、メルロ＝ポンティは『知覚の現象学』の議論のいわば序論とでもいうべき「知覚的経験」の分析に入ってゆく。この間の経緯については、のちにみるようにさまざまの解読の仕方がありうるし、さらにそれらの一つ一つはメルロ＝ポンティの哲学の展開全体をどのように解釈するかという大問題と絡んでいるので、ここですぐに結論を下すことはできないのだが、なぜ知覚という自然的経験の分析に移行するかにかぎっていえば、港道隆がひじょうにクリアな視点を提示してくれているので、それを引いておこう。

「科学の成果の吟味から出発して構築した構造の哲学は、しかし、自足するものではない。……物理的秩序と生命的秩序が人間的秩序の存在的な基礎なのではなく、三秩序の全体が、第三の秩序にある〝われわれ〟の科学的対象化活動の事後的な〝追想〟、反省の産物なのである。ここで一切が逆転する。構造といい形態といっても、それは意識から独立に自存するものではない。構造の哲学の全カテゴリーは、従って、経験主体がいかなる道程を辿ってそれを把握しうるのかが明らかにされて初めて正当化される。物理的秩序はむしろ、最も抽象的なレベルに位置することになろう」（廣松渉・港道隆『メルロ＝ポンティ』）。そして港道は、ヘーゲルの『精神現象学』の課題になぞらえて、メルロ＝ポンティのここでの議論は「存在の構造の学」から「意識の経験の学」への転回点をなすとみる。
「それにとってゲシュタルトが存在するところの意識は、知性的意識ではなく、知覚的経験である」（SC：三一二頁）と宣言したうえで、メルロ＝ポンティはその知覚的経験の分析にとりかかる。いうまでもなくそれは、『知覚の現象学』に先行する暫定的なスケッチでしかないが、ここでちょっと注目しておきたいのは、このような自然的経験の分析について、メルロ＝ポンティがしばしば、経験をその〈内部〉から探究するといった物言いをしていることである。あるいは、デカルト主義の独創性を評して、かれは「知覚そのもののうちに身を置く」からだという。

パースペクティヴのなかでの物の現われ

だが、この〈内部〉とはなんであろう。経験をその〈内部〉からとらえるというモティーフのなかでいわれるその〈内部〉というのは、外的観察者のその〈外部〉の立場から意識のなかへ、つまり意識の反省作用へと還帰するということではもちろんない。それは物の秩序のなかにすべてを還元するのでもなければ、物の意識の秩序のなかにすべてを還元するわけでもなく、むしろ主体の世界への内属（自然的経験）という第三の次元への還元であるといってよい。

メルロ＝ポンティが「意識の自然な運動」と呼ぶもの、つまり存在の条件を存在のなかへ、あるいは存在の意識のなかへ還元してしまうような自己隠蔽の構造——意識は物へとむかうのであるから、それ自身のうちにみずからの起源を忘却するという「自己忘却」(フッサール)の傾向を孕(はら)んでいる——を露呈することをこそ、メルロ＝ポンティはフッサールにならって「現象学的還元」と呼ぶ。そのうえで、この「意識の自然な運動」を逆転させて、「射映(プロフィル)とそれによって現わされる物との、またパースペクティヴとそれをとおしてめざされる理念的意味との生きられた関係を、論理的関係と混同せずに理解することが必要である」(SC：二八八頁)というのである。このことによって、「マルブランシュが機会原因論によって、またライプニッツが予定調和によって解決しようとした問題が、人間の意識のなかにうつされることになる」、と。射映(プロフィル)をとおして見られた物の光景という考えは、ここではフッサールへの引照はないが、色濃く現象学的である。

メルロ＝ポンティの了解では、「内部から」とは経験の根源的位相に遡行することを意味する。経験の根源的位相、それはさしあたっては、知覚におけるパースペクティヴがそのつどわたしが占める位置とともにまったく偶然的に生起し、変容するものでありながら、しかしそのつどわたしの知覚はそれをとおして物そのものに達している、そういう知覚の両義的構造のことである。

「パースペクティヴ性は物の主観的変形としてわたしに現われるのではなく、反対に、物の特性の一つ、おそらくはその本質的特性として現われるのである。まさにこのパースペクティヴのおかげで、〈知覚されているもの〉が、それ自身のなかに、隠れた尽きることのない豊かさをもつようになり、まさしく一個の「物」となるのである。……パースペクティヴ性は、知覚のなかに主観性の係数を導き入れるどころか、反対に、われわれが認識しているよりもっと豊かな世界、すなわち実在的世界との交通を、知覚に保証してくれるものである」(SC：二七七頁)と、このようにメルロ＝ポンティは書く。

ちなみにメルロ＝ポンティは、この『行動の構造』で、物の現出をめぐって、そのパースペクティヴ的媒介によってわれわれは物の「肉的現実(réalité charnelle)」に到達するのだと、まるで晩年の口吻を先どりするような発言もしている(SC：二七八頁)。ここで〈パースペクティヴ〉(＝遠近法)という言葉のなかに託されている現象の〈厚み〉への感受性、それはのちに〈深み〉(＝奥行き)という概念で語られることになるであろう。

批判主義への批判

こうした感受性は、経験主義的な実在論に立脚する科学的分析——実在論的であるというのは、メルロ＝ポンティでは「行動を実在的な断片に分解する」という意味であり、ついでにいえば、それが抽象的なのは「行動をその文脈から切りはなす」からである——と同時に、知性的意識に出撃地を定める批判主義の哲学にもつよい抵抗をしめす。なぜなら、批判主義は経験の外、歴史の外というありえぬ〈外部〉に立とうとするからである。

この批判主義に疑念を突きつける文章は、『行動の構造』におさめられた文章のなかでもとりわけ熱いものであり、以下にその全文をかかげることにしたい。

意識の生活を主観・客観の純粋弁証法に変じてしまい、感覚的厚みをもった物を意味の束に還元し、また外傷的体験の再生を中性的な一つの記憶に還元し、そしてわたしの意識の階級的構造を不断の検閲のもとに従属させてしまうのは、それははたして批判主義のいうように、永久不変な「可能性の条件」をあらわにすることなのか、それともむしろ、そのことによって意識の新しい構造を出現させることなのではないかどうか、という問題である。たとえば意識が時間というものから、つまり意識自身の中心にあるあの不断の湧出から遊離し、時間を知的で手慣れた一つの意味としてとらえるならば、どういうことが起こるか、それが問題なのである。そのとき意識はたんに、みずからのなかに暗に含まれていたものを、はっきり露呈させた、というだけのことであろうか。それは反対に、意識が、実際いかなる不透明性にも出会うことのないいわば明るい夢のなかに入っていくことなのではあるまいか。そして明るいというのも、意識みずからが、物の存在や自己自身の存在を照らしだしたからというのではなく、意識が自己自身の表面で、また物の外側(うわべ)を生きているからなのではあるまいか。反省によって知的意識に移行するということは、われわれの知とわれわれの存在とを相応させることであろうか、それともたんに、意識が自己自身を、遊離した存在に創りあげる仕方、つまり無為主義

なのではあるまいか。（SC：三三一―三三二頁）

意味をその生まれいずる状態でとらえる

メルロ＝ポンティは、ゲシュタルトを「受肉した具体的な構造」としてとらえるこの『行動の構造』から、「思考の身体」として言葉をとらえる『知覚の現象学』を経て、後年の〈制度化〉論の視点まで、つねに経験のなかから〈意味〉が生まれでるその場面に立ち会おうとしてきた。意味をその「生まれいずる状態」でとらえるという要請をわれわれはここに読み込むことができる。『行動の構造』の言葉でいいかえると、「物質の断片のなかに〈意味〉を設定し、住まわせ、出現させ、存在させるような根源的作用」（SC：三一一頁）をそのなかから照明しようとしてきた。

それがメルロ＝ポンティの〈内部〉であり、こういう思考の感受性は、最後の思想的境位における「内部存在論」という発想にまで尾をひいてゆくものであるが、しかしたとえそうだとしても、やはり〈内部〉という規定には疑問が残る。内部とはあくまで外部の対立項でしかないのだから。しかしほんとうにそのようにもぐり込むべき内部が経験においてありうるのか。この問題は、われわれとしては、遺稿となった最晩年の著述『見えるものと見えないもの』の検討にまでついに引きずらねばならないことになるだろう。

あるいは、さきの文章にあらわれていた無為への引きこもりの禁止というパトスを、ここで、雑誌『レ・タン・モデルヌ』を中心とした初期の政治的発言や論争へと関係づけたうえで、サルトルとの激しい論争以降の、まるで隠遁してしまったかのような静謐な生活――まさにかれが引用文中でいう無為主義（quiétisme＝静寂主義）そのもの――と対比しながら、なぜかれが最後まで放棄しなかった〈共存〉の思想は現実の〈共存〉の次元からの退引というかたちをとったのかと、これをいずれメルロ＝ポンティの政治行動との関連で問うてみたい気もする。『行動の構造』というこの初期の仕事のなかで、メルロ＝ポンティ自身が、「実存の仕方（manière d'exister）」としての他者の行動を、あるいはさまざまの文化的事象をそれとしてとらえ、それに応答するときには、「わたしはある共存のなかに、つまりわたしだけで構成するのではなく、またちょうど知覚的経験が物理的自然の経験を基礎づけるように、社会的自然という現象の基礎となるような共存のなかに、引き込まれているのである。意識は、なんの反省もなしに、現実に存在するもののなかで生き、またその表現である意味に変じていない具体的構造に、身を委ねることがある」（SC：三三〇頁）と、はっきり述べているのだから。

偶然的なものへの感受性

それはそうとして、こうした意識の自然性の逆転という思考操作、つまり批判主義への批判は、経験における偶然性という契機の強調としてもあらわれでている。偶然性とはここではパースペクティヴの偶然性のことである。世界の経験がつねに偶然的に生起するパースペクティヴのなかで、それをとおしてなされるということ、この「生きられた体験の偶然性こそが、体験を完全に表現しつくすと信じられている永遠の意味をたえず脅かす」(SC：三三三頁)とメルロ＝ポンティはいう。

偶然性ということでいえば、メルロ＝ポンティは、経験のパースペクティヴだけでなく、経験の媒体であるといっていい感覚可能な諸契機がひとびとによって理解可能な表現や記号として機能しはじめるときの、その「素材の偶発的な配列」にも着目している。このばあいの偶然性は『世界の散文』のなかでより詳細にさぐられるはずである。

ともあれ、ジェラートの指摘にもあるように、ここでメルロ＝ポンティの偶然性は必然性の対立項としてのそれではなくて、世界の存在そのものの偶然性としての存在論的概念として提示されている。『知覚の現象学』の序文でいわれる「世界の無動機的な湧出」とか、『見えるものと見えないもの』でいわれる「生まの存在の無動機的な出現」(VI：二六四頁)といった表現をここで思いだしてもよい。要するに、偶然的であるというのは、のちに反省において根拠づけることが可能であるような究極の基礎を欠いているということであり、〈あいだ〉(entre-deux, in-between) こそが存在の究極の根源だということである。

メルロ＝ポンティにおいて「存在」とよばれるこの存在論的〈あいだ〉は、基礎や根拠ではなく、はてしなく探究されるべき深遠＝無底 (abîme) としてイメージされている。「超越の計り知れない、汲み尽くしえない源泉」であるともいわれるこの深淵への沈潜こそが、経験の〈内部〉からの探究として、世界の〈厚み〉をとらえることを可能にするというわけであろう。

潜在的な現象学？

　さて、『行動の構造』の最後のところで示された知覚的経験の分析のそのモティーフからして、『行動の構造』は『知覚の現象学』への序奏ともいうべき意味をもつといえるが、もちろんこういう位置づけについては、すでに示唆しておいたように、さまざまな解釈がありうる。『知覚の現象学』の議論をひととおり見たあとで、それらもろもろの解釈の検討にあたろうと思うのだが、すくなくともいまの段階でつぎの点は確認しておいてよいと思われる。

　それは『行動の構造』に序文としてアルフォンス・ドゥ・ヴァーレンスが寄せた文章のなかでも指摘されているように、『行動の構造』が「科学的な経験の水準」、つまりはフッサールの言う自然主義的な経験に定位しているのにたいして、『知覚の現象学』では「自然的で素朴な経験の平面」、つまり科学を基礎づけている科学以前の生活世界的経験という意味での自然的経験（世界への住み込み）の分析に研究の軸が設定されているということである。

　ヴァーレンスはまた、こうも言っている。「この哲学者（メルロ＝ポンティ）からみれば、科学者もすべての人間とおなじように、ひとりでにある存在論によってものを考えているのであり、そして長い習慣で自明になってしまったこの存在論は、自然的かつ素朴的経験を先入見なしに理解しようとすれば、それによって当然われわれに課せられてくるように思われる諸見解と、徹底的に対立するものだということ、そしてどんな科学的経験も、この自然的かつ素朴的経験に根ざしているのだということである」（SC：一六頁）、と。

ヴァーレンスは、そのかぎりで「『行動の構造』のテーゼは『知覚の現象学』のテーゼに従属している」とし、『知覚の現象学』におけるメルロ゠ポンティのつぎのような言葉を引いている。「事象そのものへとたち帰るとは、認識がいつもそれについて語っているあの認識以前の世界へとたち帰ることであって、一切の科学的規定はこの世界にたいしては抽象的・記号的・従属的でしかなく、それはあたかも、森とか草原とか川とかがどういうものであるかをわれわれにはじめて教えてくれえた風景にたいして、地理学がそうであるのとおなじことである」（PP：(1)四頁）、と。

このような視点に立てば、われわれはメルロ゠ポンティが『行動の構造』で取り組んだあの「構造の記述」こそ、萌芽状態での「現象学的記述」ではなかったかと問うことができる。あるいは、この記述のなかに、フッサールが現象学の志向的分析に手引きを与えるとしたあの領域的存在論のメルロ゠ポンティ版が見いだされるのではないかと問うことができる。

第二章　運　動——〈身体〉の現象学

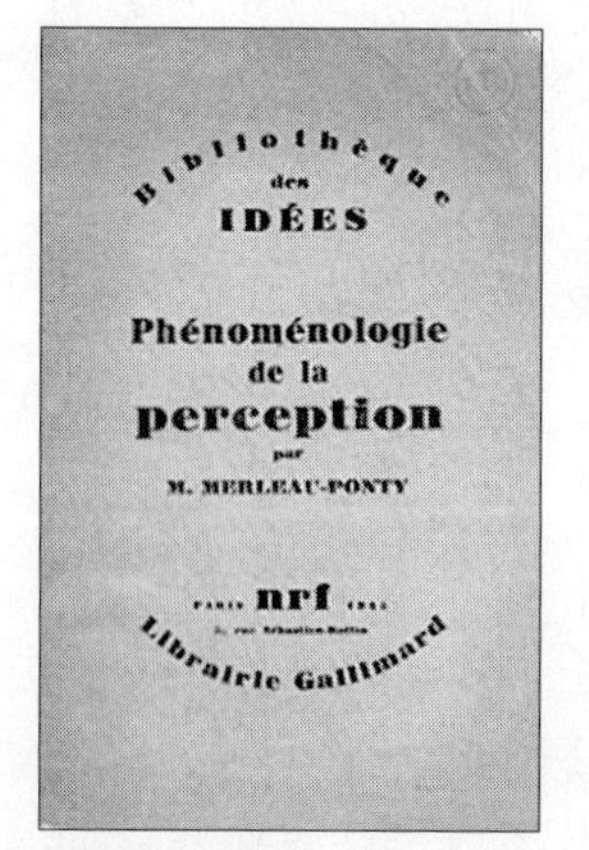

『知覚の現象学』（1945年）

1 《現象学》の内と外

ラインの両側で

メルロ＝ポンティの《現象学》は、現代哲学にとっていったいどのような出来事であったのか？ あるいは現在、その思想にどのようなアクチュアリティがあるのか？ その可能性に限界があるとすればそれはなぜか？ 『知覚の現象学』は、戦後の現象学運動のなかで後期フッサールの問題意識を、もっとも本質的な部分で、そしてフッサールが思いもつかなかったような独自の仕方で継承した作品の一つであるといえる。

ライン河の向こうでなされたこの仕事は、ライン河をふたたび渡って現象学が創始された国、ドイツで「現象学のルネッサンス」を引き起こす大きなきっかけにもなった。その戦後現象学の金字塔とでもいうべき書物をめぐって、メルロ＝ポンティがどういう意味で現象学者であったのか、どういう意味でその臨界線上にいたのかという問いを、現在、あらためて提起するというのは異様に思われるかもしれない。

しかしメルロ＝ポンティの思想は、そのような《現象学》という枠組みでその全体をとらえるには、あまりにも多彩である。それに、メルロ＝ポンティそのひとが、現象学にたいして一定の意識的に批判的なスタンスをとりつづけていた。そしてその批判性のうちにこそ、メルロ＝ポンティは現象学の可能性を見ていたふしもある。メルロ＝ポンティの現象学の射程を測ることは、その意味で現象学の思想としての〈力〉を測るにひとしいようにすら思われる。現象学にいったいなにが可能かという、現在の時点における哲学的思考としてのその可能性を、である。

メルロ＝ポンティ研究の現況

ところで、一九八〇年代以降にもさまざまの雑誌や研究グループが、さまざまのメルロ＝ポンティ特集を組んだり、論集を編んだりしている。フランスの哲学雑誌『カイエ・ドゥ・フィロゾフィ』は、一九八七年に「メルロ＝ポンティのアクチュアリテ」いうタイトルで特集を組んだ。それに先だつ一九八六年には、西ドイツのフィンク書店より、《メルロ＝ポンティの思想の痕跡》という副題をもつ論文集『身体的な理性』（原著は、*Leibhaftige Vernunft: Spuren von Merleau-Pontys Denken*, herausgegeben von Alexandre Métraux und Bernhard Waldenfels, München: W. Fink, 1986で、もちろんフッサールのいう概念leibhaft, leibhaftigを意識した含みのある表題なのであるが、とりあえずこのように訳しておく）が、叢書「移行（Übergänge）」の一冊として出版された。アレクサンドル・メトローとベルンハルト・ヴァルデンフェルスの編集になる三百ページ強のこの書物は、『エスプリ』一九八二年六月号（モーリス・メルロ＝ポンティ特集号）以降久かたぶりの大がかりなメルロ＝ポンティ関連論文集で、メルロ＝ポンティ、レヴィ＝ストロース、エマニュエル・レヴィナス、（現象学をベースに独自の超越論的哲学を構想してきた）マルク・リシールらの文章が再録されているほかに、フランス語圏からは（構造主義に対抗するかたちで独自の哲学的解釈学を展開してきた）ポール・リクール、（『社会主義か野蛮か』誌を中心に独自の社会理論を構築している）コルネリウス・カストリアディス、（メルロ＝ポンティ研究者として著名な）G・B・マディソンが、英語圏からは（ヘーゲル研究とともに、哲学的行為論や倫理学・政治学の分野でも活躍中の）チャールズ・テイラー、（メルロ＝ポンティの強い影響の下、独自の社会学的身体論を展開している）ジョン・オニール、（フーコー、ハイデガーを研究しながら、他方で人工知能批判を展開してきた）ヒューバート・L・ドレイファスが、ドイツ語圏からは（メルロ＝ポンティの講義の要約の独訳とその綿密な注解で有名な）アレクサンドル・メトロー、（ドイツへのフランス現代哲学の紹介の中心人物であるとともに、ドイツにおける現象学研究のなかでももっとも多産的なパイオニア的仕事をおこなってきた）ベルンハルト・ヴァルデンフェルス、（解釈学的美学理論の第一人者である）ゴットフリート・ベームらが論文を寄せている。執筆者たちのほとんどは、狭義の〈現象学〉の枠を越えて独自の思索世界を精力的に開拓しているひとたちで、いわゆるメルロ＝ポンティ研究者として限定できるようなひとではない。

そしてこの二著に寄せられた多くの論考は、そのほとんどが、中断されたメルロ＝ポンティの思索の最終的な境位を、そしてその射程を手探りで摑みだそうとしているとともに、構造主義、解釈学、ポスト構造主義を経たあとの現代思想の領土のなかで、メルロ＝ポンティの思想にどのような未知の光景を切り拓く力があるかを検証しようとしている。芸術論や行為論、社会存在論、精神医学の領域で。ポスト・モダニティや合理性の問題をめぐって。そしてフーコーやデリダといったメルロ＝ポンティ以後の思想家たちとの問題論的な関連で。

そしてそれ以降も、とりわけ英語圏においては、メルロ＝ポンティ・サークルに集う研究者らを中心に、『メルロ＝ポンティ――批判的論評』（H・ピーターズマ編、一九八九年）、『メルロ＝ポンティにおける存在論と他性』（G・A・ジョンソン＋M・B・スミス編、一九九〇年）、『生けるメルロ＝ポンティ』（M・C・ディロン編、一九九一年）、『メルロ＝ポンティ――差異、物質性、絵画』（V・M・フォティ編、一九九六年）、『偏差と差異――見ることと書くことをめぐるメルロ＝ポンティとデリダ』（M・C・ディロン編、一九九七年）など、論集が続々と刊行されている。そして一九九三年には、メルロ＝ポンティの哲学をめぐる国際シンポジウムの記録『メルロ＝ポンティ――哲学者とその言語』が公刊された。また日本でも、一九九四年にメルロ＝ポンティ・サークルが結成され、翌九五年には雑誌『メルロ＝ポンティ研究』が創刊された。

メルロ＝ポンティを読みなおす

が、その十年ほど前まではメルロ＝ポンティといえば、ウィトゲンシュタインの言語論との比較がなされたり、戦後のマルクス主義解釈史のなかでエピソードのように語られる以外は、あるいはその身体論に注目した芸術家たちがいくつかの評論をものした以外には、ほとんど現象学の研究者内部で論じられるにとどまっていたように思う。

そのようななかで、一九八四年、わが国でも木田元氏の緻密でかつ浩瀚な研究書が刊行された。わたしはこの『メルロ＝ポンティの思想』（岩波書店）に寄せて、ある書評紙で「メルロ＝ポンティ論の現在」と題する小文を書いた。粗削りなうえにやや長い引用になって恐縮だが、その書評の長い前書きにあたる部分をつぎに引かせていただきたいと思う。というのも、当時わたしのあたまを占めていた、従来のメルロ＝ポンティ解釈への疑問がそこでは提示されており、みずから発したこの問いに答えることが、その後わたしがメルロ＝ポンティを読解してゆくうえでの最大の宿題となったからである。

メルロ＝ポンティについてはあまりにも多く語られながら、いまだ一度も語られたことがないような印象をときどき抱くことがあるのはどうしてだろうか。かれについては、これまで後期フッサールの現象学の実存主義的（？）展開という文脈で語られすぎてきたきらいがある。このようにフッサールの影のなかでのみメルロ＝ポンティを見ることが、同時に、構造主義からはじまって、フーコー、デリダ、ドゥルーズ、リオタールへと続く諸言説の構築／解体の渦のなかでかれを見失なう、という事態を惹き起こしているのではないだろうか。

メルロ＝ポンティの思想の源泉についてはのちにすこし触れることにして、かれの思想の痕跡をその後のフランス思想の展開のうちに発見することは、それほど難しいことではない。

〈構造〉や〈野性〉といった概念をめぐるレヴィ＝ストロースとの相互触発と一種のすれ違いについては、これまでも幾度か指摘されてきたけれど、たとえば、フーコーが〈秩序〉の系譜学的踏査というかたちで合理性の出現を問題化したとき、「合理性というものは、それが開示される場としての諸経験に正確に寸尺を合わせせられている」というメルロ＝ポンティの言葉が、ニーチェと並んでフーコーの頭を占めていたとは言えないか。実定的基盤としての〈秩序〉を、偶然的に生起しながらも以後〈水準〉あるいは〈次元〉として一定の領野を開くことになるような構造的出来事としてとらえる視点は、同時にメルロ＝ポンティのそれではなかっただろうか。近代的理性を擁護するのではなく、別の理性を対置するのでもなく、理性を解消してしまうわけでもなく、むしろ理性を複数化していく視点は、ハーバーマスに代表される現代の合理性論に一石を投じて然るべきものであるはずだ。

裂開（dé-hiscence）、偏差（dé-viation）、過剰（ex-cès）、変形（dé-formation）、侵犯（trans-gression）といった晩年のテクストにちりばめられた術語、ずらし、あるいははずれという意味の含みをもつこれら一連の接頭辞を冠せられた術語は、あらゆる意味が、与えられたものの間隙に、「側方的」・「斜行的」にしか出現しないという事態を物語ろうとしている。あるいは、現在が〈隔たり〉と〈おくれ〉を内蔵し、いつもひび割れていること。現前の裏面にへばりついた非存在の地帯こそが世界の開在性を可能にしているということ。メルロ＝ポンティが初期にはゲシュタルト心理学との対話のなかで、後年にはソシュール言語学との交流のなかで固めていったこの見解が、六〇年代以降のいわゆる《差異の思考》に残響していることを、たやすく否定できるであろうか。メルロ＝ポンティの精神の申し子として出発したルフォールやカストリアディス、あるいはリオタールについては言葉を改める必要もないだろう。

このような隠れた水脈は、フランス語圏の外においても、メルロ＝ポンティの「現象学」のドイツ現象学への逆流とは異なったところで、現在さまざまに流れだしている。思いつくままに挙げても、〈間〉の構成的機能に着目する精神医学者ブランケンブルクの『自然な自明性の喪失』、意味の多義性、ゆらぎ、地平構造、可能的なものの力に定位して独自の読書論を展開している受容美学のイーザー、「間身体性」概念を梃子にして社会理論の再編を試みるグラートホフ、シュプロンデルらドイツの現象学的社会学グループ。オニールを中心とするアメリカの現象学的社会学グループ。『枠組分析』のゴッフマン。そして初期のエーコ。わが国では〈身〉の構造論の市川浩。

こうした浸透力は、メルロ＝ポンティの思想の組立てを「現象学」的に改釈するところだけからは出てこない。かれの思索を貫通している幾筋かの張り糸、たとえば、〈かたち〉（形態化）の論理、〈スタイル〉を核とする表現と運動の論理、あらゆる実定性を排する否定性と開放性の哲学とその軸をなす〈間〉（inter-）の論理、言語・身体・芸術、歴史に根源的な同型性をみてとる〈制度化〉の論理、自然／文化、普遍／特殊、理性／非理性といった二項対立の実体化を廃棄する〈相互蚕食〉ないしは〈可逆性〉〈両義性）の思想。メルロ＝ポンティの思想を縦断し、あるいは横断するこれら張り糸が織りなす問題空間を、「現象学」という枠をすこしずらせたところで再構成する試みに、われわれはいまや携わるべきではないだろうか。

《現象学》への二つの反応

メルロ＝ポンティの現象学にふれてこのような感想を述べたのは、メルロ＝ポンティの現象学についてのそれまでの論じ方に、わたし自身が二つの理由からすくなからぬ不満を抱いていたからである。その一つは、《現象学》というプロジェクトに対するつぎのような性急な批評がただちにメルロ＝ポンティの《現象学》への批評にはならないという点である。たとえばミシェル・セール。かれは現象学一般についてつぎのように語る。

いや、わたしは現象学に立ち戻ろうというのではない。現象学は外観を明白なあらわれと考えるひととの結びつきが強すぎる。それは、観念論的で単調で怠惰な、すみからすみまで表象で織りあげられた世界にくみしている。現象学の語る風景は知覚されたものので、情報というかたちで観察者のもとにやってくる。それは軽い風景だ。ひとはそれについて語る。それはとりわけ言葉の風景なのだ。（「風景としての現実」西谷修訳、『現代フランス哲学12講』青土社、一九八六年）

見えるもののひそやかな裏面、見えるものの見えない骨組み、要するに見えるものを見えるものたらしめている見えないものの存在水準に定位すること、また語りうるものと語りえないものとのたがいに蚕食しあう関係、とりわけ世界の〈厚み〉をかたちづくっている「黙して語らない経験」の層を析出することが、(のちに述べるように)メルロ＝ポンティの《現象学》の変わらぬ関心であったことを思えば、セールの評言はすくなくともメルロ＝ポンティには当らないと言わねばならない。

最初というものはけっして存在したことがなく(起源は存在しない)、また最後というものもけっして存在しない(歴史の終末は存在しない)。これは現象学者たちの耳には苛酷なテーゼだ。(『同じものと他なるもの』高橋允昭訳)

これは、「世界は寓話にすぎない」というニーチェ／クロソウスキーのパースペクティヴィズム(遠近法主義)にことよせて述べたヴァンサン・デコンブの言葉だが、これとてもメルロ＝ポンティにとってはなんら痛手でも致命傷でもなく、むしろかれはすべての問題がここから始まることを指摘しつづけてきたといってよい。完全な現象学的還元の不可能性、たえざる変換・翻訳としての経験の構造、そして経験の開放性、歴史の未完結性……こうした問題群をわれわれは、メルロ＝ポンティの思考のほとんど体質のようなものとして、のちに見いだすであろう。

もしも《現象学》がセールやデコンブが規定したように切り詰められたものであるならば、メルロ゠ポンティは一度も「現象学者」であったためしはないと言うべきだろう。しかし皮肉なことに、それとは反対に、メルロ゠ポンティの《現象学》を、フッサールが創始した《現象学》の可能性をフッサールの観念論的自己解釈を超えてそのありうべき極限にまで探究していったものとしてみる場合にも、メルロ゠ポンティの思想の解釈に別の奇妙なバイアスがかかってしまわざるをえないのだ。そうした兆しは、たとえば一九五一年、アルフォンス・ドゥ・ヴァーレンスが、同時代的に生成しつつあるメルロ゠ポンティの思想を《両義性の哲学》としてはじめて体系的なかたちで論評した時点で、あるいは一九六六年、ルドルフ・ベームがメルロ゠ポンティの著作をはじめてドイツ語に翻訳したときに「翻訳者の序文」として付された長い文章の論調のなかにも、すでに見られるものである。

たがいに鏡のような関係にあるこうした二つのメルロ゠ポンティ解釈にいわば対抗するかたちで、一九七三年、ポール・リクールは、G・B・マディソンのメルロ゠ポンティ論に寄せた文章のなかで、メルロ゠ポンティの存在論的思考は、フッサールやハイデガーよりもむしろ、パスカルやマルブランシュ、とりわけシェリングにより強く関係づけられねばならないと指摘したのだが、この方向の研究作業にしても、グザヴィエ・ティリエットのメルロ゠ポンティ論に散見されるものの、いまだまとまったかたちでは取り組まれていないのが現状である。

メルロ゠ポンティの〈伝統〉？

伝統とは起源の忘却である、と晩年のフッサールが語っていた。われわれもまた、かれに負うところ多ければ多いだけに、はたしてどれだけがかれのものであったのかを、正しく見積もりえなくなってしまっている。その企てがあれほどまでに大きな反響を喚び起こした哲学者については、それも、あきらかにかれの立っていた地点からひどく遠ざかったところからでは、どのような回想を述べてみたところで、それはすべてかれを裏切るものとなってしまおう。われわれは、自分たちの思想の無にも等しい栄誉をかれに帰することによって、その思想にいわれもない保証をとりつけようとでもするか、あるいは逆に、敬して遠ざける体の敬意をかれに払いつつ、その本人を、厳密すぎるほど厳密にかれが欲したこと言ったことだけに押しこめてしまおうとするか、いずれにせよかれを裏切ることにしかならないのだ。

『シーニュ』に収録された「哲学者とその影」（一九五九年）の冒頭で、メルロ゠ポンティは思想の伝統についてこのように書いているが、この言葉はわれわれがメルロ゠ポンティの軌跡を現代にたどりなおし、かれが思考したことをつうじて、その「接ぎ目」を、あるいはその基礎にありながら〈思考されなかったこと〉をわれわれの問題領域として劃定しようとするときにも、おなじようにくりかえされねばならないだろう。

超えながら継承し、破壊しながら保存し、変形しながら解釈する、つまり新しい意味をそれを呼び求め予料していたものに注ぎこむという、その三重の捉えなおし(reprise)は、たんにおとぎ話の意味での変身、奇蹟や魔法、暴力や侵略、絶対的孤独における絶対的創造なのではなく、それはまた、世界や過去、先行の諸作品がかれに求めていたものへの応答、つまり成就と友情でもあるのである。(PM：九六頁)

メルロ＝ポンティの思想が、もし、われわれのうちですでに〈伝統〉と呼びうるものを形成しているのだとしたら、それはどのような意味においてであるか。その原点を、以下ではまず『知覚の現象学』のなかでかれがいわば全面展開した《現象学》の発想をたどるなかでとらえることにしよう。

2　両義性——現象学的思考の開口

『知覚の現象学』

一九四五年、メルロ＝ポンティの初期の主著『知覚の現象学』が発表された。現象学ということでいえば、メルロ＝ポンティはこの時点ですでに、現象学の限界をするどく意識する場所に立っている。あるいは、ときにそういう予断をもって現象学に対しているといってもいいくらいである。フッサールとともにフッサールを超える——それが『知覚の現象学』におけるメルロ＝ポンティのモティーフであったとするならば、メルロ＝ポンティにとってのありうべき現象学とは結局、なんだったのだろうか。メルロ＝ポンティは、『知覚の現象学』の序文のなかで、「記述することが問題であって、説明したり分析したりすることは問題ではない」と書いている。ここで「記述」という言葉はいうまでもなくフッサールの「現象学的記述」という概念からきているわけであるが、メルロ＝ポンティにおいてこの記述は、ここでも説明と分析に対置されており、その説明というのは「科学的説明」を、分析というのは「反省的分析」をさしている。

つまり知覚をはじめとする主体の経験を、それをいわば対象のがわに超越したところに見いだされる客観的世界のさまざまな構成契機間の相互関係として解読しようとする経験主義ないしは自然主義を一方で斥けるとともに、他方でおなじその経験を、主体をいわば内がわに超越したところに見いだされる理性や知性一般の認識装置のほうから解読しようという主観主義や観念論的な思考をも斥けようとするものである。そのどちらでもないあいだの場所、そういう思考の場所をいまわれわれは《両義性（アンビギュイテ）》としてとらえたわけである。ただ《両義性》がたんに思考のモード、思考の方法としてとらえられるだけであれば、それはしかしまだ現象学ではない。現象学においては記述的に書きだし、描きだすことそのことが、そのまま現象の開示となる、つまり記述とは発見でもあるわけだから、《両義性》はそのまま現象世界の構造そのものでもあるはずだ。

そして、そういう意味での《両義性》がもっとも決定的なかたちで、もっとも根源的なかたちで、その存在構造のなかにうかがわれるのが、メルロ＝ポンティによればわれわれの身体なのである。あるいはそういうすがたでのわれわれの実存なのである。身体は世界の内部にある一つの物的対象ではないし、かといって意識とおなじでもない。当時流行していたヘーゲルの用語でいいかえると、それは即自でも対自でもない、ある中間的な存在領野、『行動の構造』もまた照準としていた、あの《第三の次元》をさし示している。

身体、空間、他者、時間といった経験の諸契機の分析を通じて、状況づけられた実存のありかたを考える――メルロ＝ポンティはそういう仕方で、意識の現象学を身体性の現象学へと転位したうえで、現象学の作業をさらに先に推しすすめようとしていた。メルロ＝ポンティが、『行動の構造』執筆後ルーヴァンのフッサール文庫に何度か赴いて、遺された草稿を読み込むにあたり、後期フッサールの研究草稿群に偏った関心を示したのも、そのためである。

フッサール文庫

現象学的ポジティヴィスム

さて、この身体的実存の両義的な構造の分析に入るに先だって、メルロ＝ポンティはこの著作の序文で、いわば現象学宣言のようなものをおこなっている。わたしがその文章をとおして哲学という作業にふれることになったあの文章で閉じられている序文である。ここでメルロ＝ポンティは、のちに現象学の視線と現象学的還元という操作のより透徹した理解としてよく引用されるようになるそれらの定義を、いくつか提示している。

たとえば、現象学は一つの学説や体系であるまえに、一つの「運動」だという宣言であり、「還元のもっとも偉大な教訓とは、完全な還元は不可能だということである」（PP：(1)一三頁）という指摘である。現象学が運動であるということ、完全な現象学的還元は不可能であること、これらの意味するところが、われわれが『知覚の現象学』の記述を解読するなかで、いずれ最終的にあきらかにしなければならない根本的な問題である。

むしろこの序文のなかで、さしあたっての議論のために注目しておきたいのは、現象学は「可能的なものを現実的なもののうえに基礎づける一種の現象学的実証主義の方法」（PP：(1)一八頁）だという論点である。実証主義（ポジティヴィスム）というのは、フッサールが現象学の構想を語るときにつねに斥けるべき視点の代表的なものとして挙げてきたものであるだけに、このメルロ＝ポンティの言葉は意外の感をあたえないでもない。

あるいはまた、ポジティヴィスムという規定、これはいうまでもなく否定性（ネガティヴィテ）の対立概念であるから、経験のなかに胚胎する否定性の契機を強調するとりわけ後期の思想のことを思い浮かべると、やはり意外な感を否めない。が、この言葉には経験の現実をその上空から俯瞰するのではなく、経験のただなかで、そこから経験の基層へ、現実の最深部へと測鉛を下ろそうという決意が強くこめられている。いいかえるとこの背後には、現象学は経験から出発すべきなのであって、経験の可能性の（論理的な）条件へと遡るのではないという考え方がある。もろもろの偶然的な制約のもとで意味が生成してくる過程――これが世界の現出である――のうちで、理念性と事実性とはたがいに深く交差しあう、というわけである。そしてここから経験に外部から合理性や真理の規準をあてがうのではなく、経験という偶然的な出来事のただなかから合理性や真理が出現してくるその過程を記述的にとりだすのが現象学だという考え方がでてくる。

その意味で、この序文の冒頭で、「人間と世界とはその〈事実性〉から出発するのでなければ了解できないものだ」（PP：(1)一頁）といわれる。そしておなじ考えは本論でもくりかえし表明される。たとえば、「われわれはわれわれの経験の深部そのもののなかに客観の起源を見いださねばならず、われわれは存在の出現を記述せねばならず、また、逆説的なことに即自がわれわれにとって存在するのはどのようにしてであるかを了解せねばならない」（PP：(1)一二三頁）というふうに、である。

始元的経験への還帰

経験の世界は、のちに『眼と精神』でいわれる言いまわしを用いれば、「ほかならぬ身体という生地で仕立てられている」といえるもので、身体と世界とがたがいに交差し侵蝕しあっているこういう始元的な経験の世界への還帰をこそ、いいかえると「生活世界」の深淵への終わりなき還帰をこそ、メルロ＝ポンティは現象学の中枢の作業課題とみなしていた。

ここで「終わりなき」といったのは、「生きられた世界」——メルロ＝ポンティはフッサールの生活世界（Lebenswelt）の概念をしばしば le monde de la vie ではなく、ミンコフスキーの「生きられた時間・生きられた空間」にならって le monde vécu と訳す——とよばれる、還元とともに開示される始元的な経験の世界は、それまでの分析のあり方そのものに再編をうながし、さらにあたらしい分析の視線を要請するからである。そしてそのあらたな視線がふたたび始元的経験のさらにその基底を遡ってさし示すことになる。

そういう経験のより基底的な層（根元＝アルケー）への還帰をメルロ＝ポンティは考古学（アルケオロジー）になぞらえ、つぎのように言っている。「われわれの〈考古学〉の領域へのこうした下降は、われわれの分析の手段を無傷のままにしておくであろうか」（S：(2)一二頁）、と。そうするとこの終わりなき遡行は、経験へのわれわれのまなざしそのものをめぐってゆくというかたちで、あらたな自己経験へとうながされる不断の過程だということになる。「徹底的な反省（réflexion radicalisée）は自分自身が非反省的生活に依存していることを意識しており、この非反省的生活こそ反省の端緒的かつ恒常的かつ終局的な状況である」。こうして、「哲学とはおのれ自身の端緒がたえず更新されてゆく経験である……そして哲学は一にかかってこの端緒を記述するところにある」と、つよく宣言されるのである（PP：(1)一三頁）。

3　知覚と運動

含みあいの構造

メルロ＝ポンティがその著作のなかでくりかえし引用するフッサールの言葉がある。『デカルト的省察』のなかに出てくる言葉で、「……まだ黙して語らない経験をこそ、その経験自身の意味の純粋な表現へともたらさねばならない」というものだ。

メルロ＝ポンティは『知覚の現象学』ではしばしば、「経験への還帰」というきわめて漠然とした言葉で現象学の試みを表現しているが、その経験が意味するところは、経験主義のそれとはいささか趣を異にしている。そこでいわれる経験はこういうふうに言い換えられるものである。――「一つの経験であることは、世界や身体や他人たちと内面的に交流することであり、それらと並んで在るのではなくてそれらとともに在ることである」。

これは〈共存〉（coexistence）という言葉でくりかえしさし示される事態であって、メルロ＝ポンティのいう経験とはそのように主体が世界と交わっているその交換という出来事のことをいう。それはまた、序文ではこういう言葉で表現されてもいた。「現象学的世界とは、なにか純粋存在といったようなものではなくて、わたしの諸経験の交叉点で、またわたしの経験と他者の経験との交叉点で、それら諸経験の絡みあいによってあらわれてくる意味なのである」（PP：(1)二三頁）、と。

この含みあい（implication）の構造、世界とわたしとのこの結び目（nœud）こそ、メルロ＝ポンティのいう「経験」の軸をなすものであって、それゆえに主体もまた世界をその外部からまるで風景か像のように眺める非世界的主観ではなく、あくまで「世界へと身を挺している主体」なのである。そういう主体がそういう経験のなかに身を挺しつつ、そのなかから世界と自分とのこの結び目を記述的にほぐしてゆくのが現象学的反省なのであって、経験を客体のがわに超えでた地点から語りだす素朴な自然主義と、経験を主体のがわに超えでた地点から語りだす主知主義とをともに斥けようとするメルロ＝ポンティが、それらを「上空飛翔的な思考」とよんで批判するのも、そういう意味においてである。

問題としての身体

さて、そういうまなざしで「世界へと身を挺している主体」の分析を開始するとき、メルロ＝ポンティが現象学の視線が照準を合わせるべきものとして析出するのが、〈身体〉という存在次元である。〈意識〉から〈身体〉への現象学の作業次元の転換――現象学のメルロ＝ポンティ的展開はこのように語られることが多いが、そもそも身体への視線の転位というものが西欧の哲学の歴史のなかでどういう理由で要請されるようになったかを、ここであらかじめ大づかみにしておく必要があるだろう。

精神と物体、主体と客体（意識と対象）、超越論的なものと事実的なもの、アプリオリなものとアポステリオリなものなど、人間という存在の両義的なあり方が問題となるところではつねに、その身体的な存在が問題として浮上してくる。

身体性（Leiblichkeit, corporéité）という問題は、他者性（ないしは間主観性）、受動性、時間性、事実性、生活世界などとともに、現象学によってはじめて哲学の固有の主題領域としてとりあげられた問題であるといえるが、とりわけ精神と物体、主体と客体、超越論的なものと事実的なものとにまたがった身体の両義的な存在、つまりそれら二項のうちの一方に還元不可能なあり方は、思考のそのような二元論的な枠組みそのものを組み換えるべく迫ってくる。

さらにまた、この二元論的な枠組みには現象学自身が部分的にそれに拘束されていた面があり、その意味で身体（性）は、超越論的な現象学の理念、とくにその〈主観性〉という概念の根幹にも関わってくる問題であったと言ってよい。

身体の二元論的な理解

さて、身体（性）というものが現象学にとってどういう問題であるのかについては、まずはデカルトに代表されるような精神と物体との二元論の考え方——これはかつて「二世界論（Zweiweltentheorie）」とも表現されていた——をかんたんに総括しておく必要があるだろう。デカルトの二元論とは、こころとからだについての現在のわれわれの日常的な理解の仕方にじつはとてもなじみやすいものである。そこで、日常の身体経験から考えはじめよう。

身体というものはふつう、物体とではなく、こころと対立するものと考えられている。変な例だが、たとえばいま、ビルの屋上から飛び降り自殺をくわだてているひとりの男がいるとする。かれの「こころ」のなかでは凄惨なドラマが演じられているにちがいない。そして飛び降りるも飛び降りないもいまはかれの「気持ち」ひとつにかかっており、かれの「気持ち」が今後どうなるかは、理路整然とした物的な因果関係からは説明も予測もできないだろう。しかしそうと決めていったん足を浮かせば、かれの身体はふつうの物体と同様、落下の法則にしたがって、まちがいなく地面へ向けて落ちてゆく。たちまち路上に激突して、身体は原形をとどめぬくらいぐしゃぐしゃに崩れてしまうだろう。身体はまぎれもなく一つの物体だからだ。

もっと卑近な例をあげれば、われわれは工作をするとき、不注意で指先を切ってしまうことがある。そして「痛い」と感じ、とっさに「しまった」と思う。しかしよく考えてみれば、指先が裂け血が滲（にじ）みだすという現象と、「痛い」と感じ、「しまった」と思うこととのあいだには、現象としてなんの質的な共通点もない。ここには物体としての身体の出来事と、感覚や意識というかたちでの出来事という、まったく異なった二つの出来事が総じていると考えたほうが自然であるともいえる。

われわれのこうした素朴な実感を哲学的に定式化したものとして、デカルトのいわゆる精神と物体の二元論をあげることができる。デカルトは、世界は二つのまったく異なる実体、つまり精神と物体とからなりたっていると考えた。

精神に本質的な特徴は〈思う〉（意識する）ということであり、それは具体的には認識、意志、感覚、感情、欲望といったかたちをとる。他方、物体に本質的なことは〈ひろがり〉ということであり、それは位置、形状、大きさ、重さ、運動といった様態をもつ。そして重要なのは、両者のあいだになんの共通項もなんの交叉点もないということだ。われわれは比喩的に「こころが広い」、「こころが丸い」、「気が重い」、「気が長い」などと言いこそすれ、じっさいに精神がそのような物体的な諸特性をもっているなどとは考えない。精神と物体はどこまでも、相互に独立の別領域に属するものであるはずだ。

ところで身体はといえば、これはまぎれもなく右に述べたような物体的特性をじゅうぶんに備えたものである。世界をデカルトのように精神／物体という二領域に分割したばあい、身体はあきらかに物体の一つに数えられねばならないだろう。そうすると（デカルトは動物を「自動機械」とみなすから）人間は二つのまったく異なった実体が共存している例外的な存在だということになる。事実、われわれは、悲しみに打ちひしがれているとき眼から涙を流すし、怒り心頭に発すれば身体が震える。羞じらいに顔面は紅潮し、緊張すれば手に汗にぎるし、怯えているときの身体の震動は止めようがない。

心身問題

しかし、ここから一つの難問が生じてくる。精神が身体（＝物体）に、あるいは逆に身体（＝物体）が精神にはたらきかけるということはそもそもどうして可能であるか。いいかえれば、〈考える〉ことと〈ひろがり〉というまったく異なった属性をもつ二つの実体が相互に作用しあうということがなぜ可能なのか、という問題である。

この問題は哲学史では《心身問題》と呼ばれてきた。これにたいしてこれまで、並行論、随伴現象説、反映論、同一説など、いくつかの解答の試みがなされてきたが、問題が変形されこそすれ、いずれにおいても、原理的なアポリアそのものが克服されたとはいいがたい。心／身がなんの媒介項ももたない異質な二実体として想定されているかぎりは、心身関係の問題は最初から解決不可能な問題というほかない。もちろん、だからといって心身関係というかたちで提起されている問題そのものが無意味だということにはならない。

そもそも身体とはほんとうに一つの物体なのだろうか。われわれが「身体」と「物体」として区別しているものを、西欧のひとたちは、“body”（あるいは“corps”、“Körper”）というおなじ一つの言葉で呼んでいる。だから身体を物体から概念的に分離する必要があるときには、かれらは身体を“living body”とか“human body”として表現せざるをえない。ついでにいえば、われわれがふつう「行動」とか「ふるまい」と訳している“behavior”が同時に機械の「はたらき」や惑星の「運動」という意味ももっているのは、それがbodyの運動だからである。

このような言葉の使い方は、人間の身体をも一つの精密機械にみたてる機械論的な自然観——これが近代の生理学や医学の驚異的な発展をも支えていたのだが——にはなじみやすいが、まさにそのように考えるところから《心身問題》というアポリアが発生したのではなかったか。

精神が物体と峻別されるばあいの根拠の一つとして、われわれの意識が意識それじたいにいつも直接（つまり、無媒介に）あたえられているのにたいして、意識の対象である外界の事物はそのつどのわたしの知覚のパースペクティヴのなかで一面的にしか現われないということが、よく指摘される。つまりそこでは、意識と物との関係は、知覚するものと知覚されるもの、すなわち主体と客体の関係に置き換えられる。あるいは、経験のなかの意識的‐主体的契機は内在化され、対象的‐客体的契機は外在化されるといってもいいだろう。そして身体は、われわれが見たり、触れたり、「内」から感じたりする対象として、経験の客体のがわに配分される。身体は、われわれの身体（についての）意識に対置されるわけだ。

伸縮する身体

しかしながら、身体が一つの物体ないしは対象であるというのはある二次的な解釈にすぎないのであって、われわれの毎日の生活のなかで具体的に生きられる身体はむしろそのような特徴を示さない。

たとえばわれわれが物を手前に引き寄せるとき、あるいはどこかへ向かって歩きだすとき、われわれはそのために手足をどのように動かすかなどと考えはしない。われわれの意識は直接前方の物へと向かっているのであって、身体はいわば素通りされてことさらに意識されることはない。ところが疲労しているとき、あるいは病気になったりでもすれば、身体はにわかに腫(は)れぼったい厚みをもったものとして浮き彫りになってくる。脚がこっているとき、胃が痛むときを思いだせばよい。そのときわれわれの意識は自分の身体のところで停滞してしまう。身体の存在はこのように濃密になったり希薄になったりする。

われわれの身体はわれわれの身体（＝物体）を包み込んでいる皮膚という境界を越えて、伸びたり縮んだりもする。われわれが杖を使いはじめるとき、われわれはたしかに掌（てのひら）で杖の感触をあじわう。しかしいったん使いなれたなら、われわれの感覚は手から杖の先まで伸びていって、杖の先で物を感じるのではないだろうか。われわれが身につけているもの、たとえば靴のばあいもそうであって、感覚が身体（＝物体）の表面で生じるのだとすれば、われわれはいつも足の裏が靴底に接触している面を感知するはずであるのに、じっさいには靴の裏で直接にアスファルトや芝生やぬかるみの微細な感触を区別しているのではないだろうか。逆に、怯えているとき、羞じらっているとき、どうしてわれわれはあのように身を縮こめるのか。

あるいは、われわれが小学校に入学したころを思いだしてみよう。はじめて習う字をノートの枡目にくりかえし書いたあとで、黒板に大書させられた経験はだれにでもあるだろう。何度も試行錯誤をくりかえし、指の筋肉をやっと鉛筆になじませた子どもが、いきなりまったく別の筋肉を動かしておなじ字を、しかもおなじような筆跡で書けるのはどうしてだろう（この例は『行動の構造』でもふれられていた）。

二つの病理的な例

すぐあとで詳しく検討するので、ここでは事態をかんたんに紹介するだけにとどめておきたいが、精神医学のデータからもっとはっきりした例を引くこともできる。

まず幻影肢という現象である。たとえば戦場や工場、あるいは交通事故で負傷し手足の切断手術を施されたひとは、もはや存在しない手足がかつてあったその場所によく痛みや痒（かゆ）みを感じるという。手足とともに求心性神経も切断されたのであるから、刺激は切断面にあるはずで、いまはない指先で痛みを感じるという事実は生理学的な条件からは説明しがたい。そこでこれは一種の「妄想」であるとして、たとえば「欠損の拒否」といった概念を用いて心理学的に説明すべきものと考えるひともいる。じっさい、負傷時の状況を思いださせるような場面に出くわしたとき、それまで幻影肢があらわれたことのないような患者にも幻影肢の現象が生じることからも、そのような説明が妥当しそうに思われる。

ところがこの現象は、切断面から脳に通じている求心性神経路をどこかで切断すれば消失してしまう。つまり、それが一定の生理学的条件に依存していることは否定できないのだ。幻影肢という身体現象は、このように、身体（＝物体）と身体意識という二分法の両項にそれぞれ定位してなされる生理学的説明と心理学的説明のいずれにおいても、じゅうぶんには明らかにされない。

もう一例。これは戦場で砲弾の破片によって大脳の後頭葉を損傷した患者の例であるが、かれはたとえば鼻の先に蚊がとまったら手で蚊を払うことができるし、鼻がつまればポケットからハンカチーフをとりだして洟（はな）をかむことができるのに、医者に眼を閉じたまま鼻を指さすよう命じられても、それができない。腕を横に伸ばして、たとえば棚から物を取ることはできても、腕を水平に上げるよう命じられたらそれができない——ただし推理をはたらかせ、予行演習も許されればやがてできるようにはなる。

つまりかれは、生活に必要な運動（「具体的な運動」）なら、それが習慣的なものであるかぎり難なくやってのけられるのに、なんらの実際的状況にも向けられていないような「抽象的な運動」、たとえば純粋な指示行為や純粋な身体運動は不可能なのだ。もし精神が大脳に関係し、かつ身体が物体であるとするなら、身体（＝物体）に故障のないこの患者は、純粋な身体運動はかんたんにできて、生活上のさまざまな意味を帯びた行動こそ困難になってもよさそうなものなのに、じっさいには逆のことが起こっている。こうした事態はどのように解釈すればいいのだろうか。

対象－身体でもなく身体－意識でもなく

さて、さしあたって以上のような事例を見るかぎりでも、物としての身体（対象的事象）、あるいは生理学的な身体（科学的事象）という規定は、われわれの身体にとっては第一義的なものではないと、とりあえず言い切ったほうがよさそうに思える。

われわれはさきに、われわれの身体はふつう経験の対象として取り扱われているとしたが、じっさい、そもそものような客体的な世界の存在がわれわれのそのつどの主観的経験のなかでいかにして可能となるか、という問いを立ててみると、身体は対象というあり方とはまったく違った相貌、違った存在次元を示すようになる。というのは、感覚的経験にそのつど与えられているものをわれわれはいつもある対象の現われとしてとらえているのだが、そのような感覚への現われそのものはつねに身体的に媒介されているからである。身体はたしかに対象的な世界の内部に他の事物と並んで見いだされるのだが、しかしそのような感覚への現われそのものが身体という媒体をとおしてはじめて経験されるものなのである。したがって経験の対象としての身体のあり方には、対象的世界がそこにおいてわれわれにはじめて与えられることになる〈経験〉の一構造契機としての身体のあり方が構造上先行する。身体は、世界の内部にある一つの客体＝物体であるのに先だって、まずは世界が現われる場、世界を構成するうえでの制約というかたちではたらきだしているものとして主題化されるべきである。身体の問題はこのように、現象学では、まさに世界経験の媒体（メディウム）として主題化されてくるのだ。

わたしがものを見るのであって、脳や大脳が見るのではない。わたしがこの街にいるのであって、身体がこの街にいるのではない。身体の問題は、わたしのこの見るという〈経験〉、わたしのこの〈存在〉の身体性というかたちで、われわれの世界とのそのつどのかかわりという場面で問われるべきことがらである。

主体／客体、精神／物体、心的なもの／生理的なもの、（身体についての）意識／（対象としての）身体、といった二項対立のあいだ、あるいはむしろその手前に、身体固有の存在次元をとり戻すことが問題なのだ。世界にはたらきかけ、はたらきかけられるといったわれわれと世界との交わりのなかで、つまりはそういった実践的な場面で、身体の生き生きとしたはたらきをとらえることが求められているのだ。わたしの前に対象としてある身体ではなく、世界とのかかわりのなかでいつもわたしとともにあるような身体、それを考察する必要があるわけだ。

以上が、現象学の身体論の背景をなす一般的な問題史的構図である。もちろん、個々の現象学者の身体論はかならずしもこのように心身関係論の文脈で問題にされるわけではない。フッサールでは身体の問題は、『イデーン』第二巻では領域存在論のなかで主観が世界のうちに組み込まれるその条件の分析という場面で、たとえば感覚の局所づけ（Lokalisation）の現象として分析されるし、また『物と空間』や『ヨーロッパ諸学問の危機と超越論的現象学』では、主体の運動感覚（キネステーゼ）（Kinästhese）的機能というかたちでさらに突っ込んだ分析が見いだされる。しかし身体の問題（とくにキネステーゼという主体の運動感覚的能力の概念が提起しているもの）を、フッサールとともに、そしてフッサールを超えて全面的に展開したのは、なんといってもメルロ＝ポンティである。

志向的な運動

さて、メルロ＝ポンティの身体論である。身体という問題系は、知覚のそれとともにメルロ＝ポンティの哲学のなかで特別な意味をもっている。ある意味ではかれの哲学を、〈身体〉から〈肉〉への問題の転位として描けるくらいである。それはいまはさておき、メルロ

＝ポンティの身体論は、すでにみたように科学的説明や反省的分析、あるいはかれが「上空飛翔的思考」とよぶものを遠ざけて、それをわれわれが生きているがままに記述するという作業をその分析の核心に置いている。メルロ＝ポンティのそのような記述はいわゆる「現象学的記述」のきわめてすぐれた実践であると思われるので、ここでその生きた記述にふれるべく、その繊細な語り口をすすんで引用してみることにしよう。

メルロ＝ポンティは、身体を分析するにあたって、自然科学（とくに生理学）の実在論的な客観主義と、世界を対象として構成する（世界から切り離された）純粋意識を前提とする観念論的な主観主義とをともに拒否する。そして主体が世界に帰属しているそのあり方の分析、あるいは意識でも物でもなければ、対自でも即自でもない〈実存〉の両義的なあり方の分析として、身体論を展開する。そのとき身体は、それを媒介として世界へと向かう志向性の、まさにその運動性において問題にされる。その身体は、だれのものでもない客観的な存在としての身体（客観的な身体）ではなく、また物のなかの一つである対象としての身体のあり方でもなく、現象的な身体、つまり主体の器官（オルガン）としての、いや主体の存在そのものであるような「生きた身体（corps vivant）」である。

幻影肢

メルロ＝ポンティはみずからの身体論を展開するにあたって、さきほどもすこしふれた幻影肢の現象や、ゲルプとゴルトシュタインの分析で有名になり、カッシーラーもその解釈を試みたシュナイダーという患者のいくつかの行動上の困難などの病理学の事例を引き、それを論じることで問題の核心に入っていこうとする。

まず幻影肢という現象であるが、事故や戦闘などでひどく負傷し、腕の切断手術を施されたひとは、その腕がかつてあった場所に、腕を炸裂させたその砲弾の破片をしばしば感じるという。このように切断された四肢を身体経験のなかで保持しつづけるような症例が幻影肢とよばれるものである。

この幻影肢は、負傷したときのその体験や状況を思いださせるような事態がふたたびあらわれたとき、それまで幻影肢など体験したこともない患者たちにもときにあらわれることがあるらしい。また腕の幻影肢が、手術直後には巨大なものだったのにやがて縮こまってきて、患者自身がその切断の事実を認めることで、最後は断端のなかにまで収斂してしまいもするという。このばあい、腕とともに求心性神経も切断されたのであるから、刺激は断端にあるはずで、いまはない腕に砲弾の存在を感じたり、指先に痛みや痒みを感じるという事実は、この現象が、ある特殊な記憶か、もしくは妄想や幻覚のようなものとして、心理学的な説明を要するようにみえる。じっさい、この幻影肢は患者にコカイン麻酔を施してもなくならない。ところが、幻影肢は、脳につうじている感受的伝導路を切断すれば消失してしまい、そのかぎりで一定の生理学的な条件に依存していることも否定できない。

幻影肢という身体現象は、このように、対象としての身体（＝物体）と身体（についての）意識という、二分法の両項にそれぞれ定位してなされる生理学的説明と心理学的説明のいずれにおいても説明がうまくつかない。そこで、このばあいに心的決定因と生理的条件とはどのように関係しているのかということが問題となる。

「幻影肢が一方では生理的諸条件に依存し、そのかぎりでは第三者的な因果性の結果でありながら、それでいて他方では、患者の個人的経歴やかれの記憶や情動または意志に所属することができるのはどうしてであるか」――この現象においてわれわれはそういう問題に直面せざるをえない。要するに、一方には神経の興奮流のような客観的プロセスがあり、他方には受容とか拒否、あるいは過去の意識とか情動といったコギタチオの契機があるという、この二元性を呈する症例を理解するためには、われわれは〈心的なもの〉と〈生理的なもの〉、主観と対象（もしくは対自と即自）、機械論と目的論といったいくつかの二者択一の外へ出なければならないということである。

たとえば条件反射的な行動ならば、機械的なモデルで生理学的・行動学的に説明できると、ひとはまるで自明のことのように語る。しかし、人間においては反射行動ですら、状況の意味の理解と関連しつつすでに調整されたものであり、対象との一対一対応的な諸刺激との結びつきのなかで起こるものではない。それは、「部分的な諸刺激に一つの意味を付与するとともに、それらの諸刺激をわれわれにたいしてなにものかであらしめ、価値あるものたらしめ、あるいは存在せしめている」（PP：⑴一四三頁）、そういう状況のなんらかの全体としての構造との関連で生じるものである。われわれにおいては反射でさえも、「行動の環境」への実存の運動というものをすでに孕んでおり、その意味で対象か意識かという二元性を超えるものであると言わなければならない。

実存の運動へ

さて、メルロ＝ポンティはいま、この幻影肢という現象のかたちで露出している主体の存在を「実存の運動」という言葉で指示したのだったが、ここでいう「実存の運動」とはいったいどういうものであろうか。

「欠損の拒否」という言葉を用いて、メルロ＝ポンティはこんなふうに述べる。「欠損の拒否とは、一つの世界へのわれわれの内属の裏面でしかない。つまり、われわれをおのれの仕事、おのれの関心事、おのれの状況、おのれのなれ親しんだ地平へと投げ入れている自然的な運動に対立するようなものは認めまいとする、暗黙の否認にほかならない。腕の幻影肢をもつとは、その腕だけに可能ないっさいの行動にいままでどおり開かれてあろうとすることであり、切断以前にもっていた実践的領野をいまもなお保持しようとすることだ」（PP：(1)一四七頁）、と。

こうしてメルロ＝ポンティは「生き生きとした身体」の規定に入ってゆく。その最初の規定が、「始元的な〔原初的な〕習慣（l'habitude primordiale）」として身体をとらえるというものであるが、その規定を立ち入って論じるために、メルロ＝ポンティはそこでさらにもう一つの症例をとり上げる。

シュナイダーの症例

メルロ＝ポンティはつぎに、病理学的には従来、精神盲として分類されてきた患者の事例をとりあげる。それは戦場で砲弾の破片によって大脳の後頭葉を損傷した患者の例で、その患者は、眼を閉じているよう言われると、ある生活行動上の具体的な意味をもった身体運動はなんの支障もなく可能なのに、生活行動上なんの意味もない抽象的な身体運動はこれをおこなうことができない。

たとえば鼻の先に蚊がとまったら手で蚊を払うことができるし、鼻がつまればポケットからハンカチーフをとりだして洟をかむことができるのに、医者に鼻を指さし、位置を示すよう指示されてもそれができない。腕を横に伸ばして、たとえば棚から物を取ることはできても、腕を水平に上げるよう指示されたらそれができない。ただし推理をはたらかせ、予行演習も許されればやがてできるようにはなる。

さらにかれは、皮膚の二箇所に二つの物体が接触しているとして、その二つの場所を（たとえたがいに八センチ離れていても）区別することができない。つまりかれは、生活に必要な運動なら、それが習慣的なものであるかぎり難なくやってのけられるのに、そして自分の身体器官のそれぞれがどこにあるかわかっているのに、なんらの実際的状況にもさしむけられていないような純粋な身体運動、純粋な指示の行為はできないのだ。

メルロ＝ポンティはこの症例にたいして、つぎのような解釈をくわえる。患者は自分の身体がそのなかに位置している空間というものを、「自分の習慣的な行動の素地」としては意識しているのだが、「客観的な環境」としては意識しない。それに呼応して、かれの身体も、「なれ親しんだ自分の周囲に入り込む手段」としては意のままになるが、「非功利的でとらわれない空間的思考を表現する手段」としては意のままにならないというのである。

おなじように、たとえば蚊に刺された箇所を掻く(か)のに、「客観的空間のなかの座標軸との関連において」それを位置づける必要はないのであって、かれはみずからの身体とその周辺について独特の「場所の知」というものをもっており、それによって自分が痛みを感じたその場所にさっと手をもってゆくことができるのである。「掻く能力としての手と掻くべき箇所としての刺された箇所のあいだには、自己の身体の自然的体系のなかで一つの生きられた関係があたえられており、その操作は全面的に現象的なものの次元でおこなわれているのであって、なにも客観的世界を経過してはいない」(PP:⑴一八四頁)というのである。

場所の知

「世界に対する一つの能力」であるとさえいえるこの「場所の知」について、メルロ゠ポンティはかつて紙挟みの製造をしていたこの患者――この患者は発症後もふつうの労働者のそれの四分の三の生産高を維持したという――の仕事ぶりを例にとりながら、つぎのような濃(こま)やかな描写をしている。

鋏と針と手なれた仕事とを前にした患者は、自分の手なり指なりがどこにあるかをわざわざ探しにゆく必要はない。それというのも、そうしたものは客観的空間のなかに見いだすべき対象、骨や筋肉や神経なぞではなくて、鋏や針を知覚したとたんにもう動員された能力であり、患者と与えられた対象とをつなぐもろもろの〈志向の糸〉を収斂する末端だからである。……〔そこにあるのは〕〈裁断すべき〉革の切れであり、〈縫うべき〉裏地である。仕事台、鋏、革切れは、患者には行動の極として提示されているのであって、それらはその複合した価値によってある一つの状況を規定しているのであり、しかもその状況は、決意のある様式、ある労働を招き寄せる、一つの開いた状況なのである。身体は、患者とその世界との体系のなかでの一つの要素でしかない。（PP：⑴一八四頁）

ここで描かれているように、われわれの身体（ある嵩ばり・ヴォリュームとしての身体空間）と外部的空間とはたがいに相手を含みあいながら、共同して一つの「実践的な系」をかたちづくっている。そしてそのうち前者が「われわれの行動の目的として対象がその上に浮きだしてくることのできるための地、もしくはそれがその前に現出してくることのできるための空虚」だとするならば、「あきらかに行動のなかでこそ身体の空間性は完成されるのであり、自己の運動の分析によって、身体の空間性もよりよく了解することができるようになるはずである」（PP：⑴一七九頁）ということになる。そしてこの「実践的な系」を内側から構造化しているのが、メルロ＝ポンティが心理学の術語をつかって「身体図式（schéma corporel)」とよんでいるものである。

4　習慣と感覚

始元的習慣としての身体

「わたしの身体が現勢的または可能的なある任務にむかってとる姿勢」というふうに、メルロ＝ポンティはこの身体図式を説明する。身体は諸器官の外的な寄せ集めではなく、その諸部分は「たがいに相手のなかに包みこまれて存在している」一個の分割のきかない行動の図式である。しかもそれは、たんに現にある状況のなかでとられた位置や姿勢のシステムであるのみならず、さらに他の状況のなかでとられる位置や姿勢のなかでも、おなじようなシステムとして無限に変換されうる、そういう等価系（système d'équivalences）でもある。このような「さまざまな運動任務へと変換可能な不変式」によって、さまざまの行動のしくみはたちどころに変換可能（transposable）となる。こういう図式が身体に住みついたとき、われわれははじめて身体をもつといえるのである。

このような身体のあり方は、習慣としての身体として特徴づけることができるだろう。それは、「他のいっさいの習慣を条件づけ、それらを了解可能なものとする」習慣のなかの習慣とでもいうべきもの（PP：⑴一六二頁）であって、これがひとの生活においてある種の永続性をもった「地」の役をはたすのである。世界にたいする個々の主題的＝対象化的なかかわりは、このようにいつも始元的習慣として機能する身体によって支えられている。

ここで二、三の身近な事例をとり上げておこう。自動車の運転操作や煙草の火の点け方をわれわれは「からだで知っている」、「からだで憶えている」という。それ自身は主題とならずにそのつどの主題的な行為とともに非主題的になされるもろもろの行為は、いうなれば身体的に習慣化されている、あるいは身体に住みついている。

もっともこれは手のとどく範囲のことがらにかぎったことではない。長く住んでいた住居から引っ越したときによく経験することだが、旧居の様子、たとえば家具の配置だとか食器の場所、ドアまでの距離、床の段差などをいまだに「からだが憶えている」ために、新居では動作にとまどうことがよくある。

旧居では、たとえば停電のときなどでも、家のたたずまいを改めて考えなくても目標の部屋へたどりつけたし、いったん台所にまで行きつけば、調味料であれウィスキーのボトルであれ即座に的確につかむことができた。ドアの把手の感触もいまだに掌にありありと残っている。要するに、生活環境の布置が、その距離から感触にいたるまで身体にしっかりと粗描されていたわけである。いいかえれば、われわれは「実践的な意味の系をまわりに張りめぐらし、物のうえに意味を直接に読みとっている」。そしてそのために、われわれの身のまわりは、いつもあるなれ親しまれた表情をもってあらわれていることにもなるのだ。

メルロ＝ポンティはここで、この表情をつうじての対象や周囲世界の知覚をperception physionomique（相貌的知覚）というふうに、カッシーラーの概念を引き継いで用いている。そしてこのように述べる。「正常者にあっては、知覚をつうじて対象のなかに浸透し、対象の構造をおのれのうちに同化するということが起こる」のであって、「かれの身体をつうじて、対象が直接的にかれの運動を規制する、主体と対象とのこうした対話、つまり、主体が対象のなかに散乱した意味を捉えなおし、逆に対象のほうが主体の意図を捉えなおすこうした交互作用」、それが相貌的知覚だというのである。

方位づけられた空間

われわれの身体的存在は、このようにいつも周囲世界と「含みあい（アンプリカシオン）」の関係を生きつつ、その周囲世界を〈実践的領野〉として構造化している。そしてこのような「状況に住みつくという原初的習慣」が、そのつどの主体的な経験や行為においては、〈地平〉ないしは〈地盤〉として非主題的な仕方でいつもすでにともに機能しているのだ。われわれの身体は、空間や時間のなかにあるのではなく、そこに属し（être à）、そこに住み込む（habiter dans）。われわれにとって、まわりの空間が上下、左右、前後、高低といった意味をもちうるのは、まさにこのような「世界に身を挺した主体」のその身体的実存が、ある「方位づけられた空間」を内に含んでいることによってなのである。

そうすると、われわれがさきに例にあげた幻影肢の現象も、この始元的習慣という視点を導入して、つぎのように解釈しなおすことができる。つまり、始元的習慣としてはたらくわれわれの身体のうえに重ね描きされた、対象あるいは物としての身体のあり方が、患者においては部分的に欠損したので、そこに〈地盤〉として持続的に機能していた「習慣としての身体」が露出したのだ、と。このとき患者は事実上の身体（現勢的身体）、つまり腕が切断され消失したにもかかわらず、その始元的習慣にしたがって切断以前の実践的領野を保持しようとしているわけである。だから、患者がいずれ切断以後の状況に身をならせ、適合させることができるようになれば、幻影肢の現象は起こらなくなる。じっさい、われわれの日常生活においてもこれに似たようなことはよく生ずるのであって、はじめて左ハンドルの車を運転するようなばあいには、われわれはつい右側のドアから乗り込もうとするし、方向転換しようとして方向指示器のかわりにワイパーのレバーを操作してしまう。

また、具体的な運動ができて抽象的な運動ができない患者のばあいもおなじように説明できる。われわれを取り囲んでいる具体的な空間は、上／下、前／後、左／右というように「方位づけられた空間」であって、それはわれわれの実践的な系によって組織された空間である。いいかえれば、それはそのつどの経験や行為の「素地」をなしている。

これにたいして手を水平に上げるとか、鼻の位置を指さすことが要求されるとき、われわれはそのような経験や行為の「素地」としての空間の上に、諸物をそのなかにおさめる一つの客観的な空間を重ね描きして、そのなかで自分の身体の位置や角度を確定しなければならない。そして患者はいままさにこの能力を失っているのである。かれはそのつどの実践的領野に密着しており、だからこそ習慣化された行為はなんの不自由もなくおこなえるのに、与えられているもの、現前しているものを、不在のある理念的なものに関係づけることが首尾よくできないのだ。

そういうこちらからのはたらきかけが、ここでは大きな意義をもっている。患者が感受できなかった皮膚上の二点の刺激の区別にしても、もしもこちらの手を動かすことができればその位置上の差異を確認できるわけで、そのときかれは自分の手の上に触れているものの運動ではなく、その物にたいする自分の手の運動をこそ知覚しているのである。それを裏書きする例としてメルロ＝ポンティが引くのは、つぎのような興味深い実験例である。患者の左手の上に最初にふつうの文字を書き、つぎにおなじ文字を鏡に映したように裏向きに書いてみせると、最初のばあいは文字がまったく認識されないのに、あとのばあいはすぐに字が認識されるというのである。

虚構の状況を描きだす

さて、正常な患者の実存のほうは、まさにこのような不在の虚構的な状況へと開かれているのであって、具体的な運動の世界に閉じ込められることなく、同時に「実用的意味を欠いた純粋刺激の相関者として〔も〕自分の身体を所有している」(PP：⑴一八八頁)。つまりかれは、実践的な世界への没入から身を引き剝がして、自分の身体を、客観的な空間内で特定の位置を占めているある一個の物体としてもとらえることができるということである。それどころか、ときには「〔現実的〕世界から身をそむけて、その活動を感官的表面に訴えてきた諸刺激に適合させ、実験的状況に身をまかせ、より一般的にいって、潜勢的なもののなかに身を置く」ことすらできる。

この、虚構の状況を重ね描きしうる能力というのが重要である。というのも、この患者は、まさに「現勢的なものだけに縛られており、自由を欠いていた」のであって、まさにこの一種の投射の機能こそが、われわれの世界に弾力性＝可塑性（plasticité）を保証してくれるものだからである。メルロ＝ポンティは書いている。「抽象的運動は、具体的運動が展開していた充実した世界の内部に、反省と主観性との一地帯を穿（うが）つ。……抽象的運動を可能にする正常な機能は、一つの〈投射〉機能であって、それによって運動主体は、自然的には存在せぬものもそこでは存在のみかけをもつことのできるような一つの自由な空間を、自分の前に用意するのである」（PP：⑴一九二頁）、と。

ということは逆に、この患者は、対象の形態や距離などを知覚できるが、これら空間的な光景の上に「行動に役立つ方向づけ」や「それらを行動の風景とする人間学的な諸規定」を与えることができていないということである。ここに欠けているのは、「与えられた世界のなかに境界や方向を設定したり、力線を確定したり、展望を配慮したりする能力」であり、「与えられた世界をそのときどきの投企にしたがって組織し、地理学的な囲みの上に、主体の内的活動性を表出する行動環境なり意味体系なりを構築する能力」である。

「与えられた世界へのおのれの没入を断ち切り、自分のまわりに虚構の状況を描きだす」こと――フッサールの現象学的還元は、われわれがふつう事実的世界と考えているものが、じつはこのような「構成」によってなりたっていることを開示するために、視線を一歩後退させたのであるが、しかしそのような退いたまなざしにたいして開けてくる光景は、フッサールが還元の残余としたような透明な超越論的意識（「純粋意識」）などではなく、世界に身を挺した生活世界的主体であること、そういう地点からすでにメルロ＝ポンティは現象学を考えていたことが、いまや確認できる。

還元はまず自然的態度が自然主義的態度を含んでいることをあきらかにし、ついで還元されて見えてくるようになった自然的態度がじつは隠れた超越論的態度にほかならないことをあきらかにする。が、それは純粋な構成的主観ではなく、世界との「共存」の関係のなかにある身体的主体なのである。

身体図式の組み換え

このような視点に立てば、習慣の獲得とか道具使用といったわれわれの行為に本質的な諸契機も、あらたにつぎのように規定することができるようになる。なにかある習慣を身につけるというのは、図式としての身体の「組み換え（remaniement）」であり「更新（renouvellement）」であるということになる。

「身体が一つのあたらしい意味づけによって浸透されたとき、身体が一つのあたらしい意味の核と同化したとき、身体が了解した、習慣が獲得されたといわれるのだ」、とメルロ＝ポンティは書いている。

習慣はわれわれの意識のなかでもなく、事象としての身体のなかでもなく、「世界の媒質」としての身体のうちにこそ宿るのだ。また、道具を使うというのは、図式としての身体が膨張もしくは拡大して、「〔道具である〕物のなかにおのれを据えつけること」、逆の言い方をすれば、物が「身体の嵩ばり」のうちに編入されることを意味する。われわれが掌で杖の把手のところを感覚するのではなく、杖の先で世界を感知するのも、あるいは脚の裏で靴の底を感覚するのではなく、靴の裏で世界を感知するのもそのためである。

この嵩ばりとしての身体性、膨らみとしての身体性について、メルロ＝ポンティはこんな例をあげて解説している。ある女性はわざわざ計測しなくても、自分の帽子の羽とそれが触れるかもしれない物との間隔を知っているし、運転手はある道を自分の車が通れるかどうかを、道路幅と車幅を比較しなくてもわかる。われわれの身体性には、「われわれのまわりにある、われわれの狙いやわれわれの所作のおよぶ可変的な射程の登録」がなされているというのである。

あるいは、タイプライターの習得。われわれはそれを習得するのに、各文字がキイボードのどこにあるかを指摘できるようになる必要はないし、また文字が示されたときに条件反射的に指がその文字の場所へ動くよう訓練するというのでもない。習慣はそういう認識でも自動運動でもない。指の運動は、「その表情によって他のいっさいから区別される、運動性のある転調（modulation）としてのみあたえられる」というのだ。

わたしがタイプの前に座るとき、わたしの手の下に一つの運動空間が拡がり、その空間のなかでわたしは自分の読んだところをタイプに打ってゆく。読んだ語は視覚空間の一つの転調であり、運動遂行は手の空間の一つの転調であって、そのばあい、どのようにして、〈視覚的〉総体のある表情が運動によるある仕方の応答を喚起してくることができるのか、どのようにして各〈視覚的〉構造がついにその運動的本質をあらわにし、しかもその際に語を運動に翻訳するのになにも語や運動を一つ一つたどる必要がないのか——それを知ることが問題のすべてである。（PP：(1)二四二頁）

タイプライターを練習するひとは、いってみればキイボードの空間を自分の身体空間へと縫合するわけで、身体と空間とのこのような相互受胎についてはさらに、オルガン、オルガン奏者を例にあげて記述している。オルガン奏者は、演奏先で出会うはじめてのオルガン、「鍵盤の数も違えば音管の設え方も自分の使いなれた楽器のものとは異なっているオルガン」を、ほんの一時間も練習すればすぐに使いこなせるという例である。

かれは腰掛けに座り、ペダルを操作し、音管を引き、楽器を自分の身体に合うようにし、楽器の方位や大きさを自分の身体に合体させ、あたかも家のなかに収まるように楽器のなかに収まる。各音管、各ペダルにかんしてかれの学ぶところは、客観的空間におけるその位置ではなく、それらのものをかれが委ねるのも、それらについての自分の〈記憶〉にたいしてではない。演奏中でも反復練習中でも、音管やペダルや鍵盤は、かれにとってはそれぞれの情動的または音楽的な価値の諸力として与えられ、またそれらのものの位置もその価値が世界内にあらわれてくる場所としてのみあたえられる。楽譜面で指示されているような楽曲の音楽的本質と、じっさいにオルガンのまわりで鳴りわたる音楽とのあいだには、きわめて直接的な関係が確立されていて、その結果、オルガン奏者の身体と楽器とは、もはやこの関係の通過点でしかなくなっている。そうなるともう、音楽はそれじたいで存在し、音楽によってこそその他のいっさいのものも存在するということになる。……オルガン奏者の所作は〔こうして〕あたかも占い師の所作が聖域を棒で劃するように一つの表出空間を創造する。（PP：⑴二四四頁）

習慣の獲得

このような綿密な記述をしたあと、ここでもさきとおなじような文体で、つぎのように結論づける。「どのようにして所作の音楽的意味がある一つの局所において炸裂し、ついにオルガン奏者はすっかり音楽に身をまかせて、その音楽を実現しにくる音管やペダルと一体となるにいたるのか――それを知るところにこそ、習慣の全問題がある」、と。

メルロ＝ポンティは「習慣の獲得とは身体図式の組み換えであり更新である」と言っていた。表現と習慣とは身体が始元的な表出空間であることによって、たがいに深く結びついている。身体パフォーマンスとしてのダンスがそうだし、さらには言葉そのものがそうなのだが、これらは身体が自然にそなえていた（というより、生まれたその文化のなかで最初に制度化された）その所作にはたらきかけて、それを別の水準へと一貫して転位させる。そしてそのことで身体の諸器官をある新しい意味作用の媒質とする。いいかえれば、「経験の一つの構造化」をあらたに発足させる。

話すという音声的所作を例にとってみよう。それが既存の意味作用を更新するのはつぎのようにしてである。

咽喉の収縮、舌と歯とのあいだからのヒューという空気の放出、われわれの身体を使うある種の使い方が、突然一つの形象となった意味を授与されて、われわれの外部に向かってそういう意味を指示するようになる。このことは、欲情のなかから愛情が浮かび出てきたり、人生のはじめのとりとめもない運動のなかから〔意味をもった〕所作が浮かび出てきたりすることより以上に、奇蹟的でもなければ、それよりすくなく奇蹟的でもない。（PP：(1)三一七頁）

この意味で、習慣というのは、まさに意味の生成、文化的世界の設立にその根源でかかわるものである。意味の生成という視点でいえば、中期に「一貫した変形」としてそのプロセスが語りなおされ、さらに後期には文化の存在論として問いなおされる。それはメルロ＝ポンティではかれのいう「制度（化）」の問題に核心でかかわるものである。それについては『知覚の現象学』の第一部の終わりのところで論じてある「表現としての身体」の問題とともに——この問題は『シーニュ』や『世界の散文』にみられる中期の思想に直結している——、のちにさらに立ち入ってふれることにしよう。ちなみに、この習慣の問題の根深さをつぎのような機知に富んだ言葉であらわしたのは、メルロ゠ポンティも愛読していたブレーズ・パスカルであった。

父親たちは、子どもたちの自然な愛が消えてしまいはしないかということを恐れる。では、消えることがあるようなこの自然とは、いったいなんだろう。習慣は第二の自然であって、第一の自然を破壊する。しかし自然とはなんなのだろう。なぜ習慣は自然なものでないのだろう。わたしは、習慣が第二の自然であるように、この自然それ自身も、第一の習慣であるにすぎないのではないかということをおおいに恐れる。（パスカル『パンセ』ブランシュヴィック版、断章九十三、前田陽一・由木康訳、中央公論新社（中公文庫）、二〇一八年）

身体の定義

さて、この節を終えるにあたって、メルロ゠ポンティによる身体の代表的な定義をいくつか確認しておくことにしよう。

まず「世界の一般的形態への前人称的な加盟（adhésion prépersonnelle à la forme générale du monde）」とか、「世界のなかへのわれわれの投錨（notre ancrage dans un monde)」といった有名な定義があるが、これらはみな、身体的実存の事実性に定位していわれるものである。つまり世界への（内在ではなく）内属—— être dans le monde ではなく être au monde ——、いいかえると「世界 - 内 - 存在の媒質」としての身体のあり方に着目した定義である。それとともに、身体の定義にあたって無名性とか一般性とか自然性といった契機が強調されるばあいもある。「無名で一般的な実存」とか「自然的なわたし」といった定義がその代表的なものである。

ここでは主体の対象的世界への主題的なはたらきかけの背後にあって、それを可能にしている地盤としての前人称的な（=「無名の」）経験の層が、主体の経験体制の奥深くに沈澱し、ほとんど意識されない仕方で作動しているがゆえに、ほとんど「自然的」ともいえるものとしてあるという事態が表明されているといえる。おそらくこの用語法には、デカルトの「自然的判断」を自然のうちに深く根ざした理性としてとらえるメルロ＝ポンティの解釈が反映していると思われる。

それとともに、この身体はあらゆる実践的任務に変換可能な不変式として機能するがゆえに「一般的」なものでもある。身体こそあらゆる意味生成の根源にあるもので、それはわれわれに「変換（transpositions）と等価性（équivalences）と同一化（identifications）の最初のモデルをあたえた」ともいわれる。要するに、身体は、メルロ＝ポンティでは、心理学者の言葉をもちいて「志向弓（arc intentionnel）」ともよばれるような、ある根源的な運動志向性としての実存の実践的な動性をあらわす言葉だということである。

意識としてのわたし（コギト）とともにはたらきだしながら、それよりももっと「古い」このような前人称的な動性、それをメルロ＝ポンティはこのように「自然的」とか「一般的」とよぶのだが、われわれの意識が浅からぬ傷を負ったときにも、どこからともなくわれわれの意識のなかに浸潤してきて意識そのものをとり繕ってくれることがある。われわれには、身体によって自分自身が攻撃されるという面とともに、身体性にみずから存在をゆだねきることで救われるという場面がある。たえずおのれを修復してゆく身体へのそうした深い信頼を、メルロ＝ポンティはたとえばつぎのように描きだしている。現象学的記述のひとつの粋がここには見られる。

わたしが悲嘆におしひしがれ、すっかり心労に疲れ切っているあいだにも、すでにわたしのまなざしは前方をまさぐり、ぬかりなくなにか輝いた物をめざしており、こうして自分の自立した生存を再開している。われわれが自分の全生活を凝集しようとしていたその瞬間の直後に、時間は、すくなくとも前人称的な時間はふたたび流れはじめ、それはわれわれの決意そのものをではないまでも、すくなくともその決意を支えていた熱っぽい感情を洗い流してゆく。人格的実存のほうは間歇的なもので、この潮が退いてしまったあとでは、決意ももはやただ無理につくった意味しかわたしの生活にあたえることはできなくなる。（PP：⑴一五一―一五二頁）

『行動の構造』における物理的・生命的・人間的という三つの秩序の記述がそうであったように、メルロ゠ポンティはわれわれの身体性を〈変換〉の多層的構造のなかに見ているのであって、ひとは〈運動〉志向性としての身体として世界へとかかわってゆくなかで、そのつどその構造のあり方そのものをその身体的実存の全体で選びとっているといえる。すぐあとにみる「実存の転調」というメルロ゠ポンティの概念も、まさにそういう根源的選択をさし示している。

含みあい

知覚と行動における身体と世界との「含みあい」についてはすでにみたが、この「含みあい」の構造は身体の各部分のあいだにも見いだされる。身体にはさまざまな部分とともに、視覚的、聴覚的、触覚的、運動的といったさまざまな側面がある。それらはただたんにきちんと等列に並べられているだけのものではなく、むしろたがいに浸透しあい受胎しあいつつ、その関係そのものをも総体としてはさまざまに変換してゆく。たとえば「わたしがテーブルにむかって腰かけ、電話のほうに手をのばそうとするとき、対象への手の運動、軀幹の立てなおし、脚の筋肉の収縮はたがいに包みあっている」。

身体の諸部分はわれわれの行動のなかでその役割を自然に分配されているとともに、それらの多様な組み合わせが等価なものとしてあらかじめあたえられている。たとえば「わたしはもっと長く腕を伸ばすつもりなら背を肘掛け椅子につけたまま事をおこなうこともできるし、あるいは、もっと前かがみになっておこなうこともできるし、さらにはなかば起き上がることさえもできる」（PP：(1)二四八—二四九頁）。

　ここでは、身体を構成する諸契機の「含みあい」が何重にも考えられている。視覚的契機と触覚的契機との、あるいは別の感覚契機との、「相互感覚的統一（unité intersensorielle）」がそうであるし、また感受性（sensibilité）と運動性（motricité）との絡みあいがそうである。こうした諸契機の交叉関係が、われわれの所作のスティル、運動のスティルといわれるものである。それは音楽における転調に、絵画におけるデフォルマシオンの過程に、相似的だともいえる。「してみると、身体が比較されうるのは、物理的対象にたいしてではなく、むしろ芸術作品にたいしてだ」というのが、メルロ＝ポンティの身体論の独創性をあらわす視点である。

身体と芸術作品のアナロジー

　芸術と身体、さらには芸術の制作と世界の生成とのアナロジカルな関係、それが晩年にいたるまでとぎれなく彫琢され、くりかえし反芻される。絵の具の集塊がなぜ絵画として現出するのか、そして物質の集塊（肉の塊まり？）がなぜ「自己の身体」として現象するのか、この二つはおなじ一つの秘密からくる、そうメルロ＝ポンティは考える。質料的なものの配置の変換（「実存の転調（モデュラシオン）」）という考え方である。これについては次章のスティル論において、「一貫した変形」という概念で一挙にメルロ＝ポンティの思考の前面に出てくるのをみることになるだろう。

「現象学はバルザックの作品、プルーストの作品、ヴァレリーの作品、あるいはセザンヌの作品とおなじように、不断の辛苦である」という、本書の序文で引いたメルロ＝ポンティの言葉が、ここで別の方向からあらたに光を当てられつつあるのを感じる。メルロ＝ポンティは、自分が書きつけた序文の末尾の言葉を補足するかのように、つぎのように書いている。

会話が言葉だけでなしにアクセントや調子や所作や表情などによっても意味作用をおこなうのとおなじように、またこうした意味の補足の開示するところがもはや話者の思想ではなくてその思想の源泉、かれの根本的な存在仕方であるのと同様に、詩もまた偶有的には物語り的で意味的であるとはいえ、本質的にはむしろ実存そのものの転調である。詩が叫びと異なる点は、叫びが自然によって与えられたままのわれわれの身体をもちいており、したがって表現手段のうえで貧弱なのにたいして、詩のほうは言語を、特別な言語をさえもちいており、その結果、実存的転調がその自己表現の瞬間そのものにおいて霧散してしまうことなくその詩的装置のなかに自己を永遠化する手段を見いだしているというところにある。（PP：(1)二五一頁）

あるいはまた、

一篇の小説、一篇の詩。一幅の絵画、一曲の音楽は、それぞれ不可分の個体であり、そこでは表現と表現されるものとを区別することのできないような存在、直接的な接触による以外にはその意味を手に入れることはできぬような存在、現にあるその時間的・空間的位置を離れないでその意味するところを放射するような存在である。われわれの身体が芸術作品と比較しうるというのは、そういう意味においてである。われわれの身体は、いくつかの生きた意味の結び目であって、いくつかの共変項の法則といったものではない。（PP：(1)二五二頁）

感覚の〈一般性〉

『知覚の現象学』における身体論でもう一つ、われわれが注目しておきたいのは感覚論である。メルロ＝ポンティが感覚論においても最初に斥けているのは、感覚を客観的世界のなかでの出来事（たとえば身体器官と外界の刺激との関係）としてその外部から分析する視線であり、他方では感覚を純粋な所与として、いいかえると世界を構成する主体の知的機能にとってのその構成の材料となるものとして位置づける視線である。これまでもくりかえし強調されてきたように、感覚を対象の世界に投げ返す視線も、主観性を世界への身体的内属から解除してしまうような無世界的視点をも、ともに無効とするのである。

メルロ＝ポンティの言葉でいえば、「わたしは知覚的経験によって世界の厚みのなかへめり込んでいる（je m'enfonce dans l'épaisseur du monde）」のであって、そういう世界への内属という関係を、対象としての世界とそれについての思考へと置き換える。そういう視線は、パースペクティヴのなかで対象との関係を考えるのではなく、まるで対象を俯瞰するように無視点的に考察しようとし、結果として「感覚の内的構造を破壊してしまう」のだ。あるいは、色や音の感覚を感官へのたんなる刺激に変えたり、知的な構成機能にとっての純粋な所与（感覚性質）に還元してしまう思考は、感覚がじつは行為の文脈に挿入されてはじめて現われるということを見逃してしまう。

メルロ＝ポンティは認識心理学の分析を引きながら、つぎのように指摘する。色ですらたとえば赤と黄は外転、青と緑は内転というふうに「運動的相貌（physionomie motrice）」をもっている。こうした外転や内転は「実存のリズム」なのであって、ひとはそれを感覚のうちに見いだす。色の性質は、眼のまえにひろがる客観的な光景としてではなく、まずはそれをめがける行動の「型」によって認識されうるものだというのである。意識（＝対自）か対象（＝即自）かという二者択一が問題なのではなくて、感覚を「共存」ないしは「交換（échange）」としてとらえることが肝要だというのである。色とそれを支えるわたしのまなざしとの交換、対象の形とそれを支えるわたしの手の運動の交換が問題なのである。

わたしのまなざしが色と、わたしの手が固いものや軟らかいものと対になる（s'accoupler ＝まぐわう）のであり、感覚の主体と感覚されるものとのあいだのこうした交換においては、一方が作用して他方が受けとるとか、一方が他方に感覚をあたえ

るとか言うことはできない。(PP：(2)一九頁)

要するに、「見つけださなければならないのは、主観と観念と対象の観念のこちらがわにある、発生段階でのわたしの主観性の事実と対象であり、つまりもろもろの観念や事実が生まれでてくる原初的地層なのである」(PP：(2)二七頁)。そしてこの地層は、対象とのわたしの主題的な意識や思考よりももっと古いものなのであって、人称以前のある構造化された出来事として(つまり「無記名」のもの、「一般的」なものとして)、つねに「わたしの存在の辺縁」で発生しているものである。知覚するのは〈わたし〉ではなく、「ひとがわたしのなかで知覚する(on perçoit en moi)」というわけだ。「思考よりも古い世界との交わり」であるといわれる経験のこの原初的な地層――それは「存在との始元的接触」とも「世界へのこの盲目的な粘着」(PP：(2)七六頁)ともいわれる――、そこにおいて発生している交換の構造をこそ記述しなければならないのである。

シネステジー

この交換はしかし、われわれと世界とのあいだでと同時に、感覚のあいだでも発生している。もろもろの感官はたがいに深く「交流」しあっているのであって、それはしばしば心理学者によってシネステジー(共感覚)という概念で示されてきた。

たとえば、すこしずつ位置がずれた画像をパラパラめくるようにしてつぎつぎと見せると、ある連続して変化する映像をそこに出現させることができる。映画の画像も基本的にはこの原理をもちいているわけであるが、ところが映画のばあい、聴覚の支えを欠くと映像のつながりが遅くなって見かけの連続した運動をつくりにくくなるという。ところが、ある音のリズムがそれに加わるとそれによって画像が融合され、そこにある運動が出現する。あるいはまた、音が色の残像を変えることもあるという。これらはけっして特殊な事例なのではない。音を聴くと色が見えるというふうに、一つの感覚が他の領域の感覚を引き起こすという現象にみられるような諸感覚の相互的な越境・交差・浸透・翻訳の関係こそ、世界の経験にとって基礎的なものである。こうした共感覚（synesthésie）とよばれる現象について、メルロ＝ポンティはつぎのようにのびやかに描きだしている。

諸感官は、物の構造にみずからを開くことによって、たがいに交流しあう。われわれはガラスの硬さともろさを見るのであり、それが透明な音とともに割れるときには、この音も目に見えるガラスによって担われるのだ。われわれには、はがねの弾性や灼熱したはがねの可延性、鉋（かんな）の刃の堅さ、鉋くずの柔らかさが見えるのである。さらに、対象の形はその幾何学的輪郭ではない。つまり、形は対象の固有の本性とある関係をもち、視覚にだけでなくわれわれのすべての感官に語りかける。亜麻や綿の織物のひだの形はわれわれに繊維のしなやかさや乾燥のぐあい、織物の冷たさなりなまあたたかさなりを眼に見せる。最後に、可視的対象の動きは、視野のなかでその対象に相当する色の反転がたんに位置を変えるということではない。鳥が飛び立ったばかりの枝の動きのなかに、われわれはそのしなやかさや弾性を読みとるし、またこのようにしてりんごの木の枝と白樺の枝葉は即座に区別される。われわれには砂地に打ち込まれる一塊の鋳鉄の重み、水の流動性、シロップの粘着性が見える。同様に、わたしの耳には、車の騒音のなかで舗石の堅さや凹凸が聞こえるし、また〈やわらかい〉音とか、〈つやのない〉音とか、〈かわいた〉音といった言い方にも理由がある。聴覚がわれわれにほんとうの〈物〉をあたえるかどうか疑うひとがあるとしても、聴覚が〈音をたてる〉なにかを空間のなかで音のむこうに呈示し、またそれをとおして他の感官と交流するということはすくなくともたしかである。最後に、もしわたしが、眼を閉じて、はがねの棒と菩提樹の枝をたわめれば、わたしは両手のなかで金属と樹木のもっとも内奥の組織を知覚する。したがって、比類のない性質とみなされる〈異なる感官の与件〉はおなじ数だけの別々の世界に属するとしても、それぞれが、その特殊な本質において、事物を転調する一つの仕方である以上、それらはすべてその意味の核によってたがいに交流するのである。(PP：⑵四〇—四一頁)

世界の普遍的モンタージュとしての身体

各人の身体は、「併置された諸器官の総和」ではなく、「その全機能が世界‐内‐存在という一般的運動のなかで捉えなおされ、たがいに結びつけられている一つの共働系」である。

いいかえると、ある感覚をもつということは、つまりは世界へと向かうある行動の型——状況をどのように取り扱うかというその仕方(マニエール)であり、様式(スティル)であるもの——を所有するということなのであり、それと相関的に世界のある局面の「一般的モンタージュ」を所有するということにほかならない。

そしてそうした感覚の座としての身体をもつということは、一つの「普遍的モンタージュ」を所有することであり、つまりは「われわれの実際に知覚する世界部分を超えて、すべての知覚的展開とすべての相互感覚的照応の基本型を所有すること」(PP：(2)一八一頁)なのである。そのかぎりで、世界とは根源的に「相互感覚的」なものである。

フッサールの現象学では「生活世界」と呼ばれ、経験の地平／地盤としてとらえられた世界は、メルロ＝ポンティにおいては「地平の地平」からさらに固有の仕方で「すべてのスティルのスティル」として規定される。いうまでもなく、われわれのうちでのその相関物が「一般的かつ前人称的な実存」といわれるものである。その意味で、身体とは世界の「普遍的モンタージュ」であり、世界の「普遍的な象徴系」(PP：(2)五〇頁)であるといわれ、逆に物体的なものとしてとらえられた対象としての身体は、「実存の凝固した力」というふうに規定されるわけである。こういう感覚論は、やがて後期の〈肉〉の存在論へと膨らんでゆくのであるが、それについてはのちに章を改めてみることにしよう。

伝統的な〈視覚〉概念の歪み

メルロ＝ポンティの感覚論を読んでいると、われわれは長く、《視覚》というものの概念に、そしてその概念を制度化した装置に、その眼を侵蝕されてきたとつくづく思う。眼というより、そのまなざしを侵蝕されてきた、といまさらながらに思う。〈線〉と〈膜〉という比喩、たとえば光線や視線、網膜といった概念は、われわれの視覚（ヴィジョン）に、あるバイアスをかけてきた。二つの異なるもののあいだを走る線（矢印のように物に向かう視線、もしくは彼方から届く光線）としての視覚、そして網膜というスクリーンに映る「像」としての視覚風景。視覚がまるで、知覚する主体と知覚される対象とのあいだの、眼球という媒体ないしは衝立（ついたて）を介して起こる出来事であるかのように。

ここでは、見るものは見られるものから隔離されている。接触も摩擦も圧迫も浸透もない、距離をおいた関係として。そういう関係そのものを分析する視線はといえば、それもまたこの関係を自乗したものとして、見るものと見られるものとの関係そのものから隔離された場所から発している。視覚とはしかし、そうした距離をおいた関係、つまりは遠隔作用(actio in distans)なのだろうか。

伝統的な認識論や真理論において、《視覚》が対象から距離をおいた感覚であり、それゆえに対象の様態や知覚状況から影響を受けることが相対的にすくないという理由で、諸感覚資料のなかでももっとも信頼を得てきたこと、その意味で、多くの場合、認識が《視覚》のモデルで語られ、真理が《光》のメタファーで語られてきたことは、あらためて指摘するまでもないだろう。ちなみに、認識の光学モデルは、二十世紀においてはフッサールの現象学において、もっとも典型的なかたちで見いだされる（現象学的態度といわれるときのその「態度（Einstellung）」は、光学用語では写真機のアングルもしくは焦点調節のことであり、対象の「射映（Abschattung）」とは、写像の濃淡のことでもある）。

あるいはまた、味覚や嗅覚がその触覚的性格によって、つまり距離の不在ということによって、〈美〉的判断を構成しえぬ「低級感覚」とされてきたということ、そして〈芸術〉ということで、視覚と聴覚という、距離を隔てた二つの感覚をとおして享受すべき美術と音楽が、第一義的に念頭に置かれてきたということもある。じっさい、こうした解釈は、「芸術鑑賞」の様式にそのまま反映され、制度化されてきたのであって、美術館や劇場やコンサート・ホールというのは、提示される作品世界と鑑賞する主体とを空間的に分離する装置として構想されたのであった。

ポイントはここでもやはり、接触が、関係が起こらないという点にあった。二重の意味で、接触が、関係が起こらないことが重要であった。作品世界に接触しないこと（美の自律性）、他の鑑賞主体と接触しないこと（集中的鑑賞）。

だからたとえばコンサート・ホールでは、開演とともに照明が落とされる。一人ひとりの聴衆が闇のなかに沈み込むことによって、他人にわずらわされることなく、作品世界に没入できるようになる。持ち物、パンフレット、咳払いなどで物音を立てると、純粋な音の世界が壊れてしまうので、聴衆たちがそれぞれその存在をかぎりなく無に近づけることを要求されるのだ。ということで、音楽作品をほんとうに純粋に聴きうるためには、生の演奏よりも、できるだけ静かな個室で、外の雑音を拾わない精巧なレシーバーを装着して、複製（レコードやCDや音楽ファイル）で聴くのがいいという倒錯した情景まで、音楽鑑賞の様式が進化（?）したのだった。

普遍的窃視症

シネステジーにふれて、議論が、メルロ＝ポンティが『知覚の現象学』でおこなっていた分析からすこし外れだしたが、かれの感覚論の意義を今日の時点で測りなおすためにも、そう長くはない脱線にしばらくおつきあいいただきたい。

対象との隔たりの設置（見るものと見られるもの、聴くものと聴かれるものとの空間的分離）、そして他者との隔たりの設置（主体と他の主体との交通の遮断）——これは都市生活の普遍的原理といいうるほどに、都市の細部に浸透してきた。たとえば刑務所や収容所、あるいは病院の集中治療室といった「管理」施設では、監視塔やヴィデオ・カメラが設置されているが、その視線はだれのものかは不明な視線であって、ここでは見られるひとは見るひとを視野に入れることができないまま、その匿名の視線に常時さらされている。視覚的に行使される権力だとか、可視性を原理とする都市の編成などという言い方がよくなされるが、接触しないまま遠隔から管理し操作する、そういう集中管理の空間モデル（パノプティコン・モデル）、つまり見ているところを見られることなく見るという、窃視症的な視線の浸透である。

こうした視線は、現代では、芸術の鑑賞や他者の監視という局面においてだけでなく、ショー・ウィンドーやカタログ雑誌という、商品の誘惑装置(欲望の生産装置)においても、テレビというマスコミュニケーション・メディアにおいても、ストリップ劇場やのぞき部屋のような「風俗産業」においても、見られるものである。

そこに共通しているのは、見るものと見られるものとの接触の不可能性、接触の回避という至上命令であり、それはかつてイエスが発した言葉、そしてずっとのちに場末の踊り子が発した言葉でいえば、「わたしに触れてはならぬ」=「さわっちゃダメよ」(noli me tangere / Don't touch me)という原則である。それは、距離をおいた関係であり、隔たりをおいて誘惑することである。いわば透明の膜で接触を不可能にしたまま、しかもわれわれの視線に、われわれの身体系にまきついてくるオブジェたち、イマージュたち。接触の誘惑と接触の禁止。そこでは事件は起こらない。

しかし、印画紙越しの、透明ガラス越しの、ブラウン管越しの誘惑、距離をへだてた誘惑がまさに誘惑であるのは、見えるものがわれわれの視線に巻きついてくるからではないのか。「巻きつく」ということは、比喩としてではなしに理解されねばならないのではないのか。視線によっても、手によってとは異なったしかたで、われわれは物に触れ、物を撫でまわしているのではないのか。なめるような眼がべっとりはりついたり、目ざわりなものが立ちはだかるといったことが、比喩ではなしにあるではないか。

われわれは、対象の奥行きや、ビロードのような感触や、やわらかさや、固さなどを見るのであり、それどころか、セザンヌに言わせれば、対象の匂いまでも見るのである。（SNS：一九頁）

シルダーの観察によれば、鏡にむかってパイプをふかしていると、パイプの材質の滑らかな熱い表面が、実際に自分の指のあるところにだけではなく、肉体を離れた指にも、つまり鏡の奥にあってただ見えるというだけの指にも感じられる。（OE：二六七頁）

このような例を挙げながら、メルロ゠ポンティは「まなざしによる触診」について語りだす。その語りは、《視覚》にまとわりつき、それを侵蝕してきたさまざまの観念に、ほとんど正面から対立するものである。メルロ゠ポンティにすれば、もともと「触診」であるはずの視覚から、接触という契機が外されたことそのことのほうに問題があるのだ。

視覚の可逆性

見るもの／見られるものの距離をおいた知覚としての《視覚》の概念には、視覚はつねに窃視という構造のなかでとらえられる。見ている者が見られている者に見かえされることはあるにしても、「見る」という関係における見る‐見られるの一方通行的関係じたいに変わりはない。

それにたいしてメルロ＝ポンティは、のちにもう一度『見えるものと見えないもの』について論じるとき（第五章）にふれることになるが、視覚は可逆的な出来事であると考えている。見るときに見られる対象に見られているように感じる、そういう瞬間がわれわれにはあるという。「森のなかで、わたしは幾度もわたしが森を見ているのではないと感じた。樹がわたしを見つめ、わたしに語りかけているように感じた日もある……。わたしはと言えば、わたしはそこにいた、耳を傾けながら……」（OE：二六六頁）というアンドレ・マルシャンの文章を、かれはその著作のなかでくりかえし引く。

視覚は距離をへだてた知覚である、そういう自明の前提も、メルロ＝ポンティは信じない。そして、視覚はものに密着しているという。われわれが右であげたような〈線〉や〈膜〉の比喩ではなくて、物に触れ、物にめり込むようなイメージのなかで「見る」ことについて考えること。この「見るものと見えるものとの不思議な癒着」を、われわれは他人の姿にみる。コスチュームを着た他人の姿にその装着感まで見る。服の重さ、生地のざらつき、汗で皮膚に張りついたブラウスの感触、あるいはその蒸れた感じ……それらをわれわれは見るのである。メルロ＝ポンティはこうも書いている――「身体が物に触れ、それを見るというのは、見えるものを自分の前に対象としてもっているということではない。見えるものは、身体のまわりにあり、その構内にさえ入りこみ、身体のうちにあって、そのまなざしや手を外や内から織り上げている」。

学術をポケットに！
学術は少年の心を養い
成年の心を満たす
講談社学術文庫

講談社学術文庫のシンボルマークはトキを図案化したものです。トキはその長いくちばしで勤勉に水中の虫魚を漁るので、その連想から古代エジプトでは、勤勉努力の成果である知識・学問・文字・言葉・知恵・記録などの象徴とされていました。

写真で他人を見るときにも事態は基本的には変わらない。他人の見え姿とは、たんなる視覚像のことではなく、他人の現われそのものなのである。われわれはそれに、文字どおり、全感覚を動員してまみえるのだ。

物と交わる視覚

視覚もまた物を触診するということ、そしてその物に見つめられる(=触れられる)ということ。このことは、視覚というものが(あるいは一般に、感覚というものが)われわれのこの器官としての身体のどこかの部位で起こる「刺激-興奮」(いってみれば、感覚資料の純粋な受容)なのではなくて、むしろ物へと向かう運動であり、行為だということだ。

> 色をささえるのはわたしのまなざしであり、対象の形をささえるのはわたしの手の運動なのである。あるいはむしろ、わたしのまなざしが色と、わたしの手が固いものや軟かいものと対になるのであり、感覚の主体と感覚されるもののあいだのこうした交換においては、一方が作用して他方が受けるとか、一方が他方に感覚をあたえるとか言うことはできない。(PP:⑵一九頁)

見るものと見られるものとのあいだのこういう〈対〉の関係、たがいに巻きつきあうような動的な関係は、感覚のあいだでも発生する。メルロ=ポンティがここでシネステジー(共感覚）として問題としていた感覚のことである。そしてそのかれは、このシネステジーこそがわれわれの知覚のノーマルな形式であって、視覚や聴覚を孤立的に分離・抽出したうえでそれらのあいだの比例関係（感覚比率）を問題にするのは、転倒した議論だと言ったのであった。

そうすると、単眼視をモデルにとった視覚分析――単眼の視覚像が重なり調整されて両眼知覚が成り立つという考えも、基本的には単眼モデルである――は、われわれの具体的な知覚世界に対応するものではないと言わざるをえない。単眼に映る像としての物は、いわば〈物以前のもの〉(pré-choses) であって、〈物〉としての密度をあまりにももたなさすぎる。そこには、「見る」ことのもつ切迫性が欠けている。知覚においてわれわれは対象のほうへむかってゆき、そのありありとした現前と交わるのであって、そのとき、「物の前を漠然とさまよい、世界のなかに場をもたなかった単眼視による像が、突然世界のある所へと後退してそこに呑みこまれてしまうのだ」(PP：⑵四五頁)。

眼を閉じて音楽に聴き入っていたあと、眼を開けるとふと世界が縮こまって小さくなったように感じるのも、おなじ理由による。メルロ゠ポンティはこうして、視覚という出来事をもう一度、世界へとむかうわれわれの運動のなかに積分しようとする。この運動のなかで、諸感覚はたがいに浸透しあいながら、物に触れ、物と交わるからである。

しかし、物がもうそこにない物の知覚、他者がもうそこに存在しないような他者の知覚についても、おなじことがなおも言えるだろうか。〈物以前のもの〉(pré-choses) と〈物〉

(choses) の区別はなおも意味をもつだろうか……。

わたしがここで念頭に置いているのは、テレビやDVDの映像であり、商品の広告写真や雑誌のグラビア写真のことだ。像そのものが存在であるようなものの知覚についてだ。なぜかというに、われわれの感じるリアリティが物との直接的な交流と外延を等しくしているようなケースは、われわれにおいてはもうほとんどありえないことだからだ。書物が開くリアリティが活字そのものにではなく、活字の「あいだ」、あるいは活字越しに見えるものにあったように、ヴィデオ映像のなかの物や他者は、もうわれわれの知覚世界と地続きになっていない。

現実的なものの想像的な組成

見えているもの、つまりはいまだ名をもたない匿名の視野、それはいつ〈わたしの世界〉になるのだろう。われわれが物としての物や他者としての他者にむかいはじめるのと、そしてここの身体が〈わたしのからだ〉になるのと、おそらくは同時的に、である。構造的にそうである。そこでは、世界がわたしの視野にその「断面」として姿を現わすことと、その視野の縁に、手や脚、あるいは鼻の先がまるで見えているものの影のようにして現われていることとが、構造的に対峙している。

逆に、視野からまるで影のようなわたしの身体の断片が消えるとき、わたしと地続きではない《別の世界》(autre monde) が発生する。いや、擬似体験できる。映画館や劇場で開演とともに客席が闇に沈むのは、そこに《別の世界》を出現させるためでもあったのだ。本来ならシュールレールな設定をほどこした場面（映画やディスプレイ）でかすめるように出会われるはずの《別の世界》も、メディアのなかではありふれた風景である。

これをシミュレーションの世界、あるいはシミュラークルの世界と、単純に言い切ることはできない。自分たちにとってもっともリアルなリアルというものを考えてみたときに、われわれはそれが根源的に想像的な組成をしていることにすぐに気づかされる。感覚的に現前しているものと現前していないものを言語が架橋することで「もの」や「ひと」がなりたつということを思いだしてもよい。灰皿の前面は見えても「灰皿」は見えないのであり、他人の脚は見えても「そのひと」自身は見えない。そしてその見えないものにわれわれはいちばんよく注意を向けてきたのだ。そして翻弄もされてきたのだ。われわれのリアリティはその意味で、想像的なもの、イマジネールな契機を骨格としているといえる。

あるいはもっとストレートに、われわれにとっていちばん根源的な意味をもった〈像〉の経験とは、じぶんの全身像（統合された〈わたしのからだ〉）の経験だということを思いだしてもいい。われわれにとって自分の身体とは、それについてのもろもろの感覚断片を想像的に縫い合わせた〈像〉でしかないという事実を。それゆえに、脆弱で、壊れやすいものだということを。あるいはさらに、われわれにとっていちばん根源的な意味をもった〈膜〉の経験とは、じぶんの皮膚を傷つけられる、あるいは破られる経験ではなかったか（母との分離）、と。統合失調症の患者には、じぶんの皮膚に穴が開いていると訴えるひとが多いともいわれる。

とすると、メディアのなかを浮遊する「リアリティ」のもろさは、それが擬似リアル、つまり仮構的（フィクショナル）であることによるのではないということになる。もしそうなら、おなじ意味で「現実」もフィクショナルであるということになる。

かつての哲学者たちがわれわれのリアリティ感覚を構成するものとしてよく引きあいに出したような抵抗感、そういう触感ですら、断片として浮遊するのがメディア環境というものだ。そういう断片としての〈像〉の群を、われわれは視覚的にどう「触診」しているのか。もし視覚が視覚として生起しているとするなら、そこでは一見独我論的にみえるこの視覚像も、純粋なパノラマ、純然たる観察の対象なのではないはずだ。そこでもまた、見えるものに触れ、見ているものに見られるという可逆的な経験がそこには発生しているはずである。が、これについてはいずれ、『見えるものと見えないもの』の問題圏のなかで、語るべきだろう。

「どんな感覚も夢や離人症の萌芽をふくんでいる」。

これもまたメルロ＝ポンティの言葉だが、密着したり距離をつくったりしながら、視覚というものはつねに夢うつつの状態に自分を置いている。その夢うつつの状態に接続されたメディアが、その夢をなおもかきたてる。こうしてわれわれの眼が、想像ではないもう一つの不在、記憶までもたっぷり孕（はら）みだす。

身体的実存という地平

インテルメッツォはほどほどにしておいて、『知覚の現象学』ではこのほかにも、語ることを「わたしの身体の可能な使用法の一つ、転調の一つ」としてとらえる議論だとか、言葉を思考の着物としてではなくむしろ思考の身体として理解する議論だとか、意味を分泌するスティルの創造性やその存在論的意義、「くぼみ」としての主観性の規定、さらには他者の存在という問題、コギトや時間の問題など、多岐にわたる議論がくりひろげられているが、それらはいずれもメルロ＝ポンティの思考のたえず更新される枠組みのなかで、より精緻に彫琢されたり、部分的に修正されたり廃棄されたりしながら、くりかえし問題とされることになるものであり、それらについては、次章以下で主題ごとにそれぞれ検討してゆくことにしよう。

とはいえ、この『知覚の現象学』においてそれらをも通底する問題は、本章のはじめのところでもふれたような「世界へと身を挺している主体」のその世界への内属、あるいは世界への投錨の構造という問題であることはたしかである。ただ、その構造分析が浮き彫りにした問題をどう解釈するか、とりわけ《現象学》という枠組みのなかにはたしてその分析の結果がうまくおさまりうるものかということになれば、これはまた別の問題である。

メルロ＝ポンティの哲学といえば、まず思想史の記述の常套表現になってしまった特徴づけがある。「身体的実存の哲学」とか「実存的現象学」といった規定である。〈意識〉にかわって〈身体〉というものが哲学の主題としてのみならず、哲学的反省の作業水準としても脚光を浴びることとなるそのきっかけを与えたのは、ほかならぬメルロ＝ポンティである。かれは〈身体〉の、問題としての射程を明示し、隣接科学の現状と照らしあわせながら現象学の測鉛を身体的実存のもっとも深みにまで下ろしていった。

「身体的実存」――メルロ＝ポンティは物体としての身体をあらわす身体（corps）と区別して身体性（corporéité）と表現した――という主題系の浮上というのは、主観／客観の二元論、ならびに心身の二元論の乗り越えということを意識しつつ提示されたものであって、主体でも客体でもないという両義性（ambiguïté）、心でも物でもないという両義性の思考は、あきらかにサルトルの対自的な意識の思考とは対極にあるものであった。《両義性の哲学》という表現は、メルロ＝ポンティ的思考の代名詞として、かれの生前中にすでに定着していたものである。

ところが、『知覚の現象学』における身体性の分析は、それがたんに単体としての、あるいは「ここ」を中心に広がる行動空間としての身体の分析にとどまらず、さらには協働する身体としての「間身体性」、「思考の身体」としての言葉（パロール）、「社会的生活の身体」としての「制度」といった概念へといずれ本格的に彫琢されてゆく可能性をすでに萌芽的にではあれ示している以上、「意識の志向的分析」として定式化される古典的な現象学の枠組みをはみ出るような諸契機をすでに孕みこんでいる。いや、それどころか、そういう「意識の哲学のもろもろの難点にたいする治療薬」になることこそが『知覚の現象学』のおもな目的であったのであるから、古典的な現象学の自己理解を突きくずすことをこそねらっていると言ってもいいのである。

ではその作業は、《現象学》にとってなにを意味するのか。それがメルロ＝ポンティの初期の仕事を評価するうえでのポイントになるはずだ。

メルロ＝ポンティの「現象学的還元」

フッサール現象学における「現象学的還元（phänomenologische Reduktion）」という思考操作を一種の還元主義（reductionism）とみるのは、いうまでもなく短絡的である。フッサールも言っていたように、この還元によって失われるものはなにもない。還元とはここで視点の変換を意味する。いいかえるとそれは、世界の構成的根源――「あらゆる世界的超越物をみずからのうちに内蔵し、それをみずからのうちで「構成する」絶対的存在の全体」――への遡行をおこなうための前提的操作なのであって、それは世界を「削減」してその世界内部の一部分領域に還元してしまうことではない。にもかかわらず、世界の存在次元を別の次元へと決定的に転位するという意味ではやはり「還元」の一形態であったといえる。つまりそれは〈存在〉の〈意味〉への転位なのであった。

世界の〈存在〉を〈意味〉へと転位したうえで、そうした意味を構成する主観性の領野へと還帰すること、そしてそこで主観性の意味構成的なはたらきを、そこに含み込まれつねに隠れてはたらきだしている潜在的な諸契機もろともに分析すること。このように世界との交換、世界との隠された共犯関係を見据えるためにこそ、つまりは偶然のただなかから必然が出現するような世界の誕生をあかるみへともたらすためにこそ、現象学的な反省がなされねばならないとメルロ＝ポンティはいうのだが、しかし、もっと重要なのはつぎのことである。

反省とは、世界から身を退いて世界の基礎としての意識の統一性に赴くことではない。反省はさまざまの超越が湧出するのを見るためにこそ一歩後退するのであり、われわれを世界に結びつけている志向的な糸を出現させるためにこそそれを緩めるのであって、反省は世界を異様で逆説的なものとして啓示するからこそかえってただそれだけでも世界についての意識なのだ。（PP：(1)一二頁）

こうしたなかで、意識の多様なはたらきの隠された条件として、身体性や言語記号、他者との交通関係（間主観性）、意味と明証性の基盤としての生活世界といった、コギト（あるいは主体の自己反省の場面）にとって外在的な諸契機のはたらきが、意識にとってもはや還元不可能な基層として露呈してくる。現象学的還元の残余として析出された「純粋意識」が、フッサールがそう考えたような「それだけで独立し完結した存在連関」とはみなしえないことがあきらかにされたわけである。メルロ＝ポンティにおいて「還元のもっとも偉大な教訓は、完全な還元は不可能だということである」といわれたように、分析の進行とともにその裏面をしだいにあきらかにしてきたのである。そして現象学が逢着したこうした問題をつきとめ、いっきに浮上させたのがほかならぬ『知覚の現象学』なのであった。

事実性から立ち上げる思考

こうして、意識の志向的分析はコギトという閉鎖的な作業領域をその〈外部〉に向けて開いてゆくことになったのであって、コギトとしてはたらきだしているわれわれの意識は、コギト的な主体自身が産みだしたのではなく、したがってみずから制御することもできない、そういう匿名的な超越論的出来事に浸透され、そこに根を張っているものとしてとらえかえされることになったわけである。

そういう超越論的出来事としてとりだされたのが、意識として純化される以前の無名の身体的な志向性である身体性であり、自己と他者の人称的な分離に先行するいわば無名の共同的な志向性である間主観性や、現前不可能なものの他者性であり、さらには受容性、受動性、生活世界といった契機であった。それはまたメルロ＝ポンティによって、遠くはマルブランシュに、近くはマルセルにならい、「受肉（incarnation）」とよばれた事態である。あるいはまた、現代ドイツの現象学者ベルンハルト・ヴァルデンフェルスが、超越論的主観性の自給自足（アウタルク）的な領域が成立しえないという意味で「超越論的内面性」の理念の破産として摘出した事態である。

超越論的領域のほころび、ないしは開口。それは（還元以後の）「超越論的」態度と（還元以前の）「自然的」態度との厳密な区分けが不可能なことを告知している。それはもう一度、経験の「純粋」な契機と「不純」な契機とを、あるいは根拠の次元での問題と表層レヴェルの問題とを、シャッフルしなおすことを求めている。現象学のいう超越論的なものの領域は、自然的なもの（事実的なもの、経験的なもの）を対象化的に意識にもたらすことで、その密(ひそ)やかな混入を斥けようとするのだが、この自然的なものは偶然的なものであるがゆえにどこまでも完全には汲み尽くしえないものであり、そのかぎりにおいて超越論的なものの領域は自然的なものによって制約されつづけるからである。

「人間と世界とはその事実性（facticité）から出発するのでなければ了解できないものだと考える哲学」、メルロ＝ポンティにとってははじめからそれが《現象学》だったのである。こういう事実性、不透明性のなかへこそたち帰ってゆく経験の哲学、それが《現象学》だったのである。

超越論的領野の綻び

そういう事態が意味するところをもっとも雄弁に総括しているのが、フッサール自身も表明していた、超越論的なものが根源的に間主観性であるという考えの意味するところについて述べたメルロ＝ポンティのつぎの文章である。かれはいう、「もしも超越論的なものが間主観性であるとするならば、超越論的なものと経験的なものとの境界がぼやけてくることを、どうして避けることができるだろうか。なぜなら、他者とともに在ることによって、他者がわたしについて見ていることのいっさい、わたしの事実性のいっさいが主観性に再統合されてあることとなり、あるいはすくなくとも、主観性の定義の不可欠の一要素として措定されてあることとなるからである。かくして、超越論的なものが歴史のなかに降り下ってくる……」、と。

このような考えは、のちにジャック・デリダもまたメルロ゠ポンティにおとらず鋭い言葉で表わしている。超越論的領野はその現前性にかんしてははじめからほころびているという事態に照準をあわせて、そうしたほころびや亀裂は「そこから排除しうると考えられていたいっさいの不純性（l'impureté）を根源的にふたたびそこへ導入する」と述べる。コギトという超越論的主観性の領野からその分析を開始した現象学はこうして、その分析の進行とともに、コギト（超越論的自我の意識作用）の内部から外部へ、あるいは、純粋な意識からそれを媒介している不透明な地平へと分析の軸を転回させてゆくことになった。

このようにして現象学とは、純粋であろうとしてますます純粋さを支える基盤としてのもろもろの地平の隠れた「不純」な働きを露呈してゆく、自己解体的、あるいは自己更新的なプロセスなのであった。これこそメルロ゠ポンティがこのむ言い方をすれば、「おのれ自身の端緒がたえず更新されてゆく経験」であり、自分自身の「捉えなおし」といういとなみなのであった。これはまぎれもなく、主体の自己自身への透明で直接的な関係を否定するものである。自己の自己自身への現前は、すでに（身体性、他者、記号といった）「不純な」契機との交叉を条件としているのであって、その意味ではまさに「完全な還元」は不可能なのである。コミュニケーションというかたちでの複数の主観性の前コギト的な交通関係、身体あるいは感覚というかたちでの主観性と自然との根源的な相互内属関係、そして反省過程そのものの、言語という共同的媒体による媒介……これらの超越論的に無名な出来事は、現象学的「反省」という仕方で自己の内部へ還ることで〈意味の零〉へと遡源してゆくことの不可能性をあらわにしているといえる。

第三章　スティル——〈変換〉の現象学

『世界の散文』(1969年)

1　無言の経験

中期の思想

『行動の構造』と『知覚の現象学』に代表される前期の思索から、中期のそれを経て、遺稿『見えるものと見えないもの』に収録された最晩年の思考の跡にいたるまで、およそ二十年間にわたるメルロ゠ポンティの思索の大きなうねりに、遺されたテクスト群の解釈をつうじてなんらかの形をあたえようと試みるときに、その作業の下敷きとして、かれの思索においてつねに中心的な位置を占めていたいくつかの概念や構想のパラレルな転位ないしは反転という現象をとりあげることができる。

とりわけ象徴的な例としては、〈身体〉から〈肉〉への、〈両義性〉から〈可逆性〉への転位、「一種の現象学的ポジティヴィスム」から〈否定的存在論〉への、〈徹底した反省〉から〈超反省〉への反転などをあげることができる。そして、概念や構想のこうした位相転換とともに、メルロ゠ポンティの思考の地平にどのような変容が起こったのか、それをとおしてさらにどのような未知の問題次元が伐り拓かれることになったのか、メルロ゠ポンティにとって「考えられないでしまったこと」をも含めてこれを解釈することが、これからおこなう中期の思索の検討ではポイントになるだろう。

さて、その作業を進めるうえでいわば足枷になってきたのが、すでにいくらか見たような、後期フッサールの現象学の実存主義的展開という文脈からするメルロ＝ポンティ解釈なのである。断るまでもないだろうが、われわれはこうした解釈の妥当性を全面的に否定するものではない。ある意味ではメルロ＝ポンティこそ、現象学の可能性を、あるいはフッサールの自己解釈のなかで曇らされていた超越論的現象学の理念の究極の問題性を、「われわれのうちにあって現象学に抵抗するもの」（あるいは「非・現象学」）と関係づけつつ、その極限にまで問いつめたといえるのであって、フッサールがその必要を説いた「現象学の現象学」はメルロ＝ポンティによってはじめて自覚的に実践されることになったからである。そしてその意味ではたしかに、メルロ＝ポンティは「現象学をその限界にまで導いていった」ということもできるわけである。

ただその場合に、そのいとなみを（かつてポール・リクールが命名したように）「実存的現象学」と規定することの是非については、留保が必要である。あるいはむしろ、そうした形容に差し込まれたメルロ＝ポンティ解釈の一定の視角をここでもう一度吟味することによって、後年のメルロ＝ポンティが踏み込んでいった未開の問題領野を見えにくくしてしまったある解釈のバイアスを浮き彫りにする必要があるだろう。

両義性をめぐって

最初の著作『行動の構造』と『知覚の現象学』が公刊されたあと、メルロ＝ポンティの思想はまず《両義性の哲学》ならびに《実存的現象学》として特徴づけられた。《両義性の哲学》という形容は、フェルディナン・アルキエ（Ferdinand Alquié）の一九四七年の論文《Une philosophie de l'ambiguïté》(*Fontaine*, 11(59), 1947）に由来するものであるが、この論文のなかでアルキエは、メルロ＝ポンティの思考は「あらゆるものを意識の対象とする観念論と意識を即自的な世界の客観的な展開過程のうちに挿入する実在論との二者択一」を、「科学的説明と哲学的反省との二者択一」を、あるいは「科学の客観主義と歴史から切り離された形式的意識の主観主義との対立」を、一挙に乗り越えることを企てているようにみえる。しかし、実際にはその議論は「ときに経験的であったり綜合的であったり、直接的な所与に訴えたり諸矛盾を弁証法的に解決したりと、〔つねに〕二重になっており、それゆえあいまいである」としている。つまりアルキエは、メルロ＝ポンティの両義的な思考はそのままあいまい（アンビギュ）な思考に堕していると告発したわけである。

これにたいしてアルフォンス・ドゥ・ヴァーレンスは、この《両義性の哲学》という規定をむしろポジティヴにとらえかえし、みずからのメルロ＝ポンティ論の骨格に据えたのであった。『両義性の哲学――モーリス・メルロ＝ポンティの実存主義』（一九五一年）というのがそれである。もっとも、『行動の構造』の第二版改訂（一九四九年）の際にヴァーレンスが解説的な「序文」として寄稿した文章をそのまま自著の序文として転用しているこの書物は、『知覚の現象学』の詳細な体系的コメンタールとして執筆されたものであって、それじたいとしてはかならずしもポレミカルな書物ではなかった（メルロ＝ポンティの議論の全体が、古典哲学の骨格を形成しているさまざまの二項対立ないしは二分法的思考を抽象的なもポレミカルであったと言えなくもないが……)。

のとして斥けるよう要求しているという点では、このような注解書の出現そのものがすでに

解釈学的な解釈

さて、一九六六年に『知覚の現象学』のドイツ語訳が刊行されたが、そこには翻訳者ルドルフ・ベームによるかなり長い序文が載せられており、この文章がヴァーレンスのそれをはじめとする当時の「実存哲学的」に解釈されたメルロ゠ポンティ像の哲学史的な位置づけをいわば典型的なかたちで、しかもやや突っ込んでおこなっている。

ベームのメルロ゠ポンティ論はわれわれにとって二重の意味で興味深いものである。一つには、メルロ゠ポンティをあくまで「哲学の正統」として擁護しようという姿勢のうちに、哲学についてのありし日の強迫観念が露出している点で。いま一つには、かれのメルロ゠ポンティ評価の視角が、じつはメルロ゠ポンティがなによりも乗り越えなければならないとした論点に酷似しているというアイロニーによって。

ベームはここで、メルロ゠ポンティの思索を、現象の「可能性の条件」についてのカントの超越論哲学的な議論や、「充足理由律」をめぐるライプニッツの論点に関係づけながら論じているのであるが、それはメルロ゠ポンティの思考が、〈現象の理由(゠根拠)〉を問う哲学の超越論的な伝統のうちにあることを証示しようとしているからだろう。カントとともに主観性の哲学へと転回した超越論哲学が、その後、〈現象〉という媒介、さらにはそのよう

な〈現象〉(＝媒介)そのものを媒介しているものへの徹底した分析をつうじて主観性の根底に見いだすことになった事実性の次元、われわれの経験のこの廃棄しがたい事実性の構造への超越論的な問いこそが、メルロ＝ポンティの哲学的思考の核心にあるものだというわけである。実存哲学的であるというよりはむしろ解釈学的なオリエンテーションをもったメルロ＝ポンティ解釈、ベームの論調はさしあたってこのように性格づけることができると思われる。

超越論的な事実性

〈身体〉という主題がメルロ＝ポンティの思考の中心にあるとする点では、ベームの『知覚の現象学』論はなるほどオーソドックスなものであるが、かれの議論の特徴はむしろ、そうした〈身体〉論を、われわれの経験の〈視点〉的性質への超越論的反省という観点から評価しているところにあるといってよい。

われわれの経験はつねに「ここにおいて」あるいは「ここから」なされるものであって、世界、あるいは一般に対象的なものは、このような局所づけられた特定の視点、つまり一定の地平、一定のパースペクティヴにおいてしか与えられないものである。そして、見るという経験がこのように視点によって地平的に制限されているということとそのことがまさに見るということの可能性の条件になっているという、そうした経験の超越論的／事実的なあり方(＝有限性)への反省がメルロ＝ポンティの現象学的哲学の骨格となっているというのが、ベームの見解である。

かれによれば、こうした経験の地平性は人間が身体的な存在であるという事実に由来するものであって、その意味で身体とは〈超越論的視点〉そのもの（＝「あらゆる視点の視点」）にほかならない――「超越論的視点としての身体の現象学こそ知覚の現象学の基礎をなすものである」。そしてそこからメルロ＝ポンティの哲学は最終的に「有限性の哲学」であると性格づけられる。ベームはこのように〈身体〉、〈視点性としての〉〈超越論的事実性〉、〈有限性〉という三つの契機を、メルロ＝ポンティの思想にもっとも本質的なものとして抽きだしたわけである。

こうした解釈はヴァーレンスの『両義性の哲学』の主張をそのまま引き継ぐものであって、後者においてもその総括の部分でもっとも強調されたのが〈受肉〉の問題、つまり「わたしのものであるような事実性」あるいは「われわれの身体の生まの事実性」の問題であり、また経験の偶然性や視点拘束性の問題なのであった。

解釈のさまざまなバイアス

しかし、このようにメルロ＝ポンティを西欧哲学の古典的な問題設定に接続し、その正統的な嫡子として認定しようという試みのなかで――「人間的身体」の現象学・事実性の超越論的現象学・有限性の哲学・主体性の哲学・実存主義として規定する場合であれ、あるいは理性と事実（偶然）・意識と自然・形式と内容・主観主義と客観主義といった二者択一の問題地平を批判的に乗り越えるという脈絡においてであれ――、さらに突きつめられるべき問題が封じ込められる、あるいは問題としては隠蔽されるという結果を招きはしなかっただろうか。

たとえば、ベルナール・シシェールの指摘にもあるように（Bernard Sichère, *Merleau-Ponty ou le corps de la philosophie*, Paris: B. Grasset, 1982, p. 83f.）、メルロ＝ポンティが身体性の分析をつうじて主観性の新たな概念を手に入れようとしながら、主観性を身体の領域に移し入れるだけで、主観性の古典的な概念を保存する結果に終わったのではないかといった疑いが、「意識の現象学から身体の現象学へ」といった勇ましい標語とともにかき消されはしなかったか。そもそも意識の哲学、主観性の哲学を身体の地平に置き戻すとはどういうことなのか。たしかにメルロ＝ポンティ自身も「身体は自然的なわたしであり、いわば知覚の主体である」と書いてはいるにしても、この主体とは「身体のうちへと下降した古典的主体」のことなのか、それとも「ある別の主体、主体についてのある別の概念」をさしているのか――こういう問題が問いつめられないまま放置されはしなかったか。

ヴァーレンスの著作が出る以前にメルロ＝ポンティの現象学が当初どれほどはなはだしい誤解と非難にさらされていたかは、メルロ＝ポンティが一九四七年、つまり『知覚の現象学』の公刊の翌々年にフランス哲学会に招かれておこなった講演と討論の記録（『知覚の優位性とその哲学的帰結』、邦訳は『メルロ‐ポンティは語る――知覚の優位性とその哲学的帰結』菊川忠夫訳、御茶の水書房、一九八一年）にあからさまにうかがわれるが、しかし他方でまた、おなじ場でのジャン・ボーフレのつぎのような鋭角的な問いかけが、メルロ＝ポンティの思索の「実存哲学的」解釈のなかで見失われる傾向がすくなくとも一時期発生したことも否めないように思われる。

わたしは、『知覚の現象学』ほどに有益なものは他に例を見ない、と思います。その著者にたいしてわたしが言いたい唯一の不満は、かれが〝極端〟に走ったということではなくて、むしろいまだあまり徹底していなかったということだといえます。たとえばかれがいまわれわれに説明している現象学的記述は、実際は、観念論が用いる表現をとっています。その点でかれの記述の仕方は、フッサール的な記述に従っているわけです。だが大事な問題は、〈徹底的な現象学は、フッサールを創始者としハイデガーが遂行したような主観的観念論の唱える主観性だとか、またそれが用いてきた用語を、われわれが放棄してしまうことを要求していないのかどうか〉という問いなのです。

おなじように、「人間的」身体の強調や「ヒューマニズムの存在論」という規定づけが、メルロ＝ポンティの思想のうちに見られる人間主義批判の契機を見えにくくしたり、メルロ＝ポンティの現象学に含まれる超越論的な問題設定の拡大視が、〈超越論的閉域〉の不可能性とか〈知の〉〈究極的な基礎〉の不在として指摘されたような事態の意味するところを推し測りにくくしていたことも否定できないように思える。厳密に考えれば、そもそも〈身体〉という概念からして、それが現象学の一つの重要な「主題」であったということがはたして適切なことなのかどうかも、想像以上にこみいった問題なのではないだろうか。

〈身体〉が語りだすもの

《現象学》は一つの学説や体系であるまえにまずは一つの運動なのだとしたうえで、メルロ＝ポンティは、その《現象学》にひじょうに逆説的な規定をあたえている。すでにみたように、たとえばかれの「現象学宣言」とでもいうべき『知覚の現象学』の序文では、「現象学というものは、ただ現象学的方法によってのみ近づきうるものだ」とか、「〔現象学的〕還元のもっとも偉大な教訓とは、完全な還元は不可能だということである」と書かれている。では、かれがこの《現象学》という名の哲学に託したのはいったいどのような思考の運動だったのか。

メルロ＝ポンティの哲学がしばしば「実存的現象学」という現象学の一つの流れのうちに位置づけられてきたことは、これまでに確認した。あるいは、現象学の主題領域を、あるいは作業場を〈意識〉の地平から〈身体〉の地平へと転位させたことも。しかしいま一歩譲ってメルロ＝ポンティの仕事をそのように「身体の現象学」として特徴づけるとしても、メルロ＝ポンティにおいて〈身体〉という概念はきわめて広く発見的な概念としても機能しているのであって、かならずしも「人間的な身体」に限定されているわけではないことに注意しなければならない。

これは、のちにみるように、世界経験と芸術的制作と歴史あるいは文化一般の生成のうちに同一的な構造化のプロセスをみてとる〈制度化〉という概念にも深くかかわっていることなのだが、メルロ゠ポンティでは、身体は「わたしの」身体としてだけでなく、思考や歴史についても問題にされる。いいかえると、意味が生成するところではつねに〈身体〉が問題とされるのである。言語は思考の外皮でも衣服でもなく「思考の身体」であるとされるし、後年になると身体概念がさらに歴史という現象に拡張されて「歴史の感知されない身体」とか「歴史の肉」といったとらえ方もされるようになる。すなわち、〈身体〉は主観性の事実的な存在様態をあらわすためにまずは用いられる概念ではあるが（たとえば「自然的なわたし」、「知覚の主体」、「受肉した主体」）、しかし同時にそれは、反省的なものと非反省的なものとの交錯という場面に定位して、主観性の経験のみならず思考一般、歴史的な文化一般をとり巻く前反省的な地平を、つまりは「思考されない母胎」をも意味する概念としてはたらいているということである。

そうすると、反省可能なものと反省不可能なもの、語りうるものと語りえないものとのぎりぎりの境界で哲学がその思考の領野を伐り拓こうとするかぎりでは、《哲学の身体》も、哲学という行為の可能性との関連で当然問題にされてしかるべきなのである。

形而上学的な思考の枠

しかし、〈身体〉が主観性の事実的な存在様態をまずは意味するのか、それともその存在の「思考されない母胎」（シシェール）を意味するのかといった問題は、ほんとうはそれほど決定的な問題なのではないのかもしれない。〈身体〉という主題系は、《現象学》の可能性をめぐって、さらにもっとアイロニカルな問題に絡まれているようだからである。

「まだ黙して語らない経験をこそ、その経験自身の意味の純粋な表現へともたらさねばならない」――メルロ＝ポンティが『知覚の現象学』の序文にはじまって最晩年の遺稿にいたるまで、フッサールの『デカルト的省察』からくりかえし引用したこの文章は、ある意味でメルロ＝ポンティの思考のモティーフをもっともよく表わしている言葉であるといえる。われわれの経験の「母胎」ないしは「素地」としてのこの無言の経験は、「〈あらゆる定立以前の〉より根源的な世界」ともいわれ、われわれの思考の永続的な地盤としてのこの世界次元を掘り起こすことが、メルロ＝ポンティによって《現象学的》探究の課題であるとされている。

ところで、われわれの前反省的で前述語的な存在次元をまさに〈身体性〉として発掘しようというこの試みは、主観／客観あるいは精神／身体（意識／物）といった二項対立を背後から規定している形而上学的な思考の限界を乗り越えるために企てられたものである――クロード・ルフォールはこれを「形而上学的な伝統の外部に一つの通路を伐り拓こうという企て」とよんでいる――。世界に対する主題的＝対象化的な関係に先だっていつもすでに発効している、世界とわれわれとの開かれた交通関係――「世界の一般的形態への前人称的な加盟」――、この先コギト的な出来事に分け入って、両者のたえざる変換の運動あるいは交換の開かれたプロセスを復元してゆくことが、メルロ゠ポンティにとっては、なによりも《主観性の形而上学》からの脱却の第一歩となるはずなのであった。ルフォールはしかしここに一つのアイロニーを見てとる。形而上学的な思考のなかではうまくかたちをとりえないこの〈身体〉という概念の発掘が、形而上学的な思考の枠をつき崩してゆきながら、そのことによってかえって一つの形而上学を隠蔽し温存することになったのではないかというのである。

メルロ゠ポンティは身体の現象へと還帰することによって、発見の道を歩むのだ、とわれわれは言った。しかし、形而上学が否定するのはそれ自身が覆い隠しているものにほかならないとすることによって、メルロ゠ポンティは形而上学にたいする全面的な信頼を保存しているのではないだろうか。……あるいはかれに、本質のこちらがわ、無言の経験のなかに最終的なテクストを求めさせるのも、こうした信頼ではないだろうか。もちろん世界ならびにわれわれ自身の経験の登記簿は時間性とともに限りなく開かれている以上、このテクストには最終的に確定した解読などあろうはずはないが、しかし、起源についての知は喪失せざるをえないにしても、すくなくともそこから真理の確信が紡ぎだされてくるような知の起源は保存されることになるだろう。(Claude Lefort, *Sur une colonne absente: écrits autour de Merleau-Ponty*, Paris: Gallimard, 1978, pp. 121-122)

この問いは根本的なものである。そしてなによりもそれは、冒頭に掲げたようなパラドクシカルな規定をもつメルロ゠ポンティの《現象学》がなにを企てていたのか、そのモティーフと方法の問題にも深くかかわることがらである。ルフォールはつづいてつぎのような問いも発している。

反省を意識の非反省的な生に一致させようとする試み、それは、破壊されるべきもの、すなわち存在と思考のあいだの権利上の合一という虚構を復興するというはめに陥らなかったか。無言の経験をそれ自身の意味の純粋な表現にまでもたらそうとする試み、それは、神の言葉にも匹敵するような十全な沈黙を想像すること、あるいは、第二の言語がその反響となるような言語以前の言語といったものを設定することにはならなかったか。

思考の揺れ

「その意味の純粋な表現へともたらす」べき無言の経験、その基底、そうしたものがそもそもほんとうに存在するのか？　なぜそのような根源的領域に還帰する必要があるのか？　そしてどのようにしたらそこへといたりうるのか？――《現象学》的反省の可能性の根幹にかかわる、反省とそれについて反省がなされるところの非反省的なものとの錯綜した関係が、ここであらためて問われているわけである。

しかしルフォールはまた、われわれがこうした批判の論拠をメルロ゠ポンティ自身の批判から抽きだしていることも忘れてはならないという。事実、メルロ゠ポンティは、『知覚の現象学』において（ルフォールがいうところの）「知の起源」をなすとされた無言の経験について、晩年の研究ノートのなかで、「沈黙についてのその記述そのものが全面的に言語の力にもとづいているというのに、おのれが沈黙せる意識に合致していると信じている沈黙のコギトの素朴さ」（VI：二五二頁）というふうに言及していた。

しかしこの「素朴さ」は反省のなかで一挙に廃棄されるものではなく、むしろたえず反省に巻きついてくるものなのであって、その「素朴さ」をめぐってわれわれはさらにつぎのような反省を強いられるはずである。つまり、非反省的なものについての反省としての反省は、それ自身が「いつも自分がどこから湧出してきたかを自分では知らないで湧出する」という意味でまさに非反省的に生起するのだが、しかし「逆にこの非反省的なものじたいは、ただ反省によってしかわれわれに知られないのであり、反省の外に、ある不可知の項として措定されるはずはない」ということである。

この問題はメルロ゠ポンティにおける《現象学》の意味そのものにかかわる。あるいは、一方で忘却からの覚醒として、たえず根源的なもの・始元的なものの探索へとおもむこうとしながら、他方でくりかえし根源的なものの炸裂と散乱について語りつつ、根源的なものの失効をひそかに宣告するという、メルロ゠ポンティのあの思考の揺れだ。

われわれはつぎに、メルロ゠ポンティの思考に固有の操作概念をチェックしながら、そのような二重の問題地平のうちへと入りこんでゆく必要があるだろう。奇妙な反転の構図のなかへ。

2　一貫した変形

一貫したデフォルマシオン

ルフォールが右で指摘していた問題というのは、経験はつねにさまざまに翻訳され、表現されるとして、そのばあいにはたして原典にあたるものが存在するのかという問題である。これがはっきりと問題として浮上してくるのは、『世界の散文』と『シーニュ』に収録された文章が書きつがれた一九五〇年代である。この問題を浮上させるとともに、この問題に答えるべく編みだされた中期の概念として、ここでチェックしておきたいのは、〈スティル〉（様式・スタイル）と〈一貫した変形〉という二つの概念である。

『世界の散文』のなかでメルロ゠ポンティは、「人間や意味は、世界の地の上に、まさにスティルのはたらきによって描かれてくる」と書いている。おなじ書物の別の箇所では、「世界のもろもろの与件がわれわれによってある〈一貫した変形〉にしたがわされるとき、そこに意味が存在する」とも書いている。そしてこの二つの概念は、たとえばつぎのように組み合わされてもちいられる。

意味、われわれを現在や未来や過去、存在や非存在……に引きずり込むさまざまの誘引力の姉妹としての誘引力、まさにそうしたものを世界に到来させるためには、物の充実のただなかである種のくぼみ、ある種の裂け目をつくりだすだけで十分なのであり、そしてわれわれは生まれてからこのかたそうしているのである。図と地、規範と逸脱、上と下が存在するやいなや、世界のある諸要素が、それにしたがって今後残りのいっさいを測り、それとの関係で残りのいっさいを指示しうるような〈次元〉としての価値をもつにいたるやいなや、スティルが（したがってまた意味が）存在する。スティルは、それぞれの画家にとって、かれがこの絵画という表現手段のために構成する等価性の体系であり、かれがそれによってまだ散在している意味をかれの知覚のうちに集中させ、それをはっきりと存在するようにさせるべき〈一貫した変形〉の一般的で具体的な指標なのである。（PM：八七頁）

〈一貫した変形〉（déformation cohérente）――アンドレ・マルローの『芸術的創造』（一九四八年）から引いてこられたこの概念は、一貫性と逸脱・歪曲という二つの対立する契機を含んだ両義的な概念である。『行動の構造』ですでに条件反射説に関連して用いられていた「系統的変形（＝変換）（les transformations systématiques）」という概念をこの「一貫した変形（＝歪形）」という概念の先駆的表現とみなすことができるのかどうか、前者の使用がそれほど頻繁でないので確実なことはいえないが、メルロ＝ポンティの両義性／可逆性の思想がつねにこうしたパラドクシカルな概念表現（「無言のロゴス」や「沈黙の声」ほどアンビヴァレントではないが）をこのんで導入してきたことは疑いない。

絵画のスティル

メルロ＝ポンティによれば、絵画表現とは、画面の構成要素の一つ一つが、いわば同一の指数（「等価性の体系」）にしたがって、「〔そうした知覚の内蔵する〕なじみの規範からのある共通の偏差」を示すようにするいとなみである。ヴラマンクにおいては暗い空と雪でぬかるんだ道とさびれた家屋とが同じ係数にしたがってうねり、歪められているし、モジリアニが描く人物は、まるで凹面鏡をのぞいたときのように、鼻も首も腕も異様なまでに細長く伸ばされているのに、画面の奥に引き込む写真と反対に、画面から飛びでてくるような切迫感がある。

われわれはスティルが、画家と世界との接触点に、画家の世界知覚のくぼみに、しかもその知覚から発した一つの要請のようにして立ち現われてくるのをみなければならない。そのことはマルローも、もっともすぐれた箇所で、知覚がすでに様式化（スティリゼ）するのだとして示していることである。通りすぎる一人の女、それはわたしにとって、まずある身体の輪郭、彩色されたマネキン人形、空間のある場所の一光景なのではなく、「一個の個性的、感情的、性的な表現」であり、その強さと弱さをもって、歩みのなかに、あるいは地面を踏むヒールの音のなかにさえ全面的に現前している一個の肉なのである。それは、女性的存在の、またそれをとおして人間存在のアクセントに変化をあたえる特有の仕方であって、それがわたしのうちに、それにふさわしい共鳴器の体系を見いだすがゆえに、わたしはそれをまるで一つの文章が分かるように分かるのである。したがって、すでに知覚が様式化しているのだ。いいかえれば、知覚は、ある身体ないしある行為のすべての要素に、わたしがわたしの奥にしまい込んでいるあるなじみの規範からのある共通の偏差をあたえるのである。（PM：八六頁）

そして「共通の偏差」を生みだしてゆくこれらの指数が画家のスティルと呼ばれるのである。メルロ＝ポンティは『世界の散文』では、こうした絵画制作の過程を、世界とわれわれとの原初的な関係、つまりは世界の超越論的生成そのもののモデルとして考えようとしていたのであって、「すでに知覚が様式化している」という表現が『シーニュ』での定稿「間接的言語と沈黙の声」でも反復されているが、おなじモティーフはもちろん、さらに遡って、「身体が比較されうるのは物理的対象にたいしてではなく、むしろ芸術作品にたいしてである」という『知覚の現象学』の主張のうちにも見いだすことができる。

セザンヌとルノワール

ついでに言っておけば、絵画におけるデフォルマシオン（変形・歪形）については、「生まれでようとしている秩序」の記述という観点から、すでに『意味と無意味』におさめられた「セザンヌの懐疑」という論考でも注目されていた。セザンヌの筆致のなかでは、たとえばセザンヌの肖像画の背景にある壁掛けの帯状の模様が身体の両側で一直線につづいていないが、これは一本の線が幅広い帯状の紙の下をとおったばあい、二つに切り離されて別々の線に見えるという知覚の構造を正確に捉えなおしているし、対象の、汲みつくしえぬ奥行きを損じてしまわないように、輪郭線を描くことを禁じ、そのマッスとしての膨らみを表現するために震えるような青い線を重ねて引くといったこともしていた。つまり知覚そのものが内蔵しているデフォルマシオンという契機を絵画というかたちで捉えなおそうとしたのであった。

中期の思索では、このような知覚と絵画のアナロジーがより強く強調されるようになるが、『世界の散文』ではおなじ出来事がたとえばルノワールに託して語られる。ルノワールはあるとき、《洗濯女たち（ラヴァンディエール）》の小川の青を海を見ながら描いていた。それは海の青が《洗濯女たち》の小川についてなにごとかを教えるからであったと、メルロ゠ポンティはいう。「世界の一つの断片、とりわけ海、ときには渦巻や泡や小波に沸きたち、ときにはどっしりとして厚みをもちながら、それ自身では不動な海が、存在のとりうる無数の姿をくりひろげてみせてくれるし、存在がまなざしに襲われて反応し振動するある仕方を見せてくれる」。

つまり、ルノワールが海を前にして裸婦や小川の冷たい水を描きうるのも、「海が液体というものを解釈し、液体をさまざまに顕現させるその仕方、液体のあれこれのこと、つまりは水の諸顕現の類型学を語らしめるその仕方しか、海に求めないから」だというのである。このような魅惑的な筆で、メルロ＝ポンティはルノワールが《存在のスティル》とでもいうべきものに触れる瞬間を描きだしている。

経験の詩学

かつてオイゲン・フィンクが現象学にたいする同時代の哲学研究者たちの誤解を解くために指摘したように、経験とはたんなる模写（再現）でもなければ純然たる創造（産出）でもない。経験とは与えられたものへの「暴力」的な介入であり、つまりは一種の加工・変形の作業なのだという、そのような観点から、メルロ＝ポンティは《経験の詩学》とでも名づけたくなるような経験理論を構築しようとする。

考えてみれば、これまで一度もわれわれに訴えなかったものがわれわれのうちに、ある思いがけない意味の生成を誘発し、われわれを経験のある別のあり方へとけしかけ、揺さぶるのでなかったなら、経験とはいったいなんだろうか。「平凡な散文が月並みの記号によって、すでにその文化の備品となっている意味にふれるだけである」のにたいして、「偉大な散文は、その出現のとき以来新しい統辞法にしたがって操作されるはずの〈意味する道具〉を創造しなおす」と、メルロ＝ポンティはその未公刊文書のなかで述べている。このかぎりで「偉大な散文」もまた、詩的なものに属する、と。

とすれば、散文と詩とはなにか領域的に分割されるものではないということになるだろう。「散文的なものが、すでに語られ見られ意識されているもの、もろもろの客体の世界としてできあがったかたちでわれわれの眼の前にあるものの、扱いなれたなじみの秩序のがわに立つのにたいして、詩的なものはこうした秩序の破砕を意味する」と、メルロ＝ポンティは書いている。中期のメルロ＝ポンティの経験理論は、経験のなかに詩的(ポエティック)で制作的(ポイエティック)なはたらきを読み込もうとするのである。

同一の偏差

ところで、あるものを対象として構成するはたらき、それをより「多くのものの思念(Mehrmeinung)」として規定したのは、いうまでもなくフッサールである。直接にあたえられたものをたえず超えでてゆくような地平志向性のはたらきを、それはさしていた。この超出におけるずれ、あたえられたものとそれを対象的意味へと結晶させる志向とのあいだのずれは、ある系統的な隔たり(écart)として生起する。いいかえると、さきほどの引用文のなかにも述べてあったように、与えられているものの全継起がいわば同一の指数にしたがって、ある共通の〈偏差〉(déviation)を示すという、そういう変形がおこなわれるのである。この歪形(デフォルマシオン)の過程が、「世界のもろもろの与件がわれわれによってある〈一貫した変形〉にしたがわされるとき、そこに意味が存在する」というふうに定式化されるのを、われわれはさきほどみた。

たとえば言語表現や絵画表現をモデルにとりあげてみると、テクストや画面の構成要素の一つ一つは「ある特有の等価系（système d'équivalences）にしたがって、ちょうど百の羅針盤の百の針のように、たった一つの偏差を示す」ようになっている。テクストや画面に散在している潜在的な意味がある共通したヴェクトルのもとに収斂させられ、そこに一つのまとまった意味空間が開かれる、といった仕組みになっている。そしてこの仕組み、より精確には、ある共通の偏差がそれにしたがって発生するところの指数を、メルロ＝ポンティは〈スティル〉と呼ぶのである。

ちなみに、それぞれの作家のなかに据えつけられた表現のスティルについては、『知覚の現象学』ですでにつぎのように指摘されていた。「表現の操作は……テクストの深部そのもののなかに、意味を一つの物として存在するようにさせ、その意味を語のつくる一つの有機体のなかで生きるようにさせ、その意味を作家または読者のなかに一つの新たな感覚器官として据えつけ、われわれの経験に一つのあらたな領野または次元を伐り拓くのである」（PP：(1)三〇〇頁）、と。

こうした〈一貫した変形〉のなかで、与えられたある要素がその単純な存在からもぎはなされて他のいっさいを代表し、他のいっさいがそれとの関係で指示され、測られるような〈次元〉としてのはたらきを負わされるとき、それ自身はなに一つ意味などもっていなかった諸要素の一連の配置のうちに〈意味〉が住みつくことになる。「記号の布置がわれわれを、その布置に先だってはどこにもありはしないようなある意味に導いてゆく」のだ。こうした布置の組み換えのなかで、たんなる事実的な存在を超えた〈意味〉が分泌しはじめる。世界は〈意味〉へと変貌することによって自己を超えでる。これによって、われわれがそこへと没入していた現在を不在、すなわち過去や未来に、存在を非存在に、現実的なものを想像的なものに関係づける可能性が伐り拓かれるのである。

世界の裁ちなおし

それ以外のいっさいの意味形成がそれとの関係で設定されるようなある「次元」あるいは「水準」の設定。やがて最晩年の書きものに頻出するようになるこれらの概念のなかに、意味の発生を〈変換〉ないしは〈捉えなおし〉の過程としてとらえる初期以来のメルロ゠ポンティの独自の考え方が映しだされている。

知覚においても、語ること、描くことにおいても、意味作用が生ずるのは、つまりなにかに眼を惹かれたり、テクスト、画面の上になにかを読みとるのは、身体の、記号の、一定の編制様式（布置）からの偏差あるいは隔たりにおいてである。なじみの規範からのこの小さな逸脱とその〈ぶれ〉が意味を引き寄せる。

もちろんこの意味の瞬間的なきらめきは、たちまち既定の意味の制度化された構図のなかに吸収されてしまう。しかしこのかすかな偏差は、凝集／離散をくりかえすうちに、偏差がそれからの偏差であるところの意味の構図を破壊するような起爆力を蓄えてゆく。そしてこれらの偏差が当初その方向を逸らせ、別のある未知の構図のなかに一貫して凝集させられたとき、意味生成の新しいスティルへの変換が起こる。ちょうど「〔画家が〕あるやり口を手に入れたとたん、自分がいままでとは違った領野を開き、自分が以前に表現したいっさいを、いままでとは違ったふうに言いなおさなければならなくなったことに気づく」ように、そこでは、意味の発現をよび起こした諸記号の布置全体が〈一貫した変形〉にしたがわせられる。変換はその意味で、変形＝歪形（デフォルマシオン）にほかならない。〈意味の織物〉である世界が、そこで切り換えられ（se recoudre ＝裁ちなおされ）る。

このようにもし、「表現が、それによって変身をとげるものを、ある新しい布置（ゲシュタルト）のなかに引き入れることによってその意味を変化させ、そうしてそれをたえず超える」ものであるとすれば、身体の使用、そしてそれと連繋する世界の多層的構成は、それじたいがすでに原初的表現である。解釈に媒介された経験や行為の構造化は、このように表現的‐制作的な過程、すなわち〈一貫した変形〉の作業なのである。

原文のない翻訳

経験の構造化が〈一貫した変形〉であるとするならば、構造化のプロセスは同時に構造変換のプロセスだということになる。意味の生成は同時に意味の転位である。ここから、一つの重要な論点が導きだされてくる。

語ることないし書くことは、まさしく一つの経験を翻訳することであるが、しかしこの経験は、それが惹き起こす言語行為によってのみ原文となりうる。

メルロ＝ポンティはこのように書くのであるが、語ること、書くことにかぎらず、すでに示唆したように、経験そのものがその原初的な場面からして一つの表現＝制作の過程であるとするならば、われわれはこのメルロ＝ポンティの言葉を経験一般に敷衍することができるだろう。つまり、経験はまさしくある事態、ある出来事を翻訳することであるが、しかしこの事態、この出来事は、それがよび起こす経験によってのみ原本（オリジナル）たりうる、と。

ここでは、一方でわれわれによって生きられたものが、いわば「下絵」（「予描」と訳されるフッサールの概念 Vorzeichnung）あるいは「呼び水」として、「おのれを固定させ、ついには存在させてくれるような捉えなおしを呼びもとめている」が、他方で経験の構造化、様式化は、この新しく設定された布置のうちにこの布置に先立っては存在しなかったある新しい意味を植えつける、という一つの両義的な出来事が起こっている。要するに、原文のない翻訳、原テクストを欠いた解釈がここでは問題になっている。

これはおそらく、メルロ＝ポンティ中期の思考の重大な論点である。というのも前節でみたような、経験の原テクストとしての「無言の経験」、「沈黙のコギト」という、いわば無垢な概念にも、決定的な留保をつけざるをえなくなるからである。

リヴァーシブルな光景へ

ところが、メルロ＝ポンティはのちになってこうも書いている。

言語は沈黙を破ることによって、沈黙が手に入れようと望んで果たしえなかったものを手に入れる。〔しかし〕沈黙は言語を包囲しつづける。

言語と経験、言語と沈黙との、《解釈学的循環》にも比せられるこうした循環関係の析出は、反省と非反省的なものとのたがいに巻きつき、反転しあうような関係と、直接に連接している。

われわれは「無言の経験」もまた、こうした循環関係、こうした相互転換の関係のなかに組み込まれていると考える。言語と沈黙、現前と不在、内部と外部、反省的なものと非反省的なもの、自然と非自然、一般性と特異性などといった、哲学的反省の可能性の根拠そのものにも深くかかわるような二項対立的な差異の生成を、（まさにメルロ＝ポンティがくりかえし強調したように）その「生まれいずる状態において」問おうとするとき、われわれはそうした差異そのもののリヴァーシブルな、ということはつまり相互反転的な生成の光景に立ち会うことになるように思われる。

初期の著作を構成する中心的な概念であった〈ゲシュタルト〉や〈構造〉をはじめとして、メルロ＝ポンティの思考は、つねにそうした光景を取り戻すことのできる概念装置と方法論的な基礎とを模索してきたといえるのではないだろうか。

いまやわれわれは、『眼と精神』や『見えるものと見えないもの』において、断片的な言の葉のあいだからまるで木漏れ日のようにきらめきだす思考の光にふれる、そのすぐそばまできている。

しかしその前に、中期に彫琢されたいま一つの概念である〈スティル〉についても、もうすこし立ち入って見ておかねばならない。本章の冒頭でもみたような、〈身体〉から〈肉〉への、〈両義性〉から〈可逆性〉への転位、「一種の現象学的ポジティヴィスム」から〈否定的存在論〉への、〈徹底した反省〉から〈超反省〉への反転などといった言葉で語られるメルロ＝ポンティの思考の位相転換が、いったいどのようなプロセスで起こったのか、その前後でいったいなにが変わったのかを、より精確に見さだめるためである。

3　スティルの現象学／現象学のスティル

実体論的思考の解体

初期の著作『行動の構造』から晩年の遺稿『見えるものと見えないもの』にいたるまでのメルロ＝ポンティの思想の軌跡は、「思考像」のつぎのような大きなうねり、ないしは転位として描かれることがすくなくない。たとえば、両義性という思考像、つまり反対極にある術語間の相互的な相対化（自然でも精神でもない……）が、可逆性という思考像、つまり媒介的な術語の相互干渉（世界は身体的であり、身体は世界的である……）に座をゆずる。（Bernhard Waldenfels, *Der Spielraum des Verhaltens*, Frankfurt am Main: Suhrkamp, 1980, S. 159）

両義性から可逆性へ――この転位は、あるものとあるものとの〈関係〉そのものについての解釈の変換として規定することもできるだろう。

実際、メルロ＝ポンティの思索は終始、さまざまの「実体」概念、あるいは実体論的思考を解体し、それを関係論的に組み換えてゆく、そういう作業にささげられたといえなくもない。「われわれの目的は、意識と自然の関係を理解することである」――最初の著作『行動の構造』はこのように書きだされていたし、また（のちにみるように）かれの「現象学」のキー概念も〈関係〉概念として構築されているものが多いし、さらに、「なにかとなにかのあいだで、そして両者のあいだを理解する必要があるのだ」といわれていたように、最晩年の思索は「間世界（intermonde）」としての世界の構造とその出現の分析に集中しており、こうした世界の開口、〈あいだ〉炸裂、存在の裂開などと呼ばれる出来事の構造的な生成に「内から」立ち会ういとなみを、メルロ＝ポンティは《現象学》と名づけたのである。

〈あいだ〉が劈く

諸概念の既定の配置関係のあいだを穿つ、あるいは、既定の概念関係によって虚とされる〈間隙〉(hiatus)――「存在の第三のジャンル」――にこそむしろ深く浸透していこうとする試み、これがメルロ＝ポンティの批判的思考を特徴づけるものである。ではかれが穿とうとした間隙、かれがやがてそこから「野性の精神」、「生まの存在」をのぞきこむことになる間隙とは、いったいなにとなにのあいだであったのか。

これにたいしてはおそらく、問題のさまざまの水準を分割・規定したうえで取り組む必要があるだろう。たとえば初期の『行動の構造』でも一貫して問題にされていたような、批判主義的思考と因果論的思考、超越論的思考（いわゆる意識内在主義）と実在論的思考、そして唯心論と唯物論といった古典的ともいえる二律背反的な思考の枠組みや、それらの根底にあってそれらの二者択一的な関係を規定している心的なものと生理的なもの（身体的なもの）、主観的なものと客観的なもの、意識と物的対象、あるいは内部と外部といった二元的な概念図式のレヴェルがまず考えられる。ここでは一見二律背反的ともみえる二つの対立的な思考法や概念図式のあいだの隠された共犯関係を読みとり、その相互補完的な地平を乗り越えることに主眼点がある。

さらに『知覚の現象学』以降になると、そうした作業の延長線上で、もろもろの対立的＝対照的な概念契機――能動性／受動性、表出性／受容性、理念性／事実性、超越論性／歴史性、一般性／個別性、合理性／非合理性、必然性／偶然性、形態／地平、語りうるもの／

語りえないもの、見えるもの／見えないもの、あるいは（発生の秩序との連関で）述定的／前述定的、反省的／前反省的、人称性／非人称性ないしは前人称性などの概念対――のあいだが、まさにそれら関係項の質的な差異を越境するような存在の両義性と、そこにおける両契機のたえざる交換と反転の可能性という視点から、つぎつぎと主題化されていったのは、よく知られたことである。

そして晩年の思索のなかでは、メルロ＝ポンティがよくそのままドイツ語で引いてくる言葉でいうと、二つに引き裂かれたものの「相互内属（Ineinander）」といった〈あいだ〉の現象それじたいが、「交叉」、「交叉配列（キアスム）」、「絡みあい（編みあわせ）」、「巻きつき」、「跨（また）ぎ越し」、「侵蝕」、「侵犯」、「重なりあい」といった術語群を渦のように収斂させるなかで、主題的に語りだされてくることになる。

これは意味の側面的な発生とその増殖（意味とその「鈍重な」媒体としての記号との関係）という問題系にもつながるものであるが、さらにそれともう一つ、このような《～として》の群とともに、《として》という契機も〈あいだ〉の重要な現象形態として主題化される必要がある。「現われてくる～」（現出するもの）と「～として現われていること」（現出すること）とのあいだの差異、〈関係〉としての現象はそのような差異の発生として出現するからである。そして、〈あいだ〉が劈（ひら）くというこの根源的な出来事の場面で、たとえば「裂開」や「炸裂」、「分裂」、「分離」が語られもするのである。

関係の誕生に居合わせる

まだ『見えるものと見えないもの』をはじめとする最晩年の仕事をくわしく論ずる段階ではないので、暫定的にしかいえないのだが、〈あいだ〉への問いを仮にこのようないくつかの局面に整理してみると、メルロ＝ポンティにおける〈関係〉ないしは〈あいだ〉への問いが、現象を説明するさまざまな概念的諸契機の相互補完的な地平を乗り越えるというモティーフと、現象の諸契機を構造的＝内在的に媒介し、また解体してもゆく〈あいだ〉の構成的な動性ないしは力を析出するというモティーフ、この二重のモティーフに貫かれていることがわかる。

これらの問いにおいて、関係項はどちらのレヴェルでもその独立の分離された存在を否定されることになるのだが、それは、メルロ＝ポンティの関心が最終的にはつねに、関係の誕生という次元に向かうからである。しかしメルロ＝ポンティの《現象学》的反省もまた、こうした諸関係の誕生に——まさに「生まれいずる状態において」——居合わせようとする試みであるとするならば、反省の遂行それ自身がまぎれもない一つの関係の誕生であるということになる。

そして《現象学》の対象が、メルロ＝ポンティが信じていたように、実体的な「もの」が現出するその場面を啓(ひら)くような出来事、その超越論的ともいうべき経験のはたらきにあるとすれば、《現象学》における世界への問いは、同時にそのように問う《現象学》自身への問いでもあるはずである。「現象学というものは、ただ現象学的方法によってのみ近づきうるものだ」という『知覚の現象学』の言葉が、このことを裏づけている。

ところでおなじこのページで、メルロ＝ポンティは、《現象学》的思考を訝しく思っているひとが投げかけるであろう言葉として、つぎのような文章を掲げている。「現象学というものは手法とかスティルとして運用され認められるものであって、それは完全な哲学的意識に到達する手前で運動として存在しているのだ」、と。〈スティル〉としての現象学？――もちろんこれは議論の運びのために、メルロ＝ポンティがとりあえず仮に言っていることにすぎないのだが、ジルベール・オトワはこの表現をむしろ、「現象学的ディスクールがもつ本来の性質に関するひじょうに深く鋭い直観を含んだ」文章として受けとり、そこからメルロ＝ポンティの思考における〈スティル〉という概念の重要性を引きだそうとしている。そしてその文脈で、われわれがこれまで見てきたメルロ＝ポンティの思考の〈関係論〉的モティーフに〈スティル〉という概念を関係づけようとしている。

意味はスティルによって描かれる

〈あいだ〉と〈スティル〉――異質というより無縁というほうがふさわしいこの二つの概念が、なぜ交差してくるのか。

言葉じりから両者を交差させることは、それほど困難なわけではない。たとえば、一方でわれわれはさまざまの意味形象が現出してくるその領野を劈くものとしての〈あいだ〉に言及してきたが、他方、スティルの出現と意味の生成とを同一の過程としてとらえる発想が、

『知覚の現象学』以降のメルロ＝ポンティの書き物のなかにくりかえし表明されているからである。とくに、いわゆる「間接的言語」論の二つのヴァージョン（『世界の散文』の「間接的言語」と『シーニュ』の「間接的言語と沈黙の声」）では、「スティルとはすべての意味作用をなりたたせているものである」、というふうに、意味がスティルとして生成することを端的に主張するような文章が頻繁に見いだされる。

あるいはまた、つぎのような事実を指摘することができるかもしれない。〈スティル〉という概念が別の言葉で置き換えられるばあい、たいていは「マニエール（manière＝手法、仕方）」というきわめて日常的な言葉がもちいられ、それによってわれわれと世界との〈関係〉の基礎的な様態が表現されたということである。

初期の仕事以来、メルロ＝ポンティによってつねに相似的なかたちで反復されてきたその表現を思いつくままに列挙すると、「世界を扱う一つの仕方」（『行動の構造』）、「世界を形態化する一つの仕方」、「世界を扱う固有の仕方」、「身体をどう使用するかという、その仕方」、「状況を扱う仕方」（以上『知覚の現象学』）、「世界に住みつき、世界を扱う類型的な仕方」（『世界の散文』）などである。あるいは、「存在との関係」（＝「世界の形態化」）に定位してつぎのように表現されることもある。

人間や意味は、世界の地の上に、まさにスティルのはたらきによって描かれてくる。

（PM：八五頁）

われわれはスティルが、画家と世界との接触点に、画家の世界知覚のくぼみに、しかもその知覚から発した一つの要請のようにして立ち現われてくるのを見なければならない。(PM：八六頁)

〈スティル〉概念の展開

このように関係のなかに〈スティル〉が発生することによって、関係そのものだけではなくて、関係を担うもの（〈わたし〉と〈世界〉という関係項）も出現するのだとしたら、いまや関係についてだけでなく、「世界のスティル」(PM：一七五頁)、「存在のスティル」(PP：(1)一五〇頁) について語られても不思議はないわけである。

じっさい、〈スティル〉という概念は、港道隆も指摘するように、「主体に現われる他者の個性＝スタイル、個人の個性とは異なる〝表現〟（声、文体、タッチ等）のスタイル、街や文化、階級等のスタイル、個人の自己理解のスタイル、無名の流れ＝身体の一般的スタイルと相関した被知覚物及び世界のスタイル……」など、人間の身体的な存在のあらゆる様態に対応して語られるべきものなのであって (cf. PP：(2)一八二頁)、したがって「無名の身体」、「自己の身体」、「思考の身体」、「歴史の身体」など身体性の多様なレヴェルに対応して〈スティル〉が掘り起こされるべきなのであり、〈スティル〉はその意味で、われわれの生に汎通的なカテゴリーなのである。

メルロ＝ポンティは「歴史」と「知覚」と「表現」（あるいは「言語」）という三つの問題次元を重ねあわせることの重要性についていくつかの場所でふれており、これら三つの問題次元を交差させるのが〈身体〉という概念であり、〈制度化〉という概念であったのだが、さらにそれら諸概念を貫通して「置換」可能な概念契機として〈スティル〉を考えることができると思われる。そしてそこに、身体性・制度化のみならず、変換・歪形・転調・地平・匿名性・一般性・非主題性・前述定性・前人称性などメルロ＝ポンティの思考を構成するさまざまの概念契機が収斂してくるように思われる。

このように、問題となるのはもちろん、世界の形態化が〈スティル〉の出現として生成するという事態の構造である。しかしメルロ＝ポンティは、現象学のスティルではなくて、「スティルとしての現象学」を考えることができると書いているのであった。〈スティル〉という概念がメルロ＝ポンティの思考の冒険の多様なフィールドを横断するキー概念であることを考察するに先だって、まずはこのことの意味を解しておかなければならない。

スティルの自己言及化

クラウス・ボアも指摘しているように（Klaus Boer, *Maurice Merleau-Ponty: die Entwicklung seines Strukturdenkens*, Bonn: Bouvier, 1978）、〈スティル〉という概念は一般に、普遍的なものと特殊的なもの、形式的なものと内容的なものとを媒介するように機能するものであるが、オトワは〈スティル〉概念にさらに二つの特性をつけ加えている。つまり、たとえばおなじ風景を見ていても画家によってまったく異なったものとして描かれることにもうかがわれるような、そういう一種の〈偏差〉ないしは一貫した〈反れ〉（écart＝隔たり）――メルロ＝ポンティ自身の表現でいえば、「わたしがわたしの奥にしまいこんでいるあるなじみの規範からのある共通の偏差」――というのがその一つであり、もう一つの特性は、それが「自己言及的」だということである。いいかえると、表現されている対象そのものではなくて、表現の言語や形式に注意が引き寄せられるということである。

現象学においては、スティルとなった哲学が、古典的なディスクールとその内容とからみずからを区別しながら、それ固有の意味に注意をよび寄せる。さて、（形而上学も含めて）ディスクールの古典的な規範を特徴づけるものが対象指示的な（あるいは、ふつうに言われる意味での存在論的な）機能であるとされるのにたいして、現象学はまさにこのような規範から逸れてゆくことによって、純粋なスティル（現象学には意味は反れとしてしか存在しない）であると同時に、純粋な意味にもなるのである（対象への指示関係の優位を廃棄したり否定することこそ、意味の優位や排他性を確立することであるのだから）。現象学は同時にまた、インプリシットな自己指示的（自己言及的）機能のうちに併合されてしまいもする。現象学は、その指示対象に身を捧げることによって自己を忘却してきた古典的なディスクールとは対照的に、自分自身について（いいかえると、それが意味であり、スティル、つまりは反れであるということについて）しか語らないのである。(Gilbert Hottois, « De l'‹objet› de la phénoménologie ou la phénoménologie comme ‹style› », in *Maurice Merleau-Ponty: le psychique et le corporel*, Paris: Aubier, 1988)

スティルとしての現象学

要するに、「意味を対象的な指示関係としてのみとらえる」哲学の古典的なディスクールとの対比で《現象学》は規定されるというのである。いいかえると、対象への指示的関係によって制約されたディスクールからの一貫した反れとして《現象学》は成立するというのである。だから《現象学》においては、世界の意味的な生成のプロセスへの問いかけは、たえず増殖してゆく「記述」の作業のなかで、それと編みあわされるかたちでのみ遂行されることになる。

われわれが何度も引いてきた『知覚の現象学』の序文の終わりの文章のなかで、《現象学》の試みをバルザックやプルーストやヴァレリーの作品にみられるような「骨の折れる仕事」にたとえたのも、あるいは「現象学の現象学」の必要性について説いたのも、スティルとしての《現象学》に注意をむけたその「直観」と同じように、おそらくこのような視点から解釈することができるだろう。「画家が画像のうちに置き入れようとしているのは直接的な自我、感覚のニュアンスそのものではなく、画家のスティルなのである」。この言葉はそのままメルロ＝ポンティの《現象学》にもあてはまる。

フッサールが、われわれの世界にたいする根源的な関係を翻訳すべく、スティルという概念を導入して以来……（PM：八二頁）

「世界にたいするわれわれの根源的な関係」を切開してゆくこと、この探究は、メルロ＝ポンティによれば、「概念以前の一般性――前客観的であり、しかも世界の、実在性をなす〈軸〉の一般性――としてのスティル」の探究と同義であって、それは「身体の始元的な制度化」に関係づけることなしにははたしえない作業である。

そしてその〈身体〉が、すでに見たように、無名の一般性における身体からはじまって、「知覚の主体」、人称的存在としての〈わたし〉を経て、「思考の身体」、さらには社会的な歴史過程の身体としてとらえなおされてゆくことを思いだすならば、〈スティル〉がメルロ＝ポンティの《現象学》の理念を支える基礎的な概念でありつづけたことはまちがいないと思われる。

〈スティル〉概念の微妙な変容

ところで、文化論や芸術史研究における〈様式〉の概念、あるいは文学や歴史記述における〈文体〉の問題とは異なって、メルロ＝ポンティの〈スティル〉概念は、世界内部にあるなにものかの存在様態ではなく、むしろかれが「開口（l'ouverture）」という言葉でよく表現するような、世界そのものの生成という超越論的な出来事に照準をさだめて設定されているといってよい。

メルロ＝ポンティの思考過程はすくなくとも一九五一年頃までは、書かれざる書物『世界の散文への序説』を構成する主要契機としてのこの〈スティル〉の概念へと大きく収斂してきたと解釈できるのであるが、『世界の散文』の編者クロード・ルフォールがその「まえがき」のなかで指摘しているように、「一九五二年から五九年にかけて、新しい要求があらわれ、かれの言葉が変わってくる」のであって、それとともにこの〈スティル〉の概念もさらに存在論的に掘り下げられるべき過渡的な概念として論述の背景に退いてしまうようにみえる。

たとえば「それら〔諸本質〕は、〈存在〉と世界の様式ないしスティルにすぎず、〈……であるという意味での存在〉(Sosein)であって、〈存在〉(Sein)ではない」といわれるように、世界の生成ではなくその存在様態（モード）としてしか問題にならないような消極的な記述がめだってくる。そこで、こうした屈折がなぜ生じたのか、この屈折はなにを意味するのか。このことがいずれ問題になるはずである。

バルトと〈スティル〉概念

さて、ここですこし脇道に逸れることをおゆるしいただきたい。ロラン・バルト（一九一五―八〇年）との比較研究は、ここでの目的ではないのでくわしく論じることは避けたいが、一点だけ、わたしがひじょうに興味をそそられるテーマがある。

意外に思われるかもしれないが、メルロ＝ポンティの〈スティル〉概念は、バルトが『零度のエクリチュール』（一九五三年）のなかで、「言語にかんするあらゆる問題設定に先行する所与」をなすものとして〈ラング〉と並べて提示した〈スティル〉（文体）の概念に近接している。

メルロ＝ポンティの〈スティル〉概念はその主要部分が一九五一年に草されたと推定される『世界の散文』ではじめて比較的まとまったかたちで提示されることになるが（ちなみに、スティルの概念を全面展開した論文「間接的言語と沈黙の声」は、一九五二年に『レ・タン・モデルヌ』に二回に分けて発表された）、その時点では『零度のエクリチュール』におさめられている主要論考はすでに当時モーリス・ナドーが編集していた『コンバ』誌に発表（一九四七―五〇年）されていたので、ペトラ・ヘアカートも指摘しているように、「とくに証拠資料はないにせよ」メルロ＝ポンティがバルトのこの初期の仕事を参照していた可能性は十分にある。

ともあれ、以下に掲げるように、その記述、その術語は、メルロ＝ポンティがこのんで使用する術語群に異様なほど近い（ロラン・バルト『零度のエクリチュール』渡辺淳・沢村昂一訳、みすず書房、一九七一年、一三頁以下参照）。

……どれほど洗練されようと、スティル〔文体〕はつねになにか生まなもの（brut）

をもっている。それは宛先のない形式であり、意図からではなくて圧力から生まれ、思考の垂直（vertical）で孤独な次元にたとえられる。……スティルは典礼の私的な部分であり、作家の神話的な深み（profondeur）からたちのぼり、かれの責任のとどかぬところに拡がる。それは知られない、秘密の肉体〔肉〕の装飾的な声であり、必然性みたいに機能する。スティルはまるで、あの花を開かせる圧力のように、肉体〔肉〕と世界の境界のところで練りあげられる下言語（アンフラ・ランガージュ）から出発する、盲目的で執拗な変身（métamorphose）の帰結にすぎないといっていいからだ。スティルはまさしく発芽的秩序の現象であり、体液の変質なのである。だから、スティルは必然的に深み〔奥行き〕を暗示する。……スティルは、垂直の次元しかもたないで、個人の閉ざされた記憶のなかに沈み、ある物質経験から出発して、みずからの不透明性（opacité）を構成する。スティルは、著者の文学的な意図と肉体的な構造（structure charnelle）とのあいだの均衡以外のなにものでもない。……スティルの秘密は作家の身体に閉じ込められた記憶であり、その暗示的な効用は……密度（densité）の現象である。

ヘアカート自身は、「文体（スティル）」についてのバルトの記述をさらにフロイトの「欲動」概念に結びつけ、そうしてメルロ＝ポンティの「スティル」概念を精神分析の「無意識」という問題系と関連づけようとしている（cf. Petra Herkert, *Das Chiasma: zur Problematik von Sprache, Bewußtsein und Unbewußtem bei Maurice Merleau-Ponty*, Würzburg:

Königshausen + Neumann, 1987, S. 74ff.)。

スティルとゲシュタルト

さてメルロ＝ポンティにおける〈スティル〉という概念をめぐって、一つの興味深い事実を指摘することができる。『シーニュ』のなかに、真の絵画史が探究すべきものを論じている箇所があって、そこで「ある構造、あるスティル、ある意味」と三つの概念が並置されている。構造／スティル／意味、この三つの術語の言い換えがなぜ興味深いかというと、初期の著作『行動の構造』ではこれが、構造／ゲシュタルト／意味という組み合わせになっているからである。

そしてこの両端、「構造と意味」は、『行動の構造』の最終章、最終節の表題であるとともに、すでにヴァーレンスやティリエット、リクール、さらにはマディソンやジェラートを巻き込んだかたちで、『行動の構造』（＝「構造の哲学」）から『知覚の現象学』（＝「意味の哲学」）への移行をどうとらえるかという論争を生じさせた問題でもあるからである。『行動の構造』には、たとえばつぎのような記述が見いだされる。

> われわれの出発点となった〈ゲシュタルト〉というもののなかで深い意味をもっているのは、〈意味〉という概念よりも、むしろ〈構造〉という概念である、つまり理念と存在との見分けがたい合体、素材がわれわれの面前で意味をもちはじめるような〈素材

の偶然的な配列〉、生まれでようとしている〈理解可能性〉なのである。（SC：三〇七頁）

しかし別の箇所では、「構造」と「意味」は同義であるか、あるいは「同一の構造」が「同一の意味の核」に、「構造の内的特性」が「内在的な意味」に言い換えられたりしており、両者の異同はかならずしも明確ではない。しかし皮肉にもそれゆえわれわれは、両者にはさまれた（初期の）「ゲシュタルト（形態）」と（中期の）「スティル」という二つの概念をあえて重ねあわせ、前者を後者の先行形態とみなしつつ、その概念の微妙な変換を軸として、メルロ＝ポンティの思考の転位を描きだすこともできるようになるわけである。ついでにいえば、たとえばティリエットは、〈ゲシュタルト〉の概念は〈構造〉の概念などとともに、「『知覚の現象学』の確固として実存的な視点を乗り越えるか、あるいは迂回するかしていたのであり、自然の哲学へむかう後日の方向を先取りしていた」と断言している。

あるいは、さきほども一度引いたのだが、『世界の散文』のなかのある草稿の欄外に書き込まれた注記、「概念以前の一般性――前客観的であり、しかも世界の、実存性をなす〈軸〉の一般性――としてのスティル」という表現からもうかがえるのは、〈スティル〉という概念が『行動の構造』や『知覚の現象学』における身体の一般性という観念と、見えるものの見えない〈軸〉という晩年のコンセプトとをつなぐ過渡的概念だったということである。

世界の再構造化

ここで、〈ゲシュタルト〉概念とのある種の相同性を確認するにあたって、〈スティル〉概念を、その潜在的な意味の含みにおいてではなく、むしろいわゆる中期の明示的な定義にそくして、その規定を分類しながら見ておくことにしよう。〈スティル〉の働きが、普遍的な契機と特殊的な契機、形式的な契機と内容的な契機、主観的な契機と客観的な契機を媒介するものであることはすでに述べたが、〈スティル〉の概念にはさらに動態的とでもいうべき規定が含まれている。既定のものを組織しなおすことによって、それを新しい意味創出の「器官」ないしは「装置」へと変貌させる、そういう〈スティル〉の効果は、中期の著作ではたとえばつぎのような術語を用いて記述されている。「切り換え（recoupement＝裁ちなおし）」、「脱中心化」、「再構造化」、「再組織化」、「置換（substitution, transposition）」……、あるいは「語られたことがらを組織しなおし、これに新たな湾曲率を与え、意味のある種の起伏にそってこれを折り曲げること」として。

ところで、〈スティル〉には一種の「恒常性」がともなうのであるが、そうした「スティルの恒常性」を可能にしているのは「さまざまに置換可能な、ある動力的定式化の一般的な能力」であって、これは『行動の構造』以来、「形態化（Umgestaltung, mise en forme）」とよばれてきたものにほかならない。「ゲシュタルト」や「形態」は、『世界の散文』や『シーニュ』では「布置（configuration, constellation）」や「配置（arrangement）」とも言い換えられており、そうするとつぎのようなスティルについての別の記述も「ゲシュタルト化」の働きについての記述として読めることになる。

われわれの世界のすべての布置が変えられてしまうのは、それらの布置のうちの一つがその単純な存在からもぎはなされ、他のすべての布置を代表するようになり、この世界の鍵ないしスティル、つまりはこの世界を解釈する一般的な手段になるからである。

（PM：一七四―一七五頁）

〈スティル〉概念と〈身体〉概念の交錯

ゲシュタルトとは「世界の出現の条件」ではなく「世界の出現そのもの」のことであり、それじたいが「一つの規範の誕生」なのだという『知覚の現象学』の言葉を思いだすまでもなく、布置の変換は「形態化」＝「ゲシュタルト化」の働きとして、まさに「意味の生成」にそくして動的にとらえられているのであるが、しかし同時に（個別化に先だつという意味で）その匿名的な「一般性」においてとらえられていたことにもくりかえし注目したい。というのはこの「一般性」こそ、『行動の構造』では〈ゲシュタルト〉生成における一般的因子として、『知覚の現象学』では〈身体〉の概念を特徴づける重要な契機として、しばしば言及されたものにほかならないからである。

そしてこのように、〈スティル〉概念が〈ゲシュタルト〉（としての行動）や〈身体〉という概念契機を含み、そこからさらにそれらの契機を媒介として「歴史」や「伝統」の問題系とも密接に連繋してくるのだとすれば、メルロ＝ポンティにおける〈スティル〉概念の展開を跡づけるには、『知覚の現象学』における〈スティル〉の原初的な概念にみられるいわば「主観的」な規定と『行動の構造』における〈ゲシュタルト〉概念の「客観的」な規定とをコントラスティヴに対置し、それらをいわば「止揚」するようなかたちで、一種の生成論的視点から〈スティル〉概念が要請されたとみるのが妥当であるように思われる。〈スティル〉の概念と〈身体〉の概念の深い交錯というのは、たとえばつぎのような規定のなかに見いだされるものである。

> われわれの身体のあらゆる使用は、すでに第一次的表現なのである。いいかえれば、それは……まず記号を記号として構成し、そのうちに表現されたものを住まわせるはたらきなのであり、なんらかの先行の規約を条件にしてではなく、記号の配置そのものとそれらの描くゲシュタルト〔布置〕の雄弁さによって、意味をもっていなかったものに意味を注ぎこむはたらきであり、したがってそのはたらきが生まれた瞬間に力が尽きてしまうどころか、一つの領野を開き、一つの秩序を創始し、一つの制度ないし伝統の土台をとらえる……といったはたらきなのである。（PM：一一〇頁）

したがってわれわれは身体という名のもとに、世界の視察に捧げられた諸体系の体系、さまざまの隔たりを跨ぎ越し、知覚的未来を予見し、存在の途方もない平凡さのなかにさまざまのくぼみや浮き彫り、隔たりやずれ、一つの意味……を描いてゆく力をもった体系を認めなければならない。(PM：一〇九頁)

『知覚の現象学』においてみられた「人体」のつぎのような定義、たとえば「不連続な動作の無限定な一系列のなかで、その自然的な力を乗り越え、変貌させるような意味的な核をわがものとすること」が、〈スティル〉という発想とともに、このように語りなおされるようになったのである。そのすぐあとで、「われわれの身体を使うある種の使い方が、突然一つの形象となった意味を授与されて、われわれの外部に向かってそういう意味を指示するようになる。このことは、欲情のなかから愛情が浮かび出てきたり、人生のはじめのとりとめもない運動のなかから〔意味をもった〕所作が浮かび出てきたりすることより以上に、奇蹟的でもなければ、よりすくなく奇蹟的でもない」とさらに書きつがれていたことも、ここで思いだしておこう。

構造的な出来事

前節の終わりでわれわれは、『眼と精神』や『見えるものと見えないもの』において、断片的な言の葉のあいだからまるで木漏れ日のようにきらめきだしていた思考の光にふれる、そのすぐそばまできたと言った。それはいまなら、こんなふうにも表現できそうである。

〈スティル〉という概念が普遍的なものと特殊的なもの、形式的なものとを媒介するよう機能するものを表現していることについてはさきにすこしふれたが、これは世界とその存在の生成をめぐって、主観的な契機と客観的な契機とを交差させるようにはたらくものとしても構想されており、それは世界の自己構成でも主観性による世界の対象化的構成でもなく、さらには主観的なものと客観的なものの関係の自己組織化という二元的な物言いすらふさわしくない、一種の《構造的な出来事》とでも規定できるような世界生成の水準をさし示しているように思われる。あたえられた規定の契機を一貫して逸らせてゆくことで、現象野の上で分散していた潜在的な意味をそっくり別の空間のなかで収斂させる、そしてそこに新しい意味生成の次元を出現させる……われわれの経験をこのような《構造的な出来事》として描きだすことでメルロ゠ポンティがのぞきこんでいた思想圏とは、いったいどのようなものであったか、と。

第四章　偏　差——〈隔たり〉の現象学

『シーニュ』（1960年）

1　言語と沈黙

後期思想にいたるいくつかの航跡

『見えるものと見えないもの』としてルフォールによって編集されたメルロ＝ポンティの遺稿群、なかでも「採掘中の鉱山」（ティリエット）と形容されるような「研究ノート」の断片が、いったいどのような思想の光景をのぞき見ていたのか、どのような問題の地平をたぐりよせようとしていたのかをみるにあたっては、われわれが身体と運動という視点からスポットライトをあてた『知覚の現象学』のなかで、これは以後の思考展開に深く反響してゆくものだからという理由で先送りにしておいた問題群が、『見えるものと見えないもの』にいたるまでの思考の航跡である『シーニュ』や『世界の散文』において、（とりわけスティル論との絡みで）どのようにとらえなおされていったのかをチェックしておく必要があるだろう。

〈言葉〉、〈他者〉、〈奥行き〉、そして〈時間〉の問題である。〈時間〉については、時間の自己触発と存在のナルシシズムとの発想上の類縁性にふれつつ、〈肉〉の思想との関連で問題にしたいので、終章で可逆性の思想を論じる段にいっしょに論じることにしよう。

身体の装備としての言葉

一つは、言語の問題。言語の問題は『知覚の現象学』では、第一部・身体の章の結びの部分、Ⅵで論じられている。この時期の言語論は、話される言葉（パロール）に焦点が合わされている。というのも、ここでの言語論のモティーフは言葉を身ぶりの一つとしてとらえようというものだからである。そこで、こういった〈身体〉論の観点からする言語論から中期の〈スティル〉論のなかでとらえられた言語の循環論的構造への視点の転換がやがて、『見えるものと見えないもの』の問題群にどのように接続してゆくかを見ようというのが、本節の課題である。

念のためにふりかえっておくと、スティル論にみられた言語の循環論的構造というのは、ともにそれぞれが言語と経験（もしくは沈黙）との相互包摂的な関係について述べているのではあるが、その関係の重心が微妙に対蹠的な場所に置かれているつぎの二つの文章のあいだの、視点の循環である。「語ることないし書くことは、まさしく一つの経験を翻訳することであるが、しかしこの経験は、それが惹き起こす言語行為によってのみ原文となる」という一九五〇年代はじめの草稿の文章と、「言語は沈黙を破ることによって、沈黙が手に入れようと望んで果たしえなかったものを手に入れる。〔しかし〕沈黙は言語を包囲しつづける」という遺稿の文章である。

メルロ＝ポンティが『知覚の現象学』のなかで、身ぶりとか表現という視点から言語をとらえようとしたことには、一つの明確な理由がある。言葉を、思考や感情やイメージの伝達道具、あるいは翻訳媒体とみなす考え方からきっぱり切れること、というのがそれである。

「語は、対象および意味のたんなる標識であるどころか、事物のなかに住み込み、意味を運搬するものでなければならない。したがって言葉は、言葉を語る者にとって、すでにできあがっている思想を翻訳するものではなく、それを完成するものだ」(PP：⑴二〇三頁) と書いているように、そこではなによりも思考をかたちづくる媒体としての言葉にスポットがあてられる。こうして、言語行為としてとらえられた言葉を「思考の身体」としてとらえるユニークな言語論が練り上げられる。

外国に行って単語の意味を理解しようとするときの経験を思いだしてみよう。ひとはまず、外国人が営んでいるその生活に入っていって、その生活に加わりつつ、その単語が行動の全体的脈絡のなかでどんな位置を占めているかを知ろうとする。辞書に出ている意味を知るというのは、最初のとっかかり、あるいは理解の補助手段としては役立つだろうが、それだけでは表現としてはほとんど用をなさない。そこで、語の概念的意味なるものは、「もともと言葉そのものに内在している所作的意味 (signification gestuelle) を土台として、それからの控除として形成されたもの」(PP：⑴二九四頁) にすぎないと考えられると、メルロ＝ポンティはいう。

こうして覚えた語がわれわれに残してくれるのは、他人との全身的なやりとりのなかでその語の音声のスティルがもつ表現としての価値であり、またそれによってなにかができるという具体的な能力である。「わたしが語を知ってそれを発音するためには、その語をわたしの心に表象する必要はなく、その語の分節的および音声的本質をわたしの身体性の可能な使用法の一つ、転調の一つとして所有すればそれでじゅうぶんなのだ」（PP：(1)二九七頁）。つまりここでは、言語習得が、第二章でみた（『知覚の現象学』ではおなじ第一部のなかで記述されている）身体が習慣を獲得するプロセスとアナロジカルに考えられているのである。さてそうなれば、以後、語はわたしの身体の「装備」の一つになり、語を聞けば、ちょうど身体のどこかが蚊に刺されたときにわたしの手が勝手にその刺された場所へ向かうように、わたしは語のそばに身を運ぶことになり、わたしがなにかを表象しようとすればその語を発音すればよいということになる。画家が、あるいは作家が自分の表現したいもの、制作したいものがなにか自分でもよくわからないままにとにかく作りはじめ、書きはじめるのとおなじことである。

またそれは、だれかのことを思いだそうとして思いだせずもどかしい気分でいるときに、ふとその名が恩寵のように思いだされたとき、そのひとのすべてがその語のまわりに結晶してくるようなものでもあろう。そのとき名はもはや名ですらなく、そのひとそのものとなっているだろう。知覚がそうであったように、われわれの言語行為としての言葉はなにものかに向かう〈運動〉そのものなのである。

思考の身体

言葉は、「思考の標識」ではないし、「思考の定着のためのたんなる手段」とか「思考の外皮や衣裳」なのでもない。言葉とはむしろ、「思考の感性的世界への現前」であり、「思考の徴表（エンブレム）」、それどころか「思考の身体」そのものだというのが、メルロ＝ポンティのここでの考えである。思考はつねに「言葉のうちに住み込み、それと不可分になっている」。

怒りの言語表現、怒りの所作は、怒りの記号ではなく怒りそのものである（ここで、《悲しいから泣くのではない、泣くから悲しいのだ》という、感情と表現をめぐるウィリアム・ジェイムズ『心理学原理』の説、ならびに「するときみは〈痛み〉という言葉は、本来は泣き声を立てることを意味するというのか？」「とんでもない。痛みの言語表現が泣き声の代わりをするのであって、泣き声を記述するのではない」というウィトゲンシュタインの『哲学探究』第一部第二四四節の説を思いだしておこう）。「事物の命名は、認識するあとになってもたらされるのではなくて、それはまさに認識そのものである。……語自体が意味を身に帯びており、それを対象にあてはめることによってわたしは対象をとらえたことを意識するのである」（PP：⑴二九二頁）、そうメルロ＝ポンティはいう。

言葉は、思考の身体であり器官であり、思考がそこへと浸され、組み込まれている境域（エレメント）である。メルロ＝ポンティがマルセルとともに述べるように、〈わたし〉は身体のなかで生きるのではなく「身体である」とすれば、〈わたし〉はまた、言葉のなかで生きるのではなく「言葉である」ということになる。

語る言葉／語られた言葉

この思考の身体であるとともに、思考がそこへと浸され、組み込まれている事実的なエレメントであるという二義性は、『知覚の現象学』のなかでは、〈語る言葉〉と〈語られた言葉〉の区別としても語りだされている。言葉はたえずわれわれのあいだで間主観的な獲得物として「沈澱」してゆく。「実存は、おのれ自身の非‐存在の経験的支えとして、言葉を創造する」（PP：⑴二三二頁）という言い方もなされる。この「既得の財産」とでもいうべき言語の制度に依拠し、それにそって、われわれはなにごとかを語り、表現する。このようにいわばすでにある意味作用の反復ないしは再生産として語られるような言葉を、メルロ＝ポンティは〈語られた言葉〉（parole parlée）とよんでいる。

これにたいして、この「手持ちの意味」に訴えながらも、その厚みのなかにある「空虚な帯」を穿ち、それがまるでひび割れるように、あるいは液体のなかから泡だつかのように、新しい世界が口を開ける。あるいは、別の箇所では、スタンダールの作品もいったん読者を得て、いわば文化遺産につけ加えられたときは「語られた言語」になるとただし書きしたうえで、こうも規定している。「語る言語とは、本が未知の読者にさし向ける訊問なのであり、それはまた、まずすでに読者の所有に帰していた記号や意味のある種の配置が変わり、つぎにそれら記号の一つ一つが変質し、ついには新しい意味を分泌し、そのようにして読者の精神のなかに、以後かれの所有に帰すべき道具としてスタンダールの言語が確立されるにいたる、といったはたらきである」（PM：二九頁）、と。このようなかたちではたらきだしている言葉が、〈語る言葉〉（parole parlante）とよばれるものである。

ここでもメルロ＝ポンティは、この創造的な言葉を、ベルクソンから引き継いだあの愛着のある言いまわしで、意味がまさに「生まれいずる状態で（à l'état naissant）」見いだされるような、と形容している。〈語られた言葉〉における反復と再生産にたいして、〈語る言葉〉の生殖性と生産性がここで注視されているのだが、これはさきにスティル論のところで「捉えなおし」とか「一貫した変形」の概念を参照し、またつぎに「制度（化）」の概念を考察しようとしているわれわれにとっては、メルロ＝ポンティの〈変換〉（transformation）の思考として、すでになじみの形式をもった議論であるといえる。すでに設定されている記号の系が、突如、非中心化され、いわば平衡を失って、新たに組み換えられるなかで、新しい意味生成の器官としてはたらきだすという、あの〈変換〉の運動である。われわれがこうしてメルロ＝ポンティのレクチュールに深くかかわるのも、じつはそうした〈変換〉の運動のなかで、自分たちの言語を揺るがし、再構造化するためでなかったら、いったいなんの意味があるのだろう。

表現のパラドックス

幼児がはじめて言葉を口にするときのようなその創造性にみちた言葉とたんなるおしゃべりにすぎないような惰性的な言葉、そこでいわれる生産性と再生産性、創造性と反復性との対比は、『シーニュ』のなかでも、言語の「経験的」な使用と「創造的」な使用として、さらには「生きた歴史性」と「死んだ歴史性」との対比として変奏されている。後者については、絵画の生きた伝統にことよせてつぎのように書いている。「美術館は、絵画のもつ熱情を殺してしまう。美術館とは、死んだ歴史性である。ところが、美術館がまさしくその堕態にすぎないような、生きた歴史性というものがある。つまり、制作中の画家が、ただ一つの動作によって、おのれがとり返した伝統とおのれが築きあげている伝統とを結びつけるようなばあいに、この画家のうちに住まう歴史性である」（S：(1)九六頁）、と。

生きた歴史性はこの意味で継承すると同時に破壊する。「表現するということは、自己破壊に向かうはたらきである。けだし、そのはたらきは、流布されるにつれて抹殺されるし、流布されなければ無に帰するのである。このようにして、表現を一般化する力それ自身が、同時にそれを不十分なものたらしめるのであるから、決定的な表現というものは考えられないことになろう」（PM：五六頁）と、メルロ＝ポンティはいう。かれは、歴史が「無秩序に変えられるためにある秩序」であるとまでは言わないにしても、「〈みずからにせっかく豪奢につくり上げた意味を裏切ることを唯一の目的とする意味体系〉というぜいたくな逆説」をたくらむものとしてモードを規定する『モードの体系』（一九六七年）のロラン・バルトときわめて近い感覚で、こういう「表現のパラドックス」をみていたようだ。

間接的言語

さて、『知覚の現象学』の言語論は、言葉を「わたしの身体の可能な使用法の一つ、転調の一つ」としてとらえようというものであったが、この延長線上でやがて「言語の現象学」とか「語る主体」、「間接的言語」といった主題で語りだされることになる中期の言語論は、ソシュールの言語学に触発された「構造」的視点からする言語論と深く結びついたものである。が、この二つの視点は言語行為としてのパロールと、記号の体系としての言語の構造というふうに、一見相容れないもののように思われる。

『シーニュ』におさめられたなかでもっとも長い論文「間接的言語と沈黙の声」を、メルロ＝ポンティはこう書きだしている。「われわれがソシュールから学んだのは、記号というものが、一つずつではなにごとも意味せず、それらはいずれも、ある意味を表現するというよりも、その記号自体と他の諸記号とのあいだの、意味の隔たりを示しているということである」（S：⑴五八頁）。

メルロ＝ポンティがそこからソシュール言語学のなかに入ってゆく入り口というのは、意味作用は、記号と記号との横の「隔たり」、つまり対象的な意味との関係ではなく記号間の弁別（ディアクリティック）的な差異の関係のなかで生まれるという指摘である。ソシュール言語学へのこのような入射角は、『行動の構造』において〈横〉の現象としての、そして〈全体〉の現象としてのゲシュタルトの学説に注目したことと呼応している。そこで記号がもし、そのように「記号と記号との側面的な関係」のなかで、意味する記号（シニフィアン）になるのだとすれば、意味は「さまざまな語の交叉点に、いわばそれらの中間にのみあらわれる」ということになる。メルロ＝ポンティはそして、「われわれが所有するのではなく、われわれを所有しているような言葉と思考」が問題になるのだとすらいう。

メルロ＝ポンティはここから、一つの重大な帰結を引きだす。「もしわれわれが、自分の精神から、われわれの記号がそれの翻訳ないしは暗号であるような原テクスト（texte original）という観念を追い払うならば、完全な表現という観念が無意味であることが、すべての言語が、間接的ないし暗示的であり、もしそう思いたければ、沈黙であることが、わかるようになるだろう」（S：⑴六四頁）というのである。

間接的というのは、対象の存在がつねにこの記号間の側面的な関係のなかで編まれるからであり、したがってここでは、記号の偶然的組成のみならず、記号の不在や、語を発するときの抑揚すらもまた記号として機能するからである。このことからだけでも、記号的な存在として、われわれが文化という地層のなかに深く根を下ろしていることがみてとれるだろう。これについては次節でいますこし詳しくみることになる。

意味の側面的な生成

さてこの間接性について、『世界の散文』ではつぎのように述べられる。「すでに規定のものとなった表現にとっては、制度化された言いまわしや形態・語などに一対一で対応するような直接的な意味がある。その表現が規定のものになっているまさにそれゆえに、空隙や沈黙の要素がそこから抹殺されているわけであるが、しかし形成されつつある表現の意味は、原理的にそうした種類のものではありえない。それは、語そのものの交換から結果する側面的ないしは斜交い（はすかい）の意味（ラテラール）なのだ（オブリック）」（PM：六八頁）。

ここでは、側面的ないしは斜交いの意味にすこし揺れがある。まるで「語られる言葉」はいわば対面的に世界と癒着しており、「語る言葉」こそが他の言葉との側面的関係のなかでさまざまの空隙や沈黙を孕（はら）みつつ、創造的な意味生成を担うかのように書かれているからである。

しかし言葉と癒着するかたちで構成されている世界もまた、ある記号体系のなかでその示差によって編まれていることには変わりはない。むしろここでは、記号の創造性に焦点を合わせて、記号と記号との差異のみならず、既存の記号体系とのあいだにずれや隙間をつくりだしてゆく局面に、「側面的」ないしは「斜交的」なかたちでの意味生成の場の編制換えという出来事を積極的に読み込んでいるとみたほうがよさそうである。

ここから、中期の言語論のめざすところがみえてくる。言語を「普遍的で無時間的な構成意識」の対象としてとらえるのではなく、他者との間身体的な関係のなかに身を据えつつ、既得の言葉にふれ、そのなかで語りだすそういう主体に還帰しつつ——『知覚の現象学』における「考える主体（コギト）」から「知覚する主体」への、メルロ＝ポンティがフッサールの用語からしばしば引いてくる言葉でいえば、「われ思う（Ich denke）」から「われ能う（Ich kann）」への還帰に対応する——、そこに、そういう記号というマテリアルな媒質をとおして、言葉の創造性がいきいきとはたらきだすその場面をとらえることである。「語る言葉」という表現に託された言語の創造性は、このようにして一九五〇年代、まさにその媒体（＝語られた言葉）のたえざる「裁ちなおし」のうちに見いだされることになる。

『知覚の現象学』の言語論のエッセンスは、語る言葉が語られた言葉としてたえず沈澱すると同時に、語られた言葉へとふたたび賦活され、甦るその力動的な運動をこそ叙述することにあった。「言葉は自身と他との媒介を不断に更新するがゆえに、意味というものは、あらゆる意味を超えでるような、さしあたっては暴力的な運動によってしか存在しない」(PM：一八八頁）と言い、その運動を「超意味＝過剰に意味すること (sur-signification)」と名づけつつ、メルロ＝ポンティは「言葉がおのれ自身を追い越してゆく」その能力、その時間を記述しようとしたのだった。そしてその能力が、スティル論のところで述べた、あの「一貫した変形」のはたらきの一ヴァリアントとして、記号という装置の側面的構造のなかに挿しこまれて語りだされたわけである。

「一貫した変形」とよばれた、あの中心をずらせつつ全体を再構造化する運動は、『シーニュ』の序文のなかでは、「表現活動は、思考する言葉 (parole pensante) と語る思考 (pensée parlante) とのあいだでいとなまれ、軽率に言われているように、思考と言語とのあいだでいとなまれるのではない」(S：(1)二四頁）というふうに言いなおされている。ということは、意味は、記号の側面的組織をとおしてのみならず、その沈澱態をとおして、まさに不透明な仕方で生成するということであり、そのかぎりで「純粋な意味」は幻想でしかないわけである。

「純粋な意味」が幻想であるというのは、対象の純粋な「表象 (représentation ＝再現)」が不可能であるということである。表現、とりわけ「創造的表現」という概念は、対象の再現という観念から切り離される必要がある。スティル論でみた絵画の意味作用とともに、言語は「捉えなおし」という視点からとらえなおされる必要がある。この後者の点については、次節で〈制度〉の問題として主題化することになるだろう。

言葉の創造性

念を押していえば、たしかに、一九五〇年代に書きつがれた『シーニュ』の諸論考や『世界の散文』の草稿群でも、「記号を記号として構成し、そのうちに表現されたものを住まわせるはたらき」とか、「一つの領野を開き、一つの秩序を創始し、一つの制度ないし伝統の土台を据えるはたらき」といったものが、身体の使用というレヴェルで語りだされはする(PM：一一〇頁)。「人間の所作の固有性が、そのたんなる事実的存在を越えて意味するはたらきをもち、一つの意味を創始する」というぐあいにである。とりわけ一九五一年の第一回国際現象学会議での報告「言語の現象学について」にはとくに、言語行為という視点から言葉を身体的な所作の一つとしてみるあの『知覚の現象学』の視点が、色濃く反映している。しかし他方で、記号の示差的構造、記号の配置関係のなかでの意味作用ということが、ソシュール解釈のかたちでくりかえし強調される。が、この二つの視点を縒りあわせることでメルロ＝ポンティが浮き上がらせようとしているのは、言葉のもつつぎのような創造力なのである。

われわれは、うまく組織されたある種の事物……印刷の黒と白、声音、手の運動など……を利用して、感覚的世界の地平に散乱しているもろもろの意味に起伏を生じさせたり、それらを分化させたり、わがものにしたり、貯えたりするためのおのれの能力、あるいはさらに、感覚的なものの不透明さのうちにそれを透明にしてくれるようなある空虚、といっても、それ自体壜(びん)のなかに吹き込まれた空気のように、けっしてなんの実体的実在性をもたないわけではないようなある空虚を送り込む能力を、言葉(パロール)とよぶのである。(PM:一八九頁)

このようにいわれるときには、記号(インクのしみ等)のレヴェルでなりたつ示差的差異ではなく、充溢のなかに挿しこまれた空虚に視線は向けられている。「言語は意味の差異のみを担う」ともいわれるが、この差異はたんなる記号の示差的差異というのではなく、むしろ言葉が既定の言語体系(ラング)のそのなじみの規範からのずれ、偏差として生成するという意味である。

われわれがメルロ=ポンティのなかにある言語と経験についての微妙に異なる二つの命題としたものは、「知覚されているものと理解されているものとの二重の関係」として、メルロ=ポンティ自身によってとりあげられている。「一方からいえば、知覚されているものは理解されているものの下絵や呼び水にすぎず、おのれを固定させ、ついには存在させてくれるような捉えなおしをよび求めているし、他方からいえば、知覚されているものは理解されているものの原型であり、それだけが、理解されているものを完全に現実の真理たらしめる」（PM：一四六頁）、というふうにである。

言語と沈黙の錯綜

が、ここで問題が生じる。いまの文章にもうかがえるし、別の箇所でも書かれているように、言葉のはたらきは、知覚における「世界定立」の捉えなおしにすぎないのだろうか。無記の自然的な経験、自然的な知覚といったものがほんとうに存在するのだろうか。「黙して語らないもの」、それをその純粋な表現にもたらすことが現象学であると、メルロ＝ポンティは『知覚の現象学』のなかでフッサールを引きながらくりかえし述べていた。その無言の経験、沈黙の経験は言語的に無垢なものだろうか。

メルロ＝ポンティ自身がその点について、純粋に自然的なものなど存在しないと明言していた。「言語においても、たとえば咽喉の収縮、舌と歯とのあいだからのヒューという空気の放出、われわれの身体を使うある種の使い方が、突然一つの形象となった意味を授与されて、われわれの外部に向かってそういう意味を指示するようになる。このことは、欲情のなかから愛情が浮かび出てきたり、人生のはじめのとりとめもない運動のなかから〔意味をもった〕所作が浮かび出てきたりすることより以上に、奇蹟的でもなければ、それよりすくなく奇蹟的でもない」（PP：(1)三一七頁）、と。

そうすると、やはり、言葉はたんにそれに先行する無言の経験を捉えなおし、顕在化するだけのものではないということになる。「原テクスト」としての無言の経験を翻訳することが、言葉の最初の意味ではないということになる。捉えなおしをもとめる根源的な存在というのは、記述されるかぎりでもはや根源的ではないとは言い切れないことになる。

とすれば、最後の問題は、言語と沈黙の関係である。無言の経験へと帰れ――これが『知覚の現象学』のなかでメルロ＝ポンティがくりかえし主張していたことである。が、そういう還元の操作そのものも言語的になされることに眼を塞いではならない。「沈黙についての記述そのものが全面的に言語の力にもとづいているのに、おのれが沈黙せる意識に合致していると信じている沈黙せるコギトの素朴さ」（VI：二五二頁）と、一九五九年の断片にも書き込まれている。もし言葉が「わたしの身体の一つの転調」であるとすれば、語ることはあの沈黙の経験を前提にせざるをえない。しかしもしその転調が、原文のない翻訳、オリジナルのないヴァリアントであるとしたら？

言語は沈黙を破る、とメルロ＝ポンティは書いていた。その沈黙を砕く言語の暴力と、その暴力を呼びこむ沈黙との、プライオリティの関係ではなくて、ドイツ人がしばしば等根源的（gleichursprünglich）と規定するような相互包摂的な関係、それこそがいまや問われねばならないことになる。言語から思考へ、思考から言語への往還。「表現活動は、思考する言葉と語る思考とのあいだでいとなまれ、軽率に言われているように、思考と言語とのあいだでいとなまれるのではない」という『シーニュ』の言葉を、ここで思いだしておこう。

その相互包摂という事態を、一九五九年の断片は、まるでフッサールが晩年に原自我、原地盤、原時間化……などと ur- という接頭辞を概念の前に連ねたのをまねるように、「先-

知(pré-savoir)」、「先 - 意味(pré-sens)」といった概念で、あるいは「沈黙の知」といったパラドクシカルな表現で、言いあてようとしている。間接的にしか指示できないものであるからこそ、言葉をたわませ、言葉に無理強いせざるをえないのだ。この「沈黙の知」は晩年の『見えるものと見えないもの』で、「生(な)まの存在」とか「野性の精神」として語りだされることになるであろう。

2 制度化――歴史の火床

言語から歴史へ

ここでわれわれは、言語という場から歴史という場へと移行することになる。この移行はメルロ＝ポンティにおいて必然的ともいえるものである。この移行は関心の移行ではない。政治や歴史への関心はメルロ＝ポンティにおいて衰弱したことはない。ここでいう移行は論理的なものである。

身体がここでも蝶番(ちょうつがい)になる。メルロ＝ポンティがはじめに言葉を身ぶりの一つととらえ、ついでそれを既存の記号体系のたえざる再構造化のいとなみとして身体の習慣獲得とアナロジカルにとらえたことはすでにみた。かれは言語の火床のただなかに身体を置き、身体的所作のヴァリアントとして言語をとらえようとしたのだった。

他方かれは、歴史をそういう意味の組織、記号の体系をたえず裁ちなおしてゆくプロセスと考えていた。『シーニュ』において社会構造を言語になぞらえたとき、いいかえると、社会構造を「鈍重な意味」の組織として、つまりときに「構造」とも呼び換えられる（観念でも物でもない）「受肉したシステム」として規定したときがそうであるし、また『弁証法の冒険』においてマルクスやルカーチに託して、やはり物質化した「鈍重」な弁証法として「歴史の惰性」を考え、「制度」というそういう惰性態を媒介とした意味の生成として歴史を描きだしたときがそうであった。

社会や歴史がそうした記号システムを内蔵し、それをたえず組み換えてゆく過程としてとらえられるならば、歴史もまた言語に根拠を置くことになる。こうして『知覚の現象学』は言語論だけでなく、歴史理論や社会理論にも翻訳されることになる。知覚と言語と歴史とを比べなければならない、とはメルロ＝ポンティ自身が明言していたことである。ヴァンサン・デコンブも指摘しているように、言語学的テーゼ（身ぶりとしての言葉）と政治的テーゼ（歴史の意味の場たる実践）とは不可分だということになる。言葉が身ぶりの一つであったように、歴史もまた「身体という様式で存在しており、身体の側にある」（PM：一一五頁）ことになる。

制度化という概念

ここでわれわれは、〈制度〉という、中期のキー概念にどうしてもふれておかねばならない。これまで、沈澱と再構造化の弁証法として、あるいは「一貫した変形」として語られてきたあの運動は、歴史という問題のなかで「制度（institution）」（「制度化」と訳したほうがよいばあいが多い）という言葉で語りだされる。『行動の構造』から『見えるものと見えないもの』まで、「制度」というこの言葉はたえず書きとめられてきたが、〈思考の身体〉としてとらえられた言語とともに、〈社会的生活の身体〉として、中期の思考のなかでは格別に重い意味を背負わされている。

メルロ＝ポンティのいう制度は、法律や統治機構や行政機関といった政治的・社会的な規則や施設を意味する一方で、言語や芸術、家族関係、ファッションなど、われわれの生を編んでいる物質的な媒質ないしはその様式をひろく意味する。しかしこうした制度は、われわれの生の「客観的」条件、あるいは「外的」拘束としてイメージされてはならない。制度（化）を、われわれの社会生活のなかに内蔵された意味生成の装置をたえず設立（＝制度化）しなおしてゆく一つの間主観的な「実践」としてとらえることが、ここではポイントとなる。事実的なものによって構造づけられつつ不断に新たな構造空間を創出してゆく実存の運動、保存と乗り越えの弁証法としてとらえることである。

メルロ＝ポンティの定義はこうである。「ここでわれわれが制度化ということで考えているのは、ある経験に、それとの連関で一連の他の諸経験が意味をもつようになり思考可能な一系列、つまりは一つの歴史をかたちづくることになる、そうした持続的な諸次元をあたえるような出来事……ないしは、わたしのうちに残存物とか残滓としてではなく、ある後続への呼びかけ、ある未来の希求としての一つの意味を沈澱させるような出来事……のことである」（RC：四四頁）。

この〈制度化〉の概念は、「意識の哲学のもろもろの難点にたいする治療薬」として編みだされたものである。つまり、意識(コギト)としての「考える主体」から身ぶりとして間身体的な地平に受肉している「語る主体」へのあの転位とパラレルに、ここでは意識としての「構成する主体（sujet constituant）」から共同の歴史のうちに受肉した「制度化する主体（sujet instituant）」への転位がくわだてられるわけである。「哲学は混濁した世界から閉じた意味の宇宙への移行ではない。哲学はむしろ、われわれの既得の意味を蝕(むしば)み、爆破し、しかしまた更新し、昇華させるものを意識することとともに始まる」（PM：三四頁）。このようなまなざしが歴史にも向けられる。

沈澱と再構造化

われわれは翳(かげ)りも曖昧さも含まぬ透明な世界を、対象として「不偏不党の傍観者」の前にくりひろげるような、そういう構成作業の主体なのではない。われわれは、あくまで一定の「歴史の厚み」のなかに状況づけられた「制度化する主体」である。そしてこうした主体のあいだで生起する「制度化」のなかで、諸主体の共存はある特定の方向に方位づけられる。「足跡はこんがらがり、たがいに入り乱れる、そしてその足跡から公共的持続のただ一つの航跡がつくりだされる」。

こうした沈澱と再構造化の弁証法が、われわれの状況としての歴史的世界を形成する。いいかえれば、「制度化する主体」としてのわれわれは、「鍵をもたない」、つまり偶然的な出来事によって編まれ一義的に見通すことを許さないような、歴史的世界の生成のさなかに投げ込まれ、それを引き受け、それに関与しつつ生きている。このように〈制度化〉の概念は、唯一の絶対的視点の下で「普遍史」の一位相へと縮減されることを拒むような歴史のその火床を表わすものとして編みだされたのであった。

われわれの身体的な実存と世界とを媒介している〈意味〉は、いつもマテリアルな存在契機のうちに受肉し、そこにみずからの構造を記入している。さまざまの物が意味において出会われ、とらえられるだけでなく、また（製作において見られるように）物が意味によって形を与えられるだけでなく、意味生成の媒体そのものも物に住みついている。たとえば、われわれの身体（発声や四肢の動き）、インクのしみ、鉱物の粉末は、ある構造的な布置のなかに据えられることで、それ自身が意味を発生させる装置（言葉、身ぶり、文字、絵の具など）へと変貌する。

こうしてわれわれがそのつどみずからの活動をそのなかへ挿入し、織りあわせてゆく意味の組織は、物のうちで「鈍重化」し、ある持続的な存在を手に入れる。そしてこれが「歴史の惰性」というものをかたちづくる。

しかし受肉したこの意味生成の装置は、そのつどそれを生きている主体とは別にそれじたいとして客観的に存在しているような意味の網の目、意味のシステムといったものではない。マテリアルな次元を経由し、そこになにかを記入することがなければ存立しえないにしても、意味現象が意味の現象であるのは、そのマテリアルな性格によってではない。世界とともにわれわれの生をも構造化する〈意味〉は、われわれがいとなむ共同的な生に内蔵された「意味を注ぎ込む」はたらき以外に、その存立の場所をもつわけではない。ちょうどわれわれの身体が、身ぶり（ふるまいやしぐさ）の一定のスティルを沈澱させたものとして組織されてはじめて、たんなる物体としての自然性を超えた存在を得るのとおなじように、〈制度〉は、それがわれわれの社会的生活の身体としてその共同生活のうちに沈澱することではじめて意味生成の装置となる。自然的な関係に擬制的な契機（さきほどは「空虚」といわれた）を挿入することによってそれを組み換え、それを別の存在次元で編制しなおすこと、そしてそのことによってわれわれの生に持続的な構成次元をあてがうことを、〈制度化〉という概念でとらえるならば、〈世界〉をかたちづくっているさまざまの「もの」や「こと」は、このようにある特定の意味空間を制定するというわれわれの無名の共同的実践のなかで制度化された意味形象にほかならないことになる。それは「事実」として見いだされるというよりも、むしろそれとして創出されるものであることになる。

人間関係のポエジー

〈世界〉のプリミティヴな構成そのものがすでにこのように〈制度化〉されているとすれば、おなじことは当然、自他の社会的関係についてもいえよう。われわれの社会的生活上の〈制度〉は、「制度」という言葉でふつう思い浮かべられるような明文化された種々の法的規制、共同生活のルールやしきたりといったものにかぎることはできない。〈わたし〉の創設、〈他者〉の開示といった仕方での生の組織化そのものが、想像的なものを媒介とした〈制度化〉のプラクシスによって回路づけられているということになる。
だから、公共的な生活だけでなく、われわれが通常私秘的なものと思いなしている表象や思考、感情、欲望でさえも、その発現において〈制度化〉されているといってよい。〈制度(化)〉とは、根源的に間主観的な構造をしたわれわれの生に普遍的なカテゴリーなのである。

きっぱりと決まってしまった人間的自然というものは存在しない。ある人間が自分の身体をどう使用するかということは、たんなる生物学的存在としてのこの身体を超越したことがらである。怒ったときに大声をあげたり、愛情を感じて接吻したりすることは、テーブルのことをテーブルと呼ぶより以上に自然的なことでもなければ、より少なく習俗的なことでもない。感情や情念的な行為も、語とおなじように作りだされたものだ。父子関係の情のような、人体のなかにすでに刻み込まれてしまっているようにみえる感情でさえも、ほんとうは制度なのだ。人間にあっては、〈自然的〉とよばれる行動の第一の層と、加工された文化的ないしは精神的な世界とを重ねあわせることは不可能である。あるいはこう言ったほうがよければ、人間にあっては、すべては加工されたものであり、かつ、すべては自然的なものである。(PP：⑴二二〇—二二一頁)

この文章は『知覚の現象学』において「制度」という概念が出てくるところからの引用である。中期の『世界の散文』では、さらにこういう規定のされかたもする。

デカルトも、フェルメールとおなじように、一つの制度なのだ。それはちょうど、朝日が突然風景を照らしだして、その様相が一変する以前に、その前ぶれがあるように、思想史のなかにまだ直接姿をあらわさないうちにその輪郭が素描される一つの制度なのであり、またそれが持続するにつれて、ますます成長しつづけ、おのれに立ち向かっているさまざまな出来事を自身のうちに取り込んで変形させるが、しかしついには知らず知らずのうちにその運動が逆転して、自分に同化しえない諸状況や諸関係が自分の消化しうるそれらよりも過剰になり、その結果、状況や関係にも変質が起こり、そうしてもっと別なかたちの状況や関係を出現させる……といっても、それは以前の状況や関係なしでは存在することもなかったであろうが……といった制度の一つなのである。
(PM：一二七頁)

加賀野井秀一も『メルロ゠ポンティと言語』のなかで補足して書いているように、自然的ヴィジョンの一解釈である絵画における遠近法とか、あるいは音楽における調性もまた、ちょうどここでいう〈制度〉の例として数えあげることができる。このようにメルロ゠ポンティの〈制度〉の概念は、政治史や経済史のみならず、およそ歴史性の刻印されている社会的生活のさまざまな局面すべてに適用されるわけである。

このようにして、われわれはそれぞれ一定の歴史的な事実性の厚みのなかに投げこまれ、そのなかで偶然性に深く浸透されつつ構造化されながら、相互の侵蝕や交差、衝突や共鳴といったかたちで、たえず自分たちの関係を編みなおしてゆく。「知覚の伝統」に根づきながら、それをたえず捉えなおし、再編制してゆく「生きた歴史性」、ここで〈歴史〉と〈身体〉と〈スティル〉と〈制度化〉の概念が交差してくるわけである。

歴史の火床としてのこの「生きた歴史性」のことを、メルロ＝ポンティのつよい影響下で独自の政治理論を構築してきたコルネリウス・カストリアディスは、すでにできあがった事実としての「制度化された制度（institutions instituées）」と対比して「制度化する制度（institution instituante）」という創造的実践としてとらえたのであるが（cf. Cornelius Castoriadis, *L'institution imaginaire de la société*, Paris: Seuil, 1975, pp. 148, 279, 493）、メルロ＝ポンティ自身はこの創造性に「人間関係のポエジー」という魅惑的な言葉を捧げている。「歴史の概念を、芸術や言語をモデルにして作り上げること」（PM：一一八頁）という、みずからのプロジェクトをどこか意識してのことであろう。

歴史の地すべり的な転位

しかし、歴史的な主体はそのような制度化する主体であるからこそ、われわれの存在にはつねに、容易には改編しがたいような鈍重さや緩慢さ、あるいは不透明な厚みがついてまわる。いくら反省によって奪回しようとしても奪回できない偶然性と不透明な澱（おり）とが、いつもそこにはあるわけだ。

そしてその澱はたんに淀（よど）んでいるのでなく、別様に捉えなおされることで、既定の制度を地すべりのように崩すようにはたらきだしもする。そういった〈制度〉の逆説的な事情については、メルロ＝ポンティはつぎの引用文中でもいきいきと描きだしていた。「〔〈制度〉は〕持続するにつれてますます成長しつづけ、おのれに立ち向かっているさまざまの出来事を自身のうちに取り込んで変形させるが、しかしついには知らず知らずのうちにその運動が逆転して、自分に同化しえないもろもろの状況や関係が自分が消化しうるそれらよりも過剰になり、その結果、状況や関係にも変質が起こり、そしてもっと別なかたちの状況を出現させることになる」（PM：一二七頁）、というふうにである。

世界のこのような地すべり的な変容においては、意味生成のさまざまの空間そのものが流動的にその構造を変換させてゆく。歴史的な世界を構成しているどの契機も、それがはめ込まれた場の特定の歴史的な布置のなかでみずからの位置価を得てくるのであるから、そうした布置そのものが変換されるところでは、当の位置価も変化してしまう。だから、布置が変われば、おなじ名前をもつ二つの契機ですら一義的には共約不可能であるといわなければならない。

われわれの社会関係の歴史的な生成には構造の変換があるのであって、一義的な発展、単線的な進行があるのではない。永久に不変のものとして一度かぎりで定立されるようなものは存在しない。同一的な実体の自己変容が起こっているのではなくて、別の新しい存在様態の創出、つまりは存在論的な他成（アルテラシオン）があるだけなのだ。だから、すべての歴史的社会を貫通している不変項、自己同一的な要素といったものは見いだされえない。たとえば人間の物質的な欲望ですらも、その対象ならびにそれにあてがわれた意味づけと不可分なのであるから、その対象とともに、特定の歴史空間のなかで制度化されているといわねばならないのである。

歴史の意味は、「上部に張り出した普遍性（l'universel de surplomb）」に照らして要請されるものではない。歴史には、「一つ以上の炉（foyer＝中心）が、一つ以上の次元が、一つ以上の準拠軸が、一つ以上の意味の源泉がある」（S：⑴一四頁）のだ。

構造という概念

このような〈制度〉概念によって、メルロ＝ポンティはいったいどういう事態に照明をあてようとしたのだろうか。それを社会的なものの存在論と歴史へのまなざしという、二つの問題次元でみておきたい。『シーニュ』に収録されている一九五九年の論文「モースからクロード・レヴィ＝ストロースへ」の冒頭で、メルロ＝ポンティは、社会的事象というのは、一方で意味する（シニフィアン）ものであり、われわれはそれを内がわから理解できるが、他方でそれはつねに物質的なもののなかに沈降し、そこで物によって媒介されると述べている。その意味で、

「社会的事象とは物でもなければ観念でもなく、構造である」(S：(1)一八八頁)。〈構造〉とはここで、「そこに入り込んでくる諸要素をある内的原理によって組織するもの」として〈意味〉としても規定されるが、これは『行動の構造』におけるゲシュタルトの定義とほとんど重なるものでもある。そして物として受肉した意味の組織として、それはメルロ＝ポンティの好みの言いまわしを引けば「鈍重な意味」である。それは社会のなかで交換が組織されるその仕方であって、具体的には、親族や血族の組織、言語学的な交換の組織、経済的交換や芸術や神話や儀礼の組織をさす。そして社会とはこうした諸組織の全体、「諸構造の構造」のことである。そしてこれらの構造間には相互に微妙で不規則ではあるが濃密な連関が見いだされるのであって、したがって「構造としての社会は多面的な実在、多くの解釈を容れうる実在である」(S：(1)一九〇頁) とされる。

このような〈構造〉概念は、いうまでもなくレヴィ＝ストロースのそれとは規定を異にするものであって、レヴィ＝ストロースでは「構成されたモデル」としての〈構造〉が問題であった。メルロ＝ポンティにとってはそれは社会の認識手段ではなく、逆に、意識と物、主観と客観という抽象的な二極を真の意味で連接させる、社会においてもっとも現実的な事象なのである。

ここですこしつけ加えておけば、〈構造〉をめぐる構造主義者と現象学者メルロ＝ポンティとの概念的なすれちがいは、メルロ＝ポンティの死後、まるで陣営を裏返すような対立として顕在化するのであって、その間の事情については、ヴァンサン・デコンブが皮肉たっぷりに描きだしている。

「現象学と構造主義との複雑な絡みあいについては、つぎのことを念頭にとどめておかねばならない。つまり、メルロ＝ポンティが歴史の現象学というかれの企てのために動員したまさにそのおなじ権威者たちが、一九六〇年以降は、ありとあらゆる現象学に反対するために援用されるのである。一九五〇年代にメルロ＝ポンティの同盟軍はソシュール言語学であり、レヴィ＝ストロースの構造人類学であった。その後の事態の推移は、サルトル的行動主義への抵抗という点で手を結びあっていたこれら同盟軍が、一九六一年のメルロ＝ポンティの死以後、あたかも〈構造主義〉と命名された寄り合い所帯の陣営を形成して、現象学一般の敵に変じたかのごとくである」（『同じものと他なるもの』）、と。

社会的なものの存在論

「諸構造の構造」としての社会——このような理念にいたるまでに、メルロ＝ポンティは『知覚の現象学』で、社会的なものについての存在論的ともいえる問題を提起していた。それは先にみた〈制度〉論、とりわけそこにおける構成的主体から制度化的主体への転位を先取りするような議論であって、それが世界構成という脈絡では〈他者〉の存在は解明できないというものだ。

対象構成的にはたらく意識のなかには「他者や意識の多数性のための座」は存在しない。これがメルロ＝ポンティの信念である。他者の存在というのは、対象のようにして主題的にめざされうるのではない。それはつねにともに世界に向かうものとして、自他のあいだでいわば前人称的に共同してはたらきだしている。これが現象学のいう〈間主観性〉の視点である。

われわれが日常出会っている対象はすでに、「一般化された実存の痕跡である」（PP：⑴二〇九頁）といわれ、また「わたしは、文化的世界のうちに、無記名性のヴェールにおおわれた他者の身近な現前を感じる」（PP：⑴二一〇頁）といわれるときに念頭におかれているのは、コギトとしてはたらきだす人称的な対象志向性の発動に先だってはたらきだしている無名の一般的な志向性である。いいかえれば、「わたしの知覚器官のなかではたらいている思考、わたしの知覚器官がその痕跡でしかないような思考」である。

われわれは歴史のある一局面で、このような一般性への埋没からその生を開始する。「われわれと社会的なものとの関係は、世界との関係と同様に、あからさまな知覚や判断よりもずっと根深いものなのである」。いいかえると、社会は一個の対象なのではないのであって、「社会的なものを対象として扱おうとするのは、野次馬と〈偉人〉と歴史家とに共通する誤りである」（PP：⑵二三二頁）。歴史のなかに状況づけられたそういう主体のうちに、社会的なものという間主観的な地盤を発見することが、社会的なものの存在論の最初の作業となるであろう。そのとき、「わたしの生はつねに自己に先がけ、つねに自己より生き延びる」（PP：⑵二三五頁）という点がみえてくる。

間主観性から間身体性へ

この社会的なものの存在論は、『知覚の現象学』では身体論のところで、一般性とか無名性の問題として実質的には問題提起されていた。コギトの先コギト的な基底（「一般化された実存の痕跡」）という問題としてである。が、「他者と人間的世界」という章ではそれがさらに、「いかにして〈わたし〉という語が複数形をとりうるか」、「いかにして空間中の一対象が一実存の物言う痕跡たりうるか」といった、主体の複数性の問題として論じられる。メルロ＝ポンティは、主体の複数性の問題を他我認識の問題に還元し、（最終的にはフッサールも踏襲した）いわゆる「感情移入」の考え方によって他者の存在を確証しようという途は、はじめからとらない。

メルロ＝ポンティにとって、超越論的主観性ははじめから間主観的な交錯のなかでのみ作動するものである。「わたしの身体がそのときどきのその痕跡でしかない無名の実存」、それにわたしの存在が根づいているからこそ、いいかえると、「始元的な世界へのわたしの現象的身体の縫合」によって、わたしは他者の身体に、「世界を扱うなじみの仕方」を見いだす。「それぞれの他人はわたしにとって、否認しがたい共存のスティルないし場という資格で存在しているのであって、わたしの生は、それがある死の匂いをともなっているように、ある社会的雰囲気をともなっているのである」（PP：(2)二三五頁）。

こういう自他の存在の交叉については、講義「幼児の対人関係」（一九五一―五二年度）でも、幼児の鏡像体験の分析とともに、くわしくふれられていたが、これは一九五九年の業書《フェノメノロジカ》第四巻『エドムント・フッサール 一八五九―一九五九』に発表された「哲学者とその影」では、フッサールの「相互越境」とか「対化」といった概念に身をよせながら、「肉的な間主観性（intersubjectivité charnelle）」とか「間身体性（inter-corporéité）」として語りだされることになる。ここでは、物が始元的なかたちで帰属している「身体性一般」――「根源的な〈ひと〉の経験」――のなかで、自己の身体が「他人の予兆」として、感情移入が「わたしの受肉の反響」としてあらわれるとされる。つまり、間主観性の〈間〉が、最終的には、身体という、実存の基底のレヴェルにはっきりと設定される。そして、根源にあるのはここでも「共生」であり、個々の身体はまるで一つの系のようにして作動する間身体性から双子のように分岐してくる器官のようなものとして表象されるわけである。

〈自我‐他我〉の鏡ないしこだまの現象、いいかえればわたしに熱をあたえるものはかれにも熱をあたえるという肉的一般性にもとづけられているのであり、似たものにたいする似たものの魔術的作用（熱い太陽がわたしに熱をあたえるような）、受肉したわたしと世界との融合にもとづけられているのである。（PM：三八頁）

やがて〈肉〉の裂開として語りだされるこの「存在の双葉」については第五章でみることにして、ここでは世界の開口が他者との共同‐出生（co-naissance）のなかで生起するとみる点に、メルロ＝ポンティの間主観性理論の核心があることを確認しておきたい。社会的な生の生成、つまりは歴史のなかで、世界は生成するのである。

ちなみに、他なるものとの共存を前人称的な主体の存在の薄暗がりのなかで探りあてようというメルロ＝ポンティの指向は、おなじ現象学者でも、他者の存在を絶対に破棄不可能な〈外部〉としてとらえるエマニュエル・レヴィナス（一九〇六―九五年）のそれとはきわめて対照的である。自他の根源的な絡みあいと交叉に定位するメルロ＝ポンティと、自他の分離ないしは絶対的な非対称性に定位するレヴィナス。そのレヴィナスのコレージュ・フィロゾフィックでの講演「人間の顔」（一九六一年）を、死の直前のメルロ＝ポンティが聴いている。講演後の討論のなかで、メルロ＝ポンティは「人間の顔というものは他者をその正面から見たときのその見えと同一視することはできないだろう」と、疑念を表明したとのことである（cf. Bernhard Waldenfels, *Deutsch-Französische Gedankengänge*, Frankfurt am Main: Suhrkamp, 1995, S. 347）。

歴史の意味、あるいは媒介作用の緩慢さ

さて、歴史とは、まさに右で述べた〈構造〉が「炸裂」して、突如「ある未来のサイクルを開き、そのサイクルを指定相続人の権威をもって指図する」という過程のことであって、その意味で〈構造〉は、言葉（パロール）の「詩的用法」になぞらえることができるといわれる。あの〈制度〉の概念は、歴史の場面でこのように具体化される。

メルロ＝ポンティは、かれが『弁証法の冒険』で論評する「西欧マルクス主義」とレーニン主義との対立を、弁証法的思考と自然主義の対立というかたちで解釈していたのだが、実際には前者には歴史のエレメントとしてのこの〈制度〉概念が欠けていたので、後者における一種の科学主義――そこでは、たとえば「物によって媒介されたひとひととの関係」としてマルクスによってとらえられたはずの経済機構が、ほとんど完全に一個の物と化している――をうまく批判できないでいるとしている。

そしてつぎのように述べる。「若きマルクスのマルクス主義にも、ルカーチ的な〈西欧〉マルクス主義にも欠けていたのは、下部構造の惰性とか、経済的諸条件やさらには自然的諸条件の抵抗とか、〈人間的諸関係〉の〈物〉への埋没とか、こういったものを表現する手段なのである。かれらが記述した歴史には厚みが欠けていて、歴史の意味があまりにも早く透けて見えすぎる。かれは媒介作用の緩慢さをこそ学ぶべきだったのである」（AD：八八頁）というわけだ。「鈍重な意味」といわれ、歴史の「象徴的母胎」ともいわれるメルロ＝ポンティの〈構造〉概念は、これにたいして歴史の厚みを、不透明性を対置する。

歴史の意味〔方向〕は一歩ごとに逸脱の危険にさらされているわけであり、たえず解釈しなおされる必要がある。本流は、逆流や渦動をともなわずにはいない。その本流にしても、一つの事実としてあたえられているわけではないのである。それは、不均整や残像や逸脱や退行をとおしてはじめてあらわになるのであり、それはちょうど、知覚される事物の意味や、また、ある観点からみてはじめて形をなすが他の知覚の仕方をも絶対に排除するというわけではない浮き彫りに比べられる。歴史に一つの意味があるというよりも、むしろあるのは無意味の排除なのである。（AD：五四頁）

メルロ＝ポンティはここで、歴史を浄化する解釈、いいかえれば、惰性もなければ偶然もないような体制――この観念は「われわれの孤独の裏返された反映にすぎない」――という考え方に異議をとなえているのである。

『弁証法の冒険』

意識か物か、事実か本質か、孤独な内面か共同の外的事実かといった二項対立を乗り越えるというモティーフは、ここで引いた『弁証法の冒険』でも執拗に反復されている。たとえば「主体と客体、意識と歴史、現在と未来、判断と集団規律といった対立物はたがいに相手がなくては消滅してしまうものだということ、革命的乗り越えの試みは〔これらを極点で綜合しようとして〕これら二系列のうちの一方を押し潰してしまうものだということ、したがってなにか別のものをもとめなければならないということ」（AD：六頁）というふうに。その意味で、メルロ＝ポンティが、具体的な「人間関係」そのものとしての政治を「純粋の道徳的判断」から極力引き離す一方で、同時に、「歴史的行為においては、善が時には破局的なはたらきをし、残酷さのほうが温厚な気質よりも残酷ではないこともある」といった状況における道徳の逆説的現象を指摘し、マキャヴェリが「背徳主義」と非難されるちょうどその場面でかれを「あらゆる真剣なヒューマニズムのもつべき幾つかの条件を定式化した」思想家として讃えたのも、要するに道徳と政治の分離と緊張的連繋について同時に透徹した洞察を示しえたのも、なんら不思議なことではない。

それよりも、たとえばサルトルに見られるような歴史的状況の「悟性的客観性」と主体の「道徳的情熱」の二元論的対置の「呪われた明快さ」こそ、メルロ＝ポンティにとってはなによりも不可解だった。たとえば『弁証法の冒険』では、メルロ＝ポンティはサルトルが「間世界（intermonde）」を顧みないと非難しているが、「問題は、サルトルがいうように人間と事物しか存在しないのか、それとも、われわれが歴史、象徴体系、つくられるべき真理とよぶような間世界もまた存在するのか、ということである」（AD：二六九頁）といわれるように、この批判のなかにあらわれでているのは、まさに歴史へのまなざしそのものの相剋であったといってもいいだろう。

『弁証法の冒険』の終章で、メルロ＝ポンティは、かれがマックス・ヴェーバーからはじめルカーチ、レーニン主義、トロツキズム、そしてサルトルとたどってきた「弁証法の冒険」は、「弁証法が当然経験しなければならなかった自己誤認」のことであるとしたうえで、それが陥っていた「錯覚」について、つぎのように述べている。

錯覚はただ、プロレタリアートの生誕と成長、つまり歴史というものの全体的意味を一個の歴史的事実へと貶(おと)しめ、そして歴史がみずからおのれ自身の回復を組み立てあげているのだと信じ、プロレタリアートの権力は、プロレタリアート自身の止揚、否定の否定となるだろうと信ずるところにあっただけである。……老衰したのは弁証法ではなく、歴史の終わりとか永続革命などにおいて弁証法を完結させるという主張、自己自身にたいする異議申し立てである以上もはや外部から異議を申し立てられる必要がなく、要するにもはや外部というものをもたないような一つの政体において弁証法を完結させるという主張なのである。(AD:二八四頁)

木田元が指摘しているように(『メルロ＝ポンティの思想』第Ⅵ部)、『弁証法の冒険』の刊行の年がスターリン批判の前夜であり、翌一九五六年にはスターリン主義の矛盾がハンガリーの悲劇的な反ソ暴動となって噴出したことを思えば、われわれはメルロ＝ポンティの歴史判断の精確さに驚かざるをえない。

非共産主義的左翼という立場

『弁証法の冒険』は、ソ連のスターリン体制への強烈な批判の書である。ここでは、「社会問題を闘争のかたちで立て、しかもプロレタリアート独裁を拒否する」ような「批判の自由」を手にした非共産主義的左翼としての立場が明確に述べられている。『ヒューマニズムとテロル』におけるソ連の擁護から、ソ連は社会主義国家の名にあたいするかという、ソ連のスターリン体制にたいする批判的な立場への転換を決定的に動機づけたものは、一つには朝鮮戦争の勃発であり、いま一つは、当時だんだんと暴露されつつあったソ連の強制収容所の存在である。一九五〇年にメルロ＝ポンティがサルトルと連名で発表した「ソ連と収容所」（もとは「われらの生活の日々」という題で『レ・タン・モデルヌ』に発表された）では、革命後三十年以上もたっていまなお、《社会主義》の名において、市民二十人に一人を「再教育」のため強制収容所に拘禁しているようなソ連の体制にたいし、明確な断罪の意志を表明している。が、ここで主張されたのはあくまで「批判の自由」である。「ソヴィエト社会の性格がなんであれ、大雑把に言って、ソ連は勢力の均衡のなかで、周知の搾取形態にたいして闘う勢力のがわに位置している。ロシア共産主義が堕落したからといって、階級闘争が神話であるとか、〈自由企業〉は可能であるとか望ましいとかいうことにはならないし、一般にマルクス主義的批判が時代おくれになったというわけではない。そこからわれわれがだす結論は、「共産主義にたいして寛容でなければいけない」ではなく、「いかなるばあいでも共産主義の敵と妥協することはできない」である。したがって、健全な批判はソ連内であれソ連外であれ搾取と圧制を攻撃する批判のみであり、反ロシアとして自己を規定し、批判をロシアに局限する政策はすべて資本主義世界にたいし罪障消滅を宣言するものである」（S：(2)一九〇頁）というぐあいに、である。

が、『弁証法の冒険』では、この主張は非共産主義左翼宣言とでもいうべきものへと転換してゆく。社会主義体制における恐怖政治や搾取や貧困を前にして、一方には「共産主義をマルクス主義の相続人としてしめす術策」があり、他方には「反共産主義的防衛という口実のもとに、〈自由世界〉の諸問題を覆い隠そうと試みる術策」がある。「共産主義への郷愁と反共主義的神経症とが相い合して、ソ連の革命的イデオロギーと〈斬新主義的〉現実とのあいだのあいまいさを助長し、われわれの情報の限界内でソ連について直接かつ率直な見方をすることをいっさい禁ずるのである。こうした状況は、非共産主義左翼の誕生とともにはじめて終わりうるものである」(AD：三〇八頁)。が、この立場はそのまま、資本主義にたいする批判の条件につなげられねばならない。そういう「方法的懐疑」においてこそ、マルクスが提起したさまざまの問題を現代の用語で立てなおすことができるというわけである。

政治的発言の再開

この節を終えるにあたって、コレージュ・ドゥ・フランスの教授就任以後のメルロ＝ポンティの、政治とのかかわりについて、最後に大急ぎでみておこう。

一九五〇年を機に政治的には沈黙の時期に入っていたメルロ＝ポンティは、すでにみたように五三年、『レ・タン・モデルヌ』誌から事実上手を引く。その後、最愛の母をも亡くし、久しぶりに会ったボーヴォワールに「ぼくは半ば以上、死んでいるよ」と打ち明けるくらいに深く失意の淵に沈んでいて、ほとんど「世捨て人」のような、とサルトルが形容するような様子であった。

が、この間、コレージュ・ドゥ・フランスでの講義のかたわら、『弁証法の冒険』の執筆に取り組んでいたようで、一九五四年の末には執筆をほとんど完了している。つまり、書物の構成からすればアンバランスなまでに長大な一章「サルトルとウルトラ・ボルシェヴィズム」で、サルトルが五二年から五四年にかけて三回に分けて発表した論文「共産主義者と平和」にたいする執拗な批判を試みている。これはサルトルのスターリン主義擁護、フランス共産党支持を批判したもので、これにたいしては、ボーヴォワールが翌年の五五年に『レ・タン・モデルヌ』で「メルロ＝ポンティと似非(えせ)サルトル主義」というタイトルの論文を執筆して猛烈な反批判をおこない、フランス共産党もまた公開討論会を開いてメルロ＝ポンティのこの著作を批判した。この討論会にはM・ガロディやH・ルフェーブル、J＝T・ドゥサンティなどが参加していた。

そしてこの年から、メルロ＝ポンティのほうもふたたび、積極的に政治的な発言を開始する。主として『レクスプレス』誌を言論活動の場としながら、人民戦線の伝統の上に立った非共産党系の左翼運動にコミットしてゆく。この『レクスプレス』誌でかれは、五五年から五六年にかけて、マルクス主義を非決定的に、つまりは多元論的に改釈する「ヤルタ文書」や、ソ連の「雪解け政策」に関連して、プロレタリアートと党の相互批判的な関係を論じた「革命の将来」や、ハンガリー事件に関連して、社会主義体制にとって根本的な変革という意味をもつ「筋の通った非スターリン化」について述べた「非スターリン化について」といった文章をつぎつぎに発表している。

五六年にはヨーロッパ文化協会主催で開かれたヴェネツィアでの討論会に参加。ここでソ連およびフランス共産党と絶縁したサルトルと同席し、それを機に関係が復活する。メルロ=ポンティはハンガリー動乱やアルジェリア戦争をめぐってつよい批判の文章を発表しながら、同時にマンデス=フランスらを中心とする統一社会党（PSU）の結成に発起人として加わりもした。

こうした政治的活動は、「闘う知識人」サルトルがやがて極左的な位置をとったのとは対照的に、たんなるラディカリズムとして規定すべきものではない。すでにみたような斜交いにしか見えてこない歴史過程の両義性への感覚を最後まで手放すことがなかったメルロ=ポンティは、「みずからの行為を知らないがために、われわれはみな有罪でもあり潔白でもある」とか、「最後の審判というものはない。われわれには、ドラマの真理が知られないだけではなく、そもそも真理は存在しないし、真と偽、正と不正がそこで判定されるような物の裏側というものもない。われわれは、世界と他人とに抜きがたくまじりあっているのだ」（SNS：五二頁）といったかつての考えを、そのまま行動のなかへも移していたわけである。

3　厚みと嵩

奥行き

『知覚の現象学』から後期の〈肉〉の存在論にかけて、もう一本、ある連続的な思考の航跡が走っている。〈奥行き〉をめぐる考察である。

〈奥行き〉（profondeur）とは文字どおり、空間の深さという意味である。存在するさまざまの物が、影になり背後になって折り重なりながらずっと奥にまで続いている、そういう空間の深みをどのように理解するか……、この問題は「われわれにとっての世界の誕生」そのものの問題であり、それが世界についてのわれわれの始元的経験を見なおさせることになると、『知覚の現象学』のメルロ＝ポンティは考えた。

従来の空間知覚の考え方では、奥行きは見えないということになっている。どういうことかというと、実際に見えるものはつねに網膜に映る二次元の像であるから、奥行きというものはたがいにすこしずれた両眼の収斂のなかで構築されると考えるか、または二つの網膜像を所与としてそれを綜合し構成する主観の知的機能のほうから説明するかのどちらかであった。奥行きそのものはたしかに視覚の対象にならない。が、そのとき二次元の網膜像を問題にするのであれ、両眼の収斂を問題にするのであれ、そこでは奥行きはつねに「横から見た幅」と同一視されていると、メルロ＝ポンティはいう。

しかし奥行きは「横から見た幅」と交換可能なものではなく、むしろ幅（や高さ）には還元できない別の独自なものである。空間の深さの経験を幾何学的な空間モデルとともに、知的構成物として説明するのではなく、むしろそれを経験の内部から、つまりは〈見る〉ことのうちであきらかにする必要がある。両眼の収斂はけっして奥行きの原因ではなくて、逆にそれは、「隔たった対象への方向づけ」をあらかじめ前提にしているからである。

もう一度いうと、奥行きの経験は、両眼の収斂とか像の見かけの大きさとか、客観的関係の文脈に置き戻して解読することはできない。わたしの眼や身体を、見られる物とともに、すべて同一の客観的空間のなかへ挿入して解読しようとしても奥行きの説明にはならない。というより、この奥行きと幅との同一視こそが、奥行きを見えなくしている当のものなのだ。問題なのは、経験から切り離され、幅へと変化させられた、そういう奥行きなのではない。知覚される幅、それはある物と別の物とがつくる「そこ」と「そこ」とのあいだの隔りでしかない。

それにたいして奥行きとして問題なのは、対象の「そこ」がわたしのいる「ここ」からずっと奥まったところにあるというその経験なのだ。その知覚するわたしのいる「ここ」を、その外部からもう一つの「そこ」として位置づけ、「そこ」になった「ここ」と別の「そこ」との関係に還元してしまうような説明は、奥行きという現象そのものを消滅させてしまうことになる。

幅とか高さが事物やその諸要素がたがいに「並列」しているだけの次元であるのにたいして、奥行きとはそれらがたがいに他を「包含」し、他と「共存」しあう次元であると、メルロ＝ポンティはいう。「幅、高さ、もしくは奥行きに応じての空間の諸部分は、並置されているのではなく、共存しているのである。なぜなら、それらは世界にたいするわれわれの身体のただ一つの手がかりのなかにことごとく包みこまれているからである」（PP：⑵九一頁）。

ここで「手がかり」といわれているのは実践的な着手のきっかけとでも言い換えられそう

なものである。経験される世界にある方向づけが存在しうるのは、それが「可能な活動の系」としてのわたしの身体、「その現象的な〈場〉が自分の任務や状況によって決定されるような潜勢的身体」と、たがいに深く嚙みあわされつつ向かいあって（vis-à-vis）いるからである。

空間の水準

上と下、右と左の区別は知覚内容とともにわれわれにあたえられるものではない。それは上下、左右のみならず、前後、遠近などとともに、それらの位置がそのなかではじめて意味をもつことになるようなある「一定の空間的な水準」をいわば準拠軸として決定されるものである。

メルロ＝ポンティが引いているいくつかの事例をみてみよう。たとえば、寝台に横たわっているひと、かれを枕元のほうから眺めてもしばらくは顔は正常である。が、この光景が長引いてくると、顔が突然「怪物じみてきて」、その表情は恐ろしい形相になる。睫毛（まつげ）や眉毛が突然、かつて見たこともない物質のように見えてくる。「対象を上下さかさまにするということは、そこからその意味を奪いとることである」、こうメルロ＝ポンティはいう。「ある顔を見るということは、対象がどういう方向づけにあってもつねに守らねばならぬようなある種の構成法則を考えだすことではなく、その対象にたいしてある種の手がかりをもつことである」。

そうすると方向づけがちがっても同一の対象と認めることができる。さかさまでも顔と認めることができるのは、「その顔の前である一定の姿勢を頭のなかでとるという条件」つきでである。かたわらのひとがもっている写真をのぞき込むときのように、写真を傾けるより頭を傾けたほうが早いときはそうする。このように上や下のばあいがそうだが、「運動は水準の現象であり、すべての運動は、変動可能なある種の投錨を前提にしている」（PP：(2)一一二頁）というのが、メルロ＝ポンティの考え方である。

もう一つ、例をみておこう。コフカの言葉を援用しながらメルロ＝ポンティはこう書いている。

わたしが車室でトランプ遊びをしているときには、たとえ出発するのは実際にはわたしの列車であっても、わたしには隣の列車のほうが動きだすように見える。わたしがほかの列車を眺めて、そこにだれかを見つけようとするときには、動きはじめるのはわたし自身の列車である。われわれが仮に居を定めた車室は静止しており、その壁は垂直であり、景色はわれわれの前をつぎつぎに過ぎ去ってゆき、斜面では窓ごしに見える樅の木々がわれわれには斜めに見える。そこで昇降口のところに行ってみると、われわれはふたたびわれわれの小さな世界のむこうの大きな世界にたちもどり、樅は正立して不動のままであり、列車は傾斜に応じて傾き、平原を走り過ぎてゆく。こうして運動の相対性は、大きな世界の内部で領域を変えるというわれわれのもつ能力に帰着する。（PP：

(2)一一四頁)

世界はこのように無世界的主観にたいしてではなく、つねにその相貌を「世界へと身を挺している主体」と連動させているものである。そういう水準を設定するとともに、実践的状況の変化とともにたえずその水準を多様に転位する主体、そういう主体にとってのこのなじまれた世界を地にしてしか現われてこない客観的な空間を原初的なものとして前提した議論は、だからはじめから議論の順序をとりちがえているのである。

奥行きと主体の運動

この水準の設定とその転位とは、身体の運動性と深く嚙みあわせられている。さきほどみたように、「幅、高さ、もしくは奥行きに応じての空間の諸部分は、並置されているのではなく、共存しているのである。なぜなら、それらは世界にたいするわれわれの身体のただ一つの手がかりのなかにことごとく包みこまれているからである」と、メルロ＝ポンティは書いていた。そのあとにかれはさらに続けてこう書いている。「そしてこの関係は、空間的であるより前に時間的なものである。……諸事物が空間内に共存するのは、それらが知覚するおなじ主体に現に存在しており、またおなじ時間の波のなかに包みこまれてもいるからである。しかし、それぞれの時間の波の統一性と個別性が可能なのは、この波が前の波とつぎの波のあいだで圧縮され、またこれを発生させるおなじ時間的脈動がなお前の波をひきとめ、つぎの波をあらかじめ捉えているばあいにのみである。……運動はすでに馴れ親しんでいる環境の転調である」（PP：⑵一〇七頁）。そしてこの環境こそいっさいの意識作用に基底としての役をはたすのだ、と。だからこそ、奥行きの経験においては、客観的空間のなかで起こるようにそれを想像してみるのとは、ずいぶんちがった現象が起こる。たとえば実際にこちらに向かってくる列車は、映画では実際よりも大きくなるし、また、われわれに高く見える丘が写真ではそれほどではない。またこんなことも。「上昇しているエレベーターが急にとまるとき、わたしの身体の実質が頭をとおりぬけてわたしの客観的身体の境界をはみだしてゆくと感じられる」（PP：⑵七頁）。奥行きが主体の運動によって支えられているからこそ、こういうことが起こるのである。

世界の嵩（ヴォリューム）

奥行きはこのように、物が「そこ」という位置をもつことを可能にする。そして「そこ」の物たちがたがいの影になり、たがいを押し退けあいながら存在し、われわれの志向もその裏側へ、背後へと向かうことになるのも、この奥行きのなかでである（テーブルの上の皿とかコップを横から眺めると楕円形になるはずなのに、セザンヌはその楕円形の両端を厚く拡大することで、物の膨（ふく）らみに沿ってその裏側へと廻りこむようなまなざしの運動を描きだした）。が、奥行きそのものはそれら物たちの場を出現させることによって、逆にそれ自身は隠れる。世界にある厚みをあたえながら、みずからは奥行きのなかに現われない。つまり、なじみがあるのに、見えないのである。原理的に。探究されるべきは、だから、もはや「対象のあいだに生まれる奥行き」ではない。むしろ世界の始元的な奥行き、事物を「そこ」に存在させながらみずからは隠れる、その「事物なき媒体の厚み」なのである。奥行きは隠れることで世界に厚みをもたらす、物にその表面と内部と背後をあたえるのである。「そこ」にあるその物は、まさに奥行きによって「ここ」から遠ざかってゆくのであって、逆ではない。いいかえれば、奥行きがあるから、物はたがいに他を隠しながら、みずからの場所にあることができる。

このように世界に〈厚み〉と〈奥行き〉をもたらすのが、見えるものを見えるようにしている見えないものとしてのこの奥行きなのである。この奥行きは、『知覚の現象学』においてすでに、まるで『見えるものと見えないもの』の語法を先どりするかのように、世界に「次元」を開き、「水準」を設定してくれるような経験なのだといわれている（PP：(2)九五頁）。

〈奥行き〉、これを晩年の『眼と精神』では〈嵩〉（voluminosité）として言い換えもしている。奥行きとは「すべてが同時にあり、高さ・大きさ・距離がそこからの抽象でしかない全体的な〈場所〉の経験であり、「物がそこにある」という言い方で一つ口に言いあらわされる〈嵩（ヴォリューム）というもの〉の経験である」、と。「見えるもののこの内的躍動、この放射こそ、画家が奥行き・空間・色彩という名のもとにもとめているもの」なのであって、晩年のセザンヌはたとえば色彩のあいだにいろんなすきまや空白を置いているが、これらの空白は

〈黄色くある〉とか〈緑である〉とか〈青くある〉というよりももっと〈一般的なある〉を作りあげ、浮き上がらせるはたらきをもつのだ、と。してみれば、スティル論のところでみた、変換の運動としての「一貫した変形」は、たんに制度化の弁証法であるのみならず、世界に厚みをもたらすこのような存在論的な動性でもあったことになる。存在の歴史、ハイデガーの名を思い浮かべたくなるような問題がここに露呈しているということになる。「対象のあいだに生まれる奥行き」ではないような奥行き、ものを「そこ」に存在させながらみずからは隠れるその「事物なき媒体の厚み」——ここでメルロ＝ポンティは、ほとんど晩年の〈肉〉の存在論のすぐそばまできている。〈奥行き〉こそ、次元としてそれみずからは隠れる「否定性」である。「否定性の問題、これは奥行きの問題である」（VI：三四五頁）。みずからは隠れることで世界に厚みをもたらすもの、この「見えるものの見えないもの」が、やがてメルロ＝ポンティにおいて太文字で「存在（Être）」とよばれることになる。歴史の存在論は、「存在」の深みにおいて、〈肉〉の存在論へと連結されることになる。

第五章　可逆性——〈肉〉の存在論

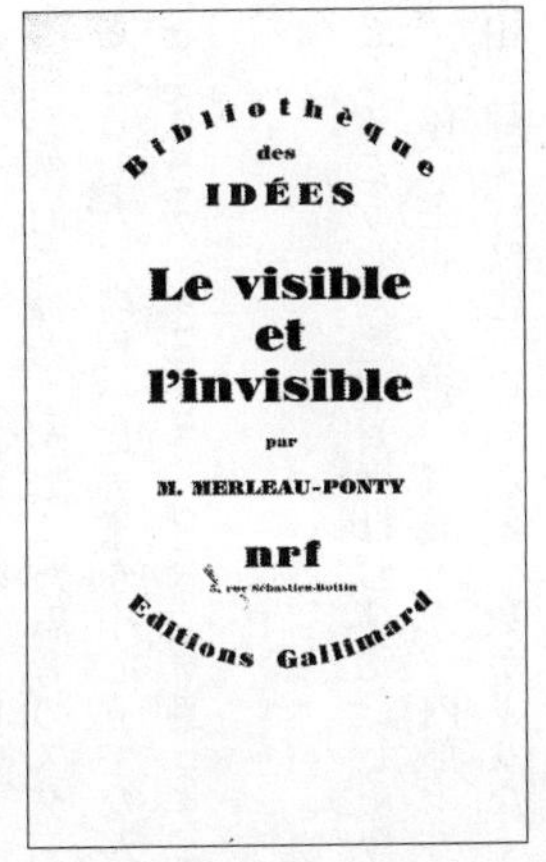
Bibliothèque des IDÉES
Le visible et l'invisible
par M. MERLEAU-PONTY
nrf
Editions Gallimard

『見えるものと見えないもの』（1964年）

1 リヴァーシブルな地形

さまざまな二項対立の抽象性

メルロ＝ポンティの著述を読むときにだれもが味わう、あの思考スタイルに特有の〈うねり〉について、かつてJ＝B・ポンタリスがつぎのように書いたことがある。

> メルロ＝ポンティの思考は、対となったもろもろの対立項、なかでもとくに即自－対自、現実的－想像的、能動的－受動的といったサルトル流の二項対立に支えられているが、これは、そうした二項対立のうちに必然的ではあるが誤った思考のスタート・ラインを見いだし、不可避のものとされるこうした二者択一に異議を申し立てながら、綜合への強制を阻止するためである。(J.-B. Pontalis, « Présence, entre les signes, absence », *L'Arc*, 46, 1971, p. 57)

メルロ＝ポンティの場合、議論の発端となるこうした二項対立はおびただしく登場するのであって、たとえばこれ以外にも、精神－身体、主観－客観、意識－物、内部－外部、同一性－差異、現前－不在、言語－沈黙、自由－隷属、文化－自然など、数かぎりなく挙げることができそうである。

さて、世界について、あるいは世界の経験について反省しようというときに、われわれのまえにこのように二つの対立的な解釈図式がそれこそ両立不可能な仕方で設置されているとする。そのときメルロ＝ポンティの思考は、そうした解釈の二項的対立を抽象的な対立とみなし、それらを別の第三項のうちに回収・止揚するという論理的な「綜合」の方法はとらない。やはりそうした対立の抽象性をきっかけとしながらも、かれの思考はつねに、対立するそれぞれの解釈とそこから浮かび上がってくる現象の光景を丹念に対照しながら、そうした解釈の対立を呼びこんだ現象の内的構造のなかに、さらに深く分け入ってゆく。

より具体的なもの、より根源的なものを求めて、対立する解釈のあいだを行ったり来たりするこの「不断に繰り返される往復運動」は、「つねに分裂し、つねに自分自身に反対している」、そんな対立を秘めたわれわれ自身の不均衡な存在のなかに、どこまでもとどまり続けることを求めた、あのパスカルの問いのパトスを彷彿とさせる。「われわれの頭のなかには、その一方にさわると、その反対のほうにもさわるようにしくまれた発条(ばね)があるのではないかと思われる」、とかれは紙片に書きつけたのだった。「正より反へのたえざる転換」、あるいは廃棄不可能な「二重性」——これはパスカルにあって問いの特性であると同時に、人間という存在そのものの構造でもあった。

存在の手袋

おなじことがそのまま、メルロ＝ポンティの思考についてもいえるように思われる。かれのあのうねるような思考のスタイル、それは世界という存在の生成スタイルそのものが要求しているものではないのだろうか。はじめに「両義性」と規定され、のちに「可逆性」ないしは「転換可能性」として主題化された存在様式のことである。

可逆性〔リヴァーシブルであるということ〕……裏返しになった手袋の指……ひとりの目撃者が表裏両方のがわにまわって見る必要はない。わたしが一方のがわで手袋の裏が表に密着しているのを見るだけで、わたしが一方をとおして他方に触れるだけで十分である（領野の一点ないし一面の二重の「表現」）、交叉配列とは、この可逆性のことなのである。……

あたえられたただ一つの軸……手袋の指の先は無である……。しかし、それはひとが裏返すことのできる無であり、そのときひとがそこにもろもろの物を見ることになる無なのである。……否定的なものが真に存在するただ一つの「場」は襞であり、つまり内と外とがたがいに密着しているところ、裏返し点である。（VI：三八八―三八九頁）

遺稿『見えるものと見えないもの』で駆使される〈可逆性〉という概念を引照するのであれば、本来なら、「触れるものと触れられるものとの可逆性」といった典型的な表現がみられる箇所をあげるべきではあろうが、あえてこの謎めいた表現例、「メルロ＝ポンティの手袋」としてよく知られている部分をとりあげたのは、この「手袋」のなかに、より正確にはこの手袋の反転可能性（レヴェルシビリテ）そのもののなかに、メルロ＝ポンティの晩年の思索の軸となるような主要概念が興味深いかたちで収斂しているからである。キアスム（交叉配列）、編みあわせ、侵蝕、裏面……といった概念系列を代表するものとしてまず《可逆性》、水準、次元、蝶番（ちょうつがい）、骨組み……といった概念系列を代表するものとして《軸》、くぼみ、へこみ、割れ目、厚み、茂み……といった親縁的な語群を代表するものとして《襞》、さらには『見えるものと見えないもの』において「問題のいっさいは、文字どおり、否定的なものをいかに厳密に考えるかに帰着する」との言い方できわめて重要視されている、あの《否定性》の概念などである。

反転する思考の地形

メルロ＝ポンティは一九六〇年の研究ノートのなかで、歴史の〈構造〉論（かれが「肉的な原歴史」にかんする理論と規定したもの）を「超越論的地質学」として展開するというモティーフに触れているが、そのモティーフをメルロ＝ポンティ自身の思考の歴史的な展開プロセスに適用して、かれの思考の地質をまさにリヴァーシブルなものとして規定することも、あるいはできるかもしれない。メルロ＝ポンティの思考のリヴァーシブルな地形は、それが問いかけようとしている現象の地形へと接続しているのであって、それらの相互交錯的な関係については、たとえば言語とそれが語りだそうとしているものとの、あるいは言語と沈黙との、錯綜した関係のうちに見いだされる。それは、すでにみたように、たとえばつぎのような二つの相互反転的な視点のうちに表現されていた。

語ることないし書くことは、まさしくひとつの経験を翻訳することであるが、しかしこの経験は、それが惹き起こす言語行為によってのみ原文となりうる。

言語は沈黙を破ることによって、沈黙が手に入れようと望んで果たしえなかったものを手に入れる。〔しかし〕沈黙は言語を包囲しつづける。

《解釈学的循環》にも比せられるこうした循環関係の析出は、（われわれがさきに指摘した）反省と非反省的なものとのたがいに巻きつき、反転しあうような関係と、直接に連結している。反転するものというより、反転の現象そのものが世界に意味を呼びこむという言い方をしてもいいし、対立する契機の交錯ないしは絡みあいのなかで世界は現出すると言ってもいい。要するに、〈リヴァーシブル〉ということで、われわれは、実体的な項ないしは定点を恒久的に設置することなく、つぎからつぎへと開口し、反転し、増殖してゆく交換のたえざる運動という世界イメージを思い描いている。われわれはつぎに、メルロ＝ポンティの思考のいくつかの線が具体的に交錯する場面で、そうしたリヴァーシブルな光景を目撃することになる。

共存・共生の風景

最晩年におけるメルロ＝ポンティの思考のそのリヴァーシブルな光景についてみるまえに、われわれは、これまでずっと気になってきたメルロ＝ポンティの思考のもう一つの体質についても検討しておかなければならない。前期の書き物から晩年の書き物にいたるまで、メルロ＝ポンティが異様なまでに愛した一個の概念がある。〈共存〉である。

『知覚の現象学』の解釈のところでも示しておいたように、メルロ＝ポンティにとって知覚とは最終的に一つの「交わり（コミュニカシオン）」もしくは「コミュニオン（合体・聖体拝領）」であった。メルロ＝ポンティはたしかに、人間の生を定義するものは、「みずからを否定する」能力にあると言っていたが、その能力については、それはわれわれの「世界そのものへの始元的結びつき」から得られると言い切られていた（PP：⑵一八一頁）。

ここには、世界との、あるいは他者との共振とでもいうべきイメージが深く浸透してきている。メルロ＝ポンティの言葉でいえば、世界の誕生と知覚の規範の誕生との「始元的契約」とでもいうような。感じる、知覚するといったいとなみのなかでの、われわれと世界との「同期化（se synchroniser）」とか「共同‐出生（co-naissance）」、「対化（accouplement）」とか「共生（Symbiose）」といった「ともに（syn-, co-）」という表現を冠する概念が、メルロ＝ポンティの書き物のなかで反復してあらわれる。あるいは、『眼と精神』でくりかえされる、世界と身体との、あるいは見える世界とわたしの運動的投企の世界との「異様な重なりあい」。深い交感が、深い親和性が、ここでまるで匂いたつように漂うのを、われわれは目撃する。

始元の契約

「初めに契約があった。メルロ＝ポンティの哲学は一にかかってこの原初の契約に忠実であること、言いかえると、われわれの起源にあって一切を可能にしているこの契約を、あらゆる忘却や隠蔽に抗して不断に呼び覚まし、護持しようとすることであったように思われる」と批判するのは、「《自然》のミトロジー——メルロ＝ポンティと構想力の臨界」という論文（『逆光のロゴス——現代哲学のコンテクスト』未来社、一九九二年所収）における高橋哲哉である。高橋は、メルロ＝ポンティの哲学的意志がひたすら〈根源的自然〉との始元的な契約を再現前化しようとする意志にあったという。そのもっとも典型的な表現を、高橋は、一九五二年にメルロ＝ポンティがコレージュ・ドゥ・フランスの教授に立候補するにあたって、みずからの哲学研究の構想を綴ってマルシャル・ゲルーに手渡した「未公刊文書」のなかに見つけている。

もしいまわれわれがこうした知覚経験をなしうる主体を定義しようと思うならば、あきらかにそれは、身体にも歴史にも媒介されずにおのれ自身に透明であったり、おのれ自身にたいして現前している思考などではあるまい。知覚の主体はこうした絶対的な思考者ではなく、われわれが誕生したときにわれわれの身体と世界とのあいだ、われわれ自身とわれわれの身体とのあいだに取り交わされた契約の履行としてはたらいているのであり、それはいわば連続的な誕生であり、ある物理的および歴史的状況が管理すべく与えられており、しかも各瞬間あらたに与えられつつある者なのである。（RC：一四一頁。傍点は高橋による）

「連続的な誕生（naissance continuée）」とは「ともに‐生まれること（co-naissance）」の反復であり――この「共同‐出生」はメルロ＝ポンティがポール・クローデルの『詩法』（一九〇七年）の一節から引いている言葉である――、この根源には「絶対者の〈贈与〉と、絶対者とわれわれとの〈契約〉がある」と高橋は指摘する。そしてそれは、世界や歴史の意味を「その生まれいずる状態で」とらえようとするメルロ＝ポンティの《現象学》の意志にも浸透しているという。

たしかに、われわれもメルロ＝ポンティの他者論にふれた箇所で引いておいたように、「いったいいかにして、わたしを定義し他のあらゆる現前を条件づけるわたし自身への現前（Urpräsenz）が同時に非現前化（Entgegenwärtigung）であり、わたしをわたしの外へと投げだすのかという問題」（PP：⑵二三四頁）がメルロ＝ポンティ自身によって提起されていたし、またその時間論でも時間そのものを蚕食している非在としての「内的な脆さ」がもっとも本質的な問題であった。

が、高橋はそこにじつは詐術があったのだという。「意識に完全な〈自己への現前〉が斥けられるまさにその理由によって、〈根源的自然〉への「合一」と絶対者の「真の現前」が基礎づけられる」からだというのだ。〈わたし〉と自然との共同化、〈わたし〉と他者との共同化（あるいはもっと端的にコミュニオン（合一＝聖体拝領））、つまり「自己への現前」と「世界への現前」とが「現前というただ一つの出来事の抽象的な二契機」となるよう、〈根源的自然〉の現在のうちにあらかじめ「始元的な契約」によって組み込まれているという事実こそが問題だというわけである。

〈人間〉というもう一つのエレメント

「人間」というものを特権的な地位に据えるメルロ＝ポンティのヒューマニズムがここにはある。人間的主体から存在へと、後期メルロ＝ポンティの思考はその地平を転位させていた。「人間」の外へ出た、と言ってもいい。

身体と世界が〈肉〉として編みあわされ、縫合された、そういう存在の地平に最後のその眼はむけられている。メルロ＝ポンティが人間的なものの水準で維持される形而上学にはつよい警戒心をもっていたこと、そして「人間がそのうえに身を据えるところの非人間的な自然の根底」へと還帰することがその生涯をつうじて思考の強力なモティーフになっていたこと、おろそかにはできない。が、しかし、その〈自然〉はメルロ＝ポンティにあって、あくまで「人間の裏面」だとされるのである。メルロ＝ポンティにとって、人間は（高橋もメルロ＝ポンティの現象学がこの点ではカントの『判断力批判』の嫡子であるとして、カントからこの言葉を引いているように）《自然の寵児》（Günstling der Natur）であり、この人間をとおして〈存在〉はみずからを成就するのである。

人間の経験からそのミリュー（培養地）へと、メルロ＝ポンティの「媒質」の思想は深化していったといえるが、その「媒質」は最終的に人間に贈り返される。人間と相互に受胎しあうところに〈自然〉は生成するのであり、そのかぎりで人間こそ最終的な「媒質」になってしまうのである。『知覚の現象学』で身体が人間の対世界関係の媒質であるとされたその思想が、そのまま晩年の存在論的思考へと申し送られていたと、われわれはいうことができる。経験から外出し「存在のエレメント」の探究にむかったメルロ＝ポンティは、最後に「人間」という、〈自然〉と対をなすもう一つのエレメントに遇ったともいえるのだ。思えば、大いなる円環である。これは、晩年の〈存在〉の思考が〈裂開〉という暴力的なイメージを核心に据えながらも、どこか最終的な予定調和を前提していたこととともつながる。たとえば「まなざしはさまざまの見えるものを包み、触診し、それらと合体する。まなざしはあたかも見えるものと予定調和の関係にあり、それらと知りあう前からそれらを知っていたとでも言わんばかりに……」（VI：一八四頁）といわれるときの予定調和である。

『知覚の現象学』では、知覚もまた未来という不在を巻き込みつつ、隔たりや偏差をつくる行為という意味で「暴力的なはたらき」だとされていた。『世界の散文』では、「言葉は自己と他との媒介を不断に更新するがゆえに、意味というものは、あらゆる意味を越えでるような、さしあたっては暴力的な運動によってしか存しない」（PM：一八八頁）ともいわれ、不意を襲い、方向を狂わすような、われわれの経験の内なる暴力的な「発火装置」として言語をとらえていた。

〈裂開〉という存在論的な出来事にせよ、〈歪形〉としてのスティルの作用にせよ、さらには「いかなる内的亀裂ももたない絶対的密度」の否定としての主観性の時間的存在様式にせよ、それらは暴力性のイメージを色濃くただよわせながら、しかし最後の最後のところで、こじ開けられたすきまをふたたび癒着させてしまう。裂け目が閉じられてしまうのだ。

裂け目は開かれたとたんに閉じられる。あるいはもっと皮肉まじりに、裂け目は閉じられるために開かれるということもできようか。しかしそのように裂け目が閉じること、いいかえると「存在」の自己展開、自己産出として規定することで、それこそ観念論的に議論を閉じることを禁じ、根源的に偶然的な事実性のただなかで〈世界〉の開口（ウーヴェルチュール）を「その生まれいずる状態で」とらえようとしたのも、ほかならぬメルロ＝ポンティそのひとであった。そこで、メルロ＝ポンティの「人間主義」、あるいはその前にふれたような「共存」という地平への固執を注視し、かつまた〈存在〉の内在主義の批判という姿勢をも視野に入れながら、〈世界〉の開口についてのその最晩年の思考、いわゆる〈肉〉の存在論をつぎに検討することにしよう。

2　キアスム、あるいは存在の双葉

メルロ＝ポンティの後期思想へ

メルロ＝ポンティの思考の展開は、しばしば大きく三つの時期に区分して解釈されてきた。『行動の構造』と『知覚の現象学』が執筆された前期、一九四〇年代後半から五〇年代にかけてのさまざまな論文群が執筆された中期、『存在と意味』、『真なるものの系譜学』、『真理の起源』というふうに表題を何度か変更しつつ、その刊行が予告され、最終的に『見えるものと見えないもの』としてまとめられることになった著作のための原稿執筆にとりかかった最晩年の二年半ほどの後期というふうにである。

われわれもまたこの時期区分をなぞるかたちで、構造研究と〈身体〉の現象学の前期、スティル論と偏差論の中期、そして〈肉〉の存在論とでもいうべき後期というふうに、三時期に分けて、その思想の転回を描きだしてきたわけだ。のちにみるように、この過程は、構造思想の掘り下げとしても、〈構成〉の現象学から〈制度化〉の現象学への転位、あるいは〈両義性〉の思想から〈可逆性〉の思想への転回としても、さらには〈身体〉から〈肉〉の思想への身体性の思想の発展としても、おそらくは描きだせると思われるが、それに先だってわれわれとしてはまず後期の思想の検討にあたらねばならない。

沈黙の変容

メルロ＝ポンティは最晩年に、その遺稿のなかで、「無言のコギト」をめぐる『知覚の現象学』でのみずからの議論をふりかえり、自己自身との前反省的な接触としての「無言のコギト」を現象学の最終的な準拠点とすることのあやまりを、自己批判的に指摘していた。「本質のコギトの下に無言のコギトを見ないデカルトの素朴さ——しかしまた沈黙についてのその記述そのものがまったく言語の力にもとづいているというのに、おのれが沈黙した意識に合致していると信じている沈黙のコギトの素朴さ」というふうに、沈黙と言語との深い絡みあいにこそ眼を向けようとしていたのである。

もっとも、メルロ＝ポンティのこの自己批判は額面どおりには受けとれないところがある。ティリエットも、『知覚の現象学』でもコギトの問題はその言語的な媒介と深く絡めて論じられており、このような批判は「回顧的に自己を中傷しているだけだ」と、われわれに慎重さを要求している。

「まだ黙して語らない経験をこそ、その経験自身の意味の純粋な表現へともたらされねばならない」——メルロ＝ポンティが『知覚の現象学』で引いていたこのフッサールの言葉は、最晩年の遺稿にもやはり書きつけられている。この現象学の究極の参照点である「沈黙の経験」は、「受肉」や「両義性」とならんで、メルロ＝ポンティの現象学の不変値とでもいうべきものでありつづけてきたといえる。

そして晩年の遺稿では、つぎのような表現で変奏されている。「われわれの本質や意味の保証人を野性の状態でその生まな存在のうちに再発見すること」（VI：一五四頁）、あるいは、「存在をわれわれの生活の織物のなかに置きなおし、わたしの身体の裂開にも似た存在の裂開に立ち会うこと」（VI：一六三頁）といった要請として、である。別の箇所では、この存在の裂開に「内側から」立ち会うこととともいわれているが、この「内側から」というのは、「内的観察によって」ということではなく、この出来事に「できるだけ近づき、それと交流することによって」と言い換えられている。つまり晩年の思考においては、さきほどもちらりとみたような手袋の裏と表のリヴァーシブルな反転の構造こそが問題になるのであるから、内側はけっして外部と対立させていわれている空間的な内部だとか、体験の直接性だとかを意味するものではない。だからここで問題なのは、黙せるものの再構成でも説明でもなくて、それを表現へともたらすことなのである。

そういう課題に忠実であるかのように、メルロ＝ポンティの晩年の表現がそこに導入される術語群は、ことさらに触覚的といっていいものである。あるいは生まなもの、あるいはいまにも蠢（うごめ）きだしそうな増殖性をもったものである。世界の生成がまるで詩的におこなわれるとでもいったように、詩的で形象的な表現がたわめられつつ折り重ねられてゆくのだ。「沈黙」へと浸透してゆく触手の深さと反比例するかのように……。

メルロ＝ポンティは遺稿のなかでこうも書いている。

メルロ＝ポンティの研究メモ。「ゲシュタルト」や「垂直」などの文字に、1960年ごろの彼の思索の方向性がうかがえる。

哲学は、論理学者が言表に、詩人が言葉に、音楽家が音楽に身を置くようなやり方で、語られた言葉や書かれた文字の次元に身を置くのではない。哲学が表現に導こうとするのは、物そのものであり、しかも物が沈黙しているその深みからである。（Ⅵ：一三頁）

ところが他方で、すでに言語論のところでみたように、ソシュール言語学との出会いのなかで育まれていった差異の思考、つまり意味が「場」の内部で、より精確には記号の弁別的な構造体系のうちで、偏差や差異としていわば構造のほうから規定されるという考えは、意味の生成を構造的な視点からみることによって、この場の構造化に先だってはいかなる実定性も直観的現前もありえないとする思考を膨らませてゆく。のちにみるように、『見えるものと見えないもの』における否定的存在論のなかでは、存在するのは「空虚の構造」だけだとすらいわれる。つねに地としてしか見えない差異の場の構造が前面に出てきて、「沈黙の経験」はもはや経験の基底として、分析のなかで特権的にはたらくことはなくなってくる。前章でも論じたあの言語と沈黙の関係をめぐる揺れが、『見えるものと見えないもの』においても思考の核により近い部分で発生しているのである。

われわれは前章で、中期の〈偏差〉（déviation）の思考を〈あいだ〉（entre-deux）という契機が前面に出てくる過程としてとらえたのだが、これは（たとえば一九五四―五五年度の講義「個人および公共の歴史における〈制度化〉」で主張されていたような）構成の主体から制度化の主体へと反省の準拠点が転位してゆく過程や、あるいは『知覚の現象学』の間主観性論が身体の次元により深く根づけられたものとして〈間身体性〉としてとらえかえされる過程――ここでは個々の身体は、おなじ一つの間身体的な場がまるで二枚の花弁のように分肢化した器官としてとらえられた――とも並行していた。

この過程は、遺稿のさまざまな思考の航跡のなかで、より推進されたとみることができる。主体の超越から、世界の出来事としての〈存在〉の生成（Ontogenese）へのプロブレマティックの転位、あるいは主体の経験の運動から、その培養地としての〈存在〉の裂開へ、あるいは身体の志向性から存在の内部の志向性へと、いろいろな航跡をわれわれは遺稿のなかに見いだすことができる。

「われわれのまなざしがそこでたがいに交差しあい、われわれの知覚が重なりあうべき間世界」（VI：七二頁）は、「生まの世界」として、「世界」という意味に還元された世界に対置される。こうして、〈自己の身体〉が〈間身体性〉となり、やがて〈世界の肉〉となるというふうに、身体的な現前が世界のほうに（主体とは逆方向に）重心移動させられながら、問いとして突きつめられてゆくのである。

この過程は、もうすこし別の言葉でいいかえると、前期において、主体と世界との関係の媒体、つまり知覚や行動や表現のメディウムとして主題化された〈身体〉のその媒介性が、しだいに〈ミリュー〉——主観と客観とがそこに浸されてあるところの母液、あるいは経験がそこにおいて生成するところの境域とでもいうべき「培養地」——にとって代わられてゆく過程としてもとらえることができる。「わたしの身体は世界とおなじ肉でできている」(VI：三六四頁)とか、「言語がわれわれを所有しているのであって、われわれが言語を所有しているのではない、存在がわれわれのうちで語るのであって、われわれが存在について語るのではない」(VI：二七六頁)と、語りだされるときがそうだ。

現象学から存在論へ

われわれは世界にたいして存在しているのでなく、世界とおなじ生地で作られているのだとしたら、いいかえると、意味の生成が意識の作用においてではなく、織物(テクスト／テクスチュア)の差異として出現するのだとするならば、われわれはコギトとしての意識の哲学から離脱しなければならない。「Erlebnisse〔体験〕の哲学を離れ、われわれのUrstiftung〔根源的設立〕の哲学へ移行する」(VI：三二〇頁)こと、このことが一九五四—五五年の講義のなかでも説かれていたが、これは現象学から存在論への移行でもある。そしてそのためには、「意識の哲学のもろもろの難点にたいする治療薬」として、意識の哲学をがんじがらめにしている「概念、観念、精神、表象といった概念」を解除して、観念論的ではない構造論的な概念に置き換える必要がある(VI：三二四頁)。

それは幾次元かでの術語の変容として、遺稿のなかに見いだすことができる。前節ですでにいくつかあげてみたように、交叉配列（chiasme）、編みあわせ（entrelacs）、侵蝕・蚕食（empiétement）、裏面……といった概念系列を代表するものとしてまず《可逆性》（réversibilité）が、水準、次元、蝶番（ちょうつがい）、骨組み……といった概念系列を代表するものとして《軸》（axe, pivot）が、くぼみ、へこみ、割れ目、厚み、茂み……といった親縁的な語群を代表するものとして《襞》（pli）が、議論のなかに頻出するようになるが、それにさらにある種の生産性・生殖性・繁茂性をあらわすメルロ＝ポンティ固有のいささか生々しい術語として、累積（empilement）や増殖（prolifération）、混交（promiscuité）、受胎（prégnance）、分娩（parturition）などをあげることもできる。

これらをとおしてうかがえるのは、中期思想における〈あいだ〉や「隙間」が、『見えるものと見えないもの』においては可逆性の出来事ないしは相互反転の運動の支点——まさに蝶番（charnière）であり、骨組み（membrure）であり、接ぎ目（jointure）である——として、より力動的にかつ存在論的にとらえかえされているということである。

肉という概念

〈肉〉（chair）、これがメルロ＝ポンティの〈可逆性〉の思想の核をなす概念である。いや、メルロ＝ポンティの用語法では、〈肉〉は、身体（＝物体）という概念につきまとう質料的な契機は含まず、ずばり〈可逆性〉そのものを意味する。あるいは、見るものが同時に見えるものであり、感じるものが同時に感じられるものであるということそのことを意味する。「肉は物質ではない。それは見えるものの見る身体への、触れるものの触れる身体への巻きつきである」（VI：二〇三頁）。

メルロ＝ポンティはこの〈可逆性〉という現象を、一方の手でもう一方の手に触れるという、身体の「一種の反省作用」から説き起こしている。わたしは右手で、なにかある物に触れつつある自分の左手に触れる。触れている手に触れるわけだ。ところがそのつぎの瞬間、わたしは触れられた左手でその触れている右手に触れかえすことができる。このことによって先ほど触れていた右手は触れられるものという身分を手に入れ、可感的な物のなかに「降り下って」くる。「わたしの手における触れるものと触れられるものとのこの交叉によって、手自身の運動が、それの問いかけている宇宙と合体し、宇宙とおなじ地図に記載される」ことになる。このようにして、触覚は「世界のただなかで、いわば物のなかで起こる」ようになるのである（VI：一八七―一八八頁）。

ここで触れる手が触れられる手へと裏返るわけであるが、しかしそのとき触れる左手は触れている右手に触れるわけではない。左手に触れていた右手はいま触れられるものとして触れられているのである。そういう意味で触れるものと触れられるものとは可逆的なのである。

触れるというのは、触れるものではない触れられるものとのその隔たりのなかで、はじめてそれとして生起する。その触れるものが触れられるものによって触れられるというのは、触れるものが触れられるもののあいだに位置をもつということである。ということは触れるものはつねに同時に触れられるものであるということである。触れられるものどうしの触れあいとして触覚は起こるわけだ。いいかえると、触れるということは、触れるものが触れられるものであるということを裏面としてもつわけで、そのかぎりで可逆性が触れることを可能にしているのである。

　おなじことは見ることについてもいえる。触れるものが、触れられるものであるということを裏面としてもつように、見るものは見えるものであるということを裏面にもつ。

　このように、あるものが、折り返された事態をみずからの裏面として含みもつこと、いいかえると、触れるものが触れられるものであり、見るものが見えるものであるといったこの折り重なりの出来事、それがメルロ＝ポンティのいう〈肉〉である。〈肉〉とはこのように感じるものが感じられるものであることであるから、したがってまた「感じられること」そのことであるともいわれるわけである。

　こうした〈肉〉の現象は、さまざまの感覚のあいだでも起こる。物に触れている自分の右手に左手が触れるのを見るというばあいとか、からだでリズムをとりながら聴くばあいとかが、たとえばそうである。「見えるものはすべて触れられうる物のなかから切り取られるのだし、触覚的存在はすべてなんらかの仕方で可視性へと約束されており、そして触れられうるものと触れるものとのあいだにだけではなく、触れられうるものとそれに象嵌された見えるものとのあいだにも蚕食と跨ぎ越しがある。……触れられるものと見えるものとのあいだには、たがいに二重の交叉した帰属の関係がある」（Ⅵ：一八六頁）。

このように諸感覚はたがいに侵蝕しあいながら、たがいのうちに記入されあうのである（『知覚の現象学』では、「諸感覚はたがいに交流する」という言い方で、諸感覚の相互感覚的な構造に言及されていた）。

このように考えると、物的対象はこうしてそれじたいとして即自的に存在するのではなく、「わたしの肉の秘儀から発せられた空間性と時間性の光の行きついたはてに存在する」にすぎないことになる。あるいは物の堅固さも、対象それじたいのそれではなく、むしろ「わたしがさまざまの物のあいだにいて、物どうしが感覚をそなえた物としてのわたしを介して交流しあうかぎりで、わたしによって内側から体験される」ということになる（Ⅵ：一五九頁）。

視覚のナルシシズム

この見るものと見られるものとの、感じるものと感じられるものとの反転と、諸感覚の交叉が、世界に奥行きと厚みをもたらす。〈肉〉は裏をもった表として存在するのであるから、それが、物が見えない底や背面をもつということ、そしてたがいに影になったりぶつかったりする、そういう奥行きのある空間が開くということを可能にする。

見えるものがわたしを満たし、わたしを占有しうるのは、それを見ているわたしが無の底からそれを見るのではなく、見えるもののただなかから見ているからであり、見るものとしてのわたしもまた見えるものだからにほかならない。一つ一つの色や音、肌ざわり、現在と世界の重み、厚み、肉をなしているのは、それらを把握している当の人間が、自分をそれらから一種の巻きつき（enroulement）ないし重複（redoublement）によって出現してきたもので、それらと根底では同質だと感ずることであり、かれが自分に立ち返った見えるものそのものであり、その引きかえに見えるものがかれの眼にとってかれの写しないしかれの肉の延長のごときものとなることなのである。（VI：一五八頁）

ここでわれわれは、自分が見ているものを「おのれの見る能力の裏面」として認めている。その意味で、わたしの身体と世界はおなじ〈肉〉でできているといわれるわけであり、両者が越境と跨ぎ越しの関係といわれるわけである（VI：三六四頁）。あるいはまた、わたし自身の可視性が見えるものすべてにまで延長されてゆくこのような出来事を、あらゆる視覚のもつ根源的な〈ナルシシズム〉であると規定している。こうした反転、自分を見つめる自分を見るナルシシズムは、〈鏡〉の現象としても規定される。「肉とは鏡の現象であり、鏡とはわたしの身体にたいするわたしの関係の拡張なのである」、と。

見る身体と見られる身体、触れる身体と触れられる身体へと切開され、さらに重ねあわされ、反転させられるこのプロセスを、メルロ＝ポンティは「裂開（déhiscence）」とよんでいる。このような裂開のなかで、われわれが物のなかへ移行するのと同様に、物がわれわれのうちに移行するのである（VI：一七一頁）。とすれば、見るのはわれわれ主体だけではない。すべての見られるものはまた見るものでもあることになる。

これはわれわれにとって、まったくなじみのない議論ではない。『知覚の現象学』では「ひとがわたしにおいて知覚する」というかたちで、知覚の匿名性が問題とされた。見られるものが見るという反転はいわれていなかったが、わたしが見るよりも「もっと古い可視性」が問題にされていた。『シーニュ』では「空間自身がわたしの身体をつらぬいて自己を感じる」といわれていた。が、この遺稿群では、「知覚するのはわれわれではない。物があそこで自分を知覚するのである」とまで表現が押しつめられる。

この『見えるものと見えないもの』でも、またこの遺稿と同時期に書かれた『眼と精神』でも、メルロ＝ポンティは画家アンドレ・マルシャンのつぎの言葉を好んで引いている。

森のなかで、わたしは幾度もわたしが森を見ているのではないと感じた。樹がわたしを見つめ、わたしに語りかけているように感じた日もある……。わたしはと言えば、わたしはそこにいた、耳を傾けながら……。画家は世界によって貫かれるべきなのであって、世界を貫こうなどと望むべきではないと思う……。わたしは内から浸され、すっぽり埋没されるのを待つのだ。おそらくわたしは、浮かび上がろうとして描くわけだろう。（OE：二六六頁）

自分がふと物によって見つめられていると感じるとき、わたしは能動性と受動性の深い交叉を経験しているのだ。能動性と受動性との、内と外とのたえざる反転。わたしの視覚は、そういう〈肉〉のなかに縫合されている。

存在の双葉

このように、わたしの身体は内と外とに二重化される。その鏡として、その裏面として物もまた内と外とに二重化される。わたしの二重化された身体、見える身体と見る身体のあいだには、相互の挿入と絡みあいの関係がある(VI：一九二頁)。「世界がわたしの身体の双葉のあいだに挿しこまれたり、わたしの身体がもろもろの物や世界の双葉のあいだに挿しこまれたりする」(VI：三八九頁)。

身体の「双葉」と世界の「双葉」がたがいに挿しこみあっているさま、それを、メルロ＝ポンティは「二つの唇」のそれとして言い換えもする。この「双葉」がたがいに絡みあうことそのことが、身体と世界がおなじ〈肉〉からできているといわれたことの意味なのである。

『知覚の現象学』では、世界を写す「普遍的モンタージュ」として知覚する身体が規定されていた。

感官をもつということ、たとえば視覚をもつということは、つまり、それによってわれわれが与えられたいっさいの視覚的布置を引き受けることのできるような、可能な視覚的諸関係のあの一般的モンタージュ、あの類型を所有することなのだ。身体をもつということは、一つの普遍的モンタージュを所有することであり、つまり、われわれの実際に知覚する世界部分を超えて、すべての知覚的展開とすべての相互感覚的な照応(correspondances intersensorielles)の類型を所有することなのである。してみると、ものというのは知覚のなかで実際に与えられるものではなく、われわれによって内面的に取り戻され、再構成され、かつ生きられるものであって、しかもそれはわれわれがその根本的構造をになない、物がその可能な具体物の一つにほかならぬような世界にその物が結びついているかぎりでなのだ。(PP：(1)一八〇―一八一頁)

この文章は、「構成」というプロブレマティックの色濃い気配のなかで書きだされているとはいえ、つづいてすぐにわれわれの「世界そのものへの始元的結びつき」へと議論がおよぶことからもあきらかなように、メルロ＝ポンティの思考の持続する体質をよく表わしている。が、〈肉〉としての身体は、もはやここで描かれているような世界の写しや、世界との照応の類型などではなく、さらに突っ込んで、存在そのものに内属しつつ、存在の〈軸〉あるいは〈次元〉として生成するものをさしている。

第四章でみたように、ソシュール言語学における弁別的な差異のシステムのなかでの意味の生成の分析にふれたメルロ＝ポンティは、知覚をある水準からの隔たりとみる思考のなかに深く入り込んでいったのであって、それをこれまたかれの体質ともいうべき弁証法的思考と絡めて、紙片に、「同じものは他なるものの他なるものであり、同一性とは差異の差異である」（VI：三九〇頁）などと書きつけていたのである。

キアスム

ここでわれわれは、交叉とか交叉配列、編みあわせとか重なりあい、巻きつきとか跨ぎ越し、さらには対、転換、相互包摂として語りだされているものがなにか、より濃やかに解釈することを試みなければならない。

メルロ＝ポンティは、〈肉〉をしばしば、分離とか、侵蝕・蚕食、侵犯（transgression）、間隙（hiatus）、裂開、炸裂（éclatement）、分裂（fission）、などといった負性を帯びた術語で記述している。そこで思いだしたいのが、自分が見ているのが見える、自分が感じているのが感じられるといっても、そこで十全な合致がなりたつわけではなかったということだ。

そこにあるのは、見るものと見られるものとの、触れるものと触れられるものとの、隙間のない合致ではない。触れられている左手が触れる右手に触れたときには、右手はもはや触れるものではない。「身体の身体自身にたいするこの反省は、きまって最後には失敗する」（VI：一九頁）のである。

可逆性とはだから、触れるものと触れられるものとの現実的な同一性ではない。それは、ある否定性を内蔵した、あくまで原理的な同一性にすぎない。この否定性もまたさまざまの術語に反響してゆくのであるが、その核心的な表示はまさに「見えないもの（l'in-visible）」のin-という否定辞に集約されている。「見えるものは見えないものを懐胎している」とか、あるいは「見えるものの見えない骨組み」といわれるように、である。

「次元（dimension）」についてはすでに中期のスティル論で、その議論の中枢部分に導入されていた。偶然に出現したものでありながら、それ以後、それとの関係で他の諸要素の位置価が測定されるような規準となる「次元」や「軸」として、それは語られていた。すでに第三章でくわしく論じたので、ここではくりかえさない。みずからの裏面を含みもつこととしての可逆性、それの経験が奥行きであった。奥行き、それはすでにみたように、高さや幅をもった物の現出空間の次元となるものである。それは物に〈肉〉の厚みを与え、世界に〈嵩〉（voluminosité）をもたらす。

メルロ＝ポンティはしばしば、クレーの色に託して、画布にたまたま置かれた色斑が以後、他の色斑がそれとの関係で色価が測られる「次元」や「水準」としてはたらきだすそのプロセスとして、存在論的な出来事を分析している。これは、ある偶然のなかから合理性が出現してくるプロセスとして、『知覚の現象学』でも、あるいは『弁証法の冒険』の歴史論でも、照準を合わされていた構造的出来事である。

この次元や水準としてはたらきだすものが現象の場を組織し、「見えるものの骨組み」をなす。その意味では、メルロ＝ポンティはこの次元や水準の記述にこそ、『行動の構造』以来ずっと、その思考作業の焦点を定めていたと言っていいくらいである。次元の設定とは、さまざまな形態（ゲシュタルト）化のおこなわれる一つの知覚領野を開くことであるが、そういう領野の開設（ouverture）じたいは知覚されない。「われわれはさまざまな水準面の上の図をしか知覚しない。われわれはそれを水準面との関係においてしか知覚しないのであり、したがってこの水準面は知覚されないものである。水準の知覚――それはつねに対象のあいだにあって、そのまわりに……〔がある〕といったものなのである」（VI：二六九頁）。

これはいいかえれば、水準は「地」としては見られているということである。ふつうの物的対象が、別の対象の背後にあって見えないときのように、それは事実上見えないものなのではないし、また、見えるものとまったくかかわりのない絶対に見えないものなのでもないと、メルロ＝ポンティはいう。

それは、「この世界の見えないもの」であり、「この世界に住み、それを支え、それを見えるものにする見えないもの、この世界の固有な内的可能性、この存在者の〈存在〉」（VI：二〇九頁）なのである。次元とは〈存在〉そのものだというのだ。その〈存在〉としての見えなさについて、メルロ＝ポンティはこう書いている。

> 意味は見えないものであるが、しかしこの見えないものとは見えるものと矛盾するも

のではない。見えるものそれ自体が見えない骨組みをもっているのであり、見えることの－ないものは見えるもののひそやかな裏面なのである……。われわれは、その見えないものを世界のうちに見ることはできないし、そこにそれを見ようとする努力はすべて、それを消失せしめてしまうのである。しかしそれは見えるものの戦列のうちにあり、それは見えるものの虚焦点であり、それは見えるもののうちに（透かし模様で）描きこまれているのである。（VI：三一一頁）

そしてその意味でいうなら、見えるものとは見えること（可視性）の束の間の結晶にほかならないことになろうし――「見えるものが……奥行きの表面、どっしりした存在の上の切り口であり、〈存在〉の波に運ばれている一粒ないし粒子である」（VI：一八九頁）――、また逆に見えるものの骨組みのほうは「それらの視像のあいだ、それらの手前に」あるということになろう（VI：三二九頁）。

こうして、可逆性とともに、あるいは、見えるものと見えないものの絡みあいとともに、われわれは感覚的な「現前」に視線をむけ、そこに明証性の規準をおくような哲学の地盤から離れることになる。そして差異や否定性というものから、現象の構造を考えるようながされることになる。いいかえると、世界からけっして廃棄することのできない〈不在〉の形式というものであり、その意味で存在論的な否定性、メルロ＝ポンティが「根源的に現前しえないものの根源的現前（une *Urpräsentation* du *Nichturpräsentierbar*）」とくりかえし呼んだような「隠れなさ」として言い換えているものである。

3　否定的なもの――〈生まの存在〉

内部的なもの

かつて詩人の長田弘が、『アウシュヴィッツへの旅』（一九七三年）のなかでこう書いていた。「みえてはいるが誰れもみていないものをみえるようにするのが、詩だ」、と。これをもじっていえば、根源的なものは見えているのに、だれも見ていないものだということになる。ただし、見えているというのは、メルロ゠ポンティのばあい、はすかいに、でしかありえない。あるいは、「視像のあいだに」ともいわれた。

前節でみた、次元や水準という、見えるものの見えない骨組みの観点からすれば、ここからある重大な帰結が導きだされる。根源的なものは、隠された根源への遡行のなかで出会われるものではないということである。これを、二つの位相からさらにいいかえると、秘せられた内部としての根源も、あるいは偶然性によって深く侵蝕されていないような根源も存在しえないということである。

まず問題になるのが〈内部〉ということである。遺稿群のなかでは、われわれの存在はしばしば「内 - 存在（en-être）」と呼ばれる。見ること、感じることがまさに見えるもの、感じられるもののただなかから起こってくるのであるから、あらゆるものは現象の母胎とでもいうべき〈存在〉の内部にあるといいうることになろう。「内的でないような意味はない」（VI：三九二頁）とはっきり書かれてもいる。そこから、『見えるものと見えないもの』のなかで企てられる存在論は、「内部存在論（ontologie dedans, endoontologie, intra-ontologie）」というふうに規定されもするのだが、この「内部」という概念を「内在（immanence）」という概念と混同しないよう注意しなければならない。というのも、『知覚の現象学』ではまさに、主観性が時間性としてとらえられ、「時間の自己触発」という理念のなかで、主観性の根源的な存在様態が問われていたからである。

『知覚の現象学』においてメルロ＝ポンティは、客観的な時間の規定も、体験される意識の主観的な時間の規定もともに排して、時間は「物にたいするわたしの関係から生まれる」としていた。存在が時間的なものであるために不足しているのは、現在ではなく「かつて」とか「明日」といった非現在（＝不在）としての「非存在」である。

時間はこのような非存在を内蔵してはじめて「流れる」。「過去は過ぎ去ってしまっている、わけではないし、未来は未だ来ないでいるわけではない。過去と未来は主観性が即自存在の充実を打ち砕き、そこに遠近法的展望を浮かび上がらせ、非存在を導入するときにのみ存在する。過去と未来は、わたしがそれらへむかって自己を押しひろげるときに湧出するのである」（PP：⑵三二一―三二二頁）。

このように現在を炸裂させて、時間を非存在へと押しひろげてゆくもの――脱自（ex-sistance）、それが主観だとメルロ＝ポンティはいう。主観はだから時間的なものでありながら時間のなかにあるのではなく、むしろ時間を出現させるものであり、そのような時間を創始する時間としてそれは「構成する時間」であるとされる。そしてそのような主観としての特異な時間性を「自己による自己の触発」と規定する。この「現象としての自己を自己自身へと構成する」（フッサール）流れとしての時間性、「現在の未来への炸裂ないし裂開」こそが「自己の自己への関係の原型」であるとされ、それこそが「内面性（intériorité）ないし自己性（ipséité）を素描する」といわれる（PP：⑵三二九頁）。

もちろんこの「内面性」や「自己性」は、けっして閉じられた内密な内部ではない。メルロ＝ポンティが「実存」をつねに世界に投げだされたものとして考えていたのは、われわれがすでに第二章で確認したことであり、また『知覚の現象学』のこの時間性の章でも「主観性であるためには〈他〉に開かれ、自己から離れるということが、時間にとってと同様に主観性にとっても本質的なことである」といわれ、この現在のたえざる炸裂が、「われわれが絶対的個体としての密度を手に入れることを妨げる内的脆弱さ（faiblesse intérieure）」を主観のなかに挿しこんでいるとされたのである。

間接的存在論

この時間の自己触発としての「内部性」の概念は、しかしメルロ＝ポンティ自身の〈身体〉の現象学から〈肉〉の存在論への移行の過程でしだいに背景に退いてゆく。時間の「炸裂」とか「裂開」という言葉はたしかに後期には格段に重要な意味を負わされることになるが、しかしそれは時間を主体の自己超越のなかに位置づけようとするものではない。

このことは別の重要な問題とも連関していて、メルロ゠ポンティにおける可逆性の議論が「一種の反省」としての触れる手と触れられる手との反転関係からはじめられるために、他者の存在も、物に見られるという体験も、ともにこの身体の自己再帰的な関係の拡張として解釈されやすいが、しかし可逆性の思考は、むしろ身体の裂開、身体の双葉への切開そのものが、物や他者との絡みあい、ないしは相互内属（Ineinander）のなかではじめて可能になると考えていることに注意しなければならない。

問題は、超越的な外部、あるいは「上空飛翔的な思考」という外部の不可能性という意味での内部性であって、したがってそれは存在の充実よりはむしろ、「存在の充実のなかに不断に創造されてゆく開口」に定位されていわれている。世界を対象的なシステムとしてとらえ、それを根拠だとか原因といった形而上学的な概念から規定することがなじまないような存在次元への〈問いかけ〉のなかで口にされることである。

世界をある最終的な根拠に立つ体系としてではなく、閉じることも収束することもない、繁茂の体系として描きだすこと、そこに「メルロ゠ポンティは、時間が流れでてゆくところの主観性の空隙に、大いなるまったき沈黙を溶かし掻き乱しにくる誕生の裂け目に心を奪われていた」とティリエットが形容するような後期メルロ゠ポンティのもくろみがあったのであって、かれ自身もそれゆえに、「わたしにとってはもはや起源の問題も、極限の問題も、第一原因へむかう出来事の系列の問題も消え去り、あるのはただ一つ、永遠につづく存在の炸裂だけだ」（VI：三九一頁）と書きつけたわけである。

メルロ＝ポンティはみずからも言っているように、人間の身体に書き入れられるべき「先‐知、先‐意味、沈黙の知」を、それが裂開する無言の瞬間を、探査しようとしている。が、そのような裂開は「存在のそれ自身へのふり向き」として存在の「内部」で生起するものであるが、しかしそれは、さきほどもみたように「次元」や「水準」として、つまり根源的に現前しえないものとして根源的に現前するものであり、この〈存在〉の核には不在こそが廃棄できない契機としてくい込んでいるがゆえに、それはただ斜行的（オブリック）に、側面的（ラテラール）にしか近づくことのできないものである。

〈肉〉の裂開は、内と外、能動性と受動性とがたがいに深く侵蝕しあうものとして、キアスム（交叉配列）のなかでこそ生起するものであり、それは「触覚のもつ不可触性、視覚のもつ不可視性、意識のもつ無意識性……」として、まさに「感覚的〈存在〉の他面ないし裏面」をなすものであり、間接的にしかふれることのできないものなのである。

可視性は、空隙とか盲点として語られるような非在のなかで生成する。いいかえると、偏差、差異、超越といった否定性（＝すきま）を孕んだ〈肉〉の厚みのなかで生成する。したがって逆説的にも、わたしが自分の触れる手に触れることができないという事実こそが〈存在〉の生成を発動させているともいえるのである。

偶然性の係数をもたないような根源は存在しえない、したがって〈存在〉は無‐底〈Abgrund＝根拠なき深淵〉のなかで、「無動機的」に出現するということである。可逆性は、見るものと見えるもののあいだ、そして諸感覚のあいだのみならず、思考と言葉、知覚と言葉のあいだにも出現する。そこにもやはり侵蝕、越境、嵌入、交叉といった関係が発生しているのである。

存在の偶然性

わたしが物を見るためには……わたしのまなざしが一種のねじれ、逆転ないし鏡像の現象――それは、わたしが生まれたというその一事によってあたえられているのだが――によって、まなざし自身にも見えるものとならねばならぬように、もしわたしの言葉がある意味をもっているとすれば、それは、わたしの言葉が言語学者によって露呈されるような体系的組織化を提供するからではなく、その組織化が、まなざしと同様に、自分自身に関係するからである。身体の身体自身への無言の反省が、われわれが自然の光とよんでいるものであるように、作動する〈言葉〉こそは、そこから制度化された光が生まれてくる暗い領域なのだ。見るものと見えるものとの可逆性があり、それら両者の変身の交叉する地点に知覚と呼ばれるものが生まれるように、言葉とそれの意味するものとの可逆性がある。（Ⅵ：二一三頁）

言葉は、「自然的否定性」であり、「最初の制度化」であるといわれる。差異を生みだすこの事実的な記号の体系のなかで、意味するものは意味されるものと癒着している。知覚や思考もまた、この記号の制度的な条件のもとで、それに枠どられて生起するのであるから、「五感は世界史の労作である」という若きマルクスの言葉を思いだすまでもなく、歴史的なもの、偶然的なものである。

が、メルロ＝ポンティはこの弁別的体系の下に〈肉〉を見なければならないと、ある遺稿の紙片の欄外に書きつけている。そしてこう言う。「あるのは空虚の構造だけである。――ただわたしはこの空虚を見える〈存在〉のうちに植えつけ、それが見えるものの裏面――ことに言語の裏面――であることを示そうと思っているだけである」(VI：三四三頁)、と。ここにおいて存在論的なものと事実的＝偶然的なものとが切り離しがたい仕方で交叉してくる。

事実と本質はもはや区別されないが、それというのも、それらがわれわれの経験のなかで混じりあっていて、それらの純粋な形には到達できず、経験のかなたの極限観念としてのみ存続するからではなく、〈存在〉がもはやわたしの前にあるのではなしに、わたしを取り囲み、ある意味ではわたしを貫いており、わたしの〈存在〉の直視もどこかよそでではなく、〈存在〉のただなかでされるために、いわゆる事実ないし空間－時間的個物が、一挙にさまざまの軸や回転軸・次元・わたしの身体の一般性を備えているこ

とになり、したがってそれらの個物の接ぎ目にはすでに理念が象嵌されていることになるからである。(VI：一五九頁)

理念的なものと事実的なものの混淆、あるいは相互内属。もしそうだとすれば、われわれは(『知覚の現象学』の身体の章でも指摘されたように)もはや自然的なものと文化的なものとを、存在論的なものと歴史的なものとを区別することはできなくなるであろう。われわれはここで、『シーニュ』において間身体性として深められた間主観性概念が、この遺稿群のなかでさらに「垂直」のそれとしてとらえなおされるのを見ることになる。

垂直の間主観性

「身体は世界の前にまっすぐに立っており、世界はわたしの身体の前にまっすぐに立っていて、両者のあいだにあるのは、抱擁の関係である。そして、これら垂直的な二つの存在のあいだにあるのは境界ではなく、接触面なのである」(VI：四〇一頁)。

メルロ＝ポンティは身体と世界という二つの〈肉〉の相互の巻きつきや侵蝕の関係をこのように「垂直」(＝直立)というイメージのなかで語りだすが、このような関係は自己と他者との間主観的な交叉においてもおなじように起こっていると考えている。

「垂直の間主観性」というのはその意味で、意識のコミュニケーションといったものではなく、存在の双葉そのものの「根源的共同体の設立(Urgemein[schaft] Stiftung)」として、まさにいつもすでに側面的に生起しているものである。こういう側面的関係のなかで、わたしの見られる存在はわたし自身に見える狭い存在から解放されて、より普遍的な器官となる。これはわたしの触れる手と触れられる手との反省的関係の、自他のあいだへの拡張ではなく――これでは自己の身体の自己経験を他者に想像的に拡張するフッサールの自我論的（エゴローギッシュ）な他者構成理論の変奏でしかなくなる――、すでに他者たちとの相互内属がわたしの脱自の構造のなかに書き込まれているからであり、つまりは「自己の身体が他者の前兆であり、自己移入がわたしの受肉の反響だからであり、感覚の閃光が根源の絶対的な現前においてそれらを置換可能なものにしているからである」（S：(2)二九頁）。

こうして他者もまた、無名の可触性や可視性によってわたしの経験のうちに入り込んでくるのであって、こうしてわたしは「知覚の伝統」のなかにたえず挿しこまれ、そこにたゆたうようになるのである。ここでも、わたしの身体と世界の「合体」ないしは「編みあわせ」とちょうど呼応するようにして、胸苦しいまでに濃密に自他の「合体」ないしは「編みあわせ」が語りだされる。世界という共通の基盤のうえでの、受肉した諸主体の共‐現前（co-présence）が語りだされるのである。わたしの身体と世界との認識＝共同誕生（co-naîssance）がそうであったような「始元的な契約」が。

差異の到来は、メルロ＝ポンティにおいてつねに「類似を地にして」あらわれる。この「類似」、この共通の母胎、共通のエレメントは、なにによってあらかじめ約束されているのだろうか。われわれは、同一性と差異の運動としての、あるいは根源的差異化としての（肉の）〈裂開〉が、ここでもう一度、「裂開する肉」という差異化された同、一性のほうへ揺り戻されているのを目撃する。

生まの存在、あるいは炸裂する根源

可逆的なもの、キアスムとしての〈肉〉、それをメルロ＝ポンティは〈野性の存在〉（être sauvage）とか〈生まの存在〉（être brut）とよんでいる。飼いならされない野性的な多産性と生殖性と炸裂の力を懐胎したものとしての〈存在〉を、そう命名するのである。

メルロ＝ポンティは物を対象意味として構成する場面ではなく、〈肉の裂開〉という現象に、つまりは「存在の縁に、接ぎ目に、世界の多くの入り口が交叉しているところに身を据える」（PP：⑴三八三頁）ことになる。反省の反省されない基底をもとめてなされるメルロ＝ポンティの徹底化された反省（＝「超反省」）は、こうして「野性の」とか「始元的」、「生まの」、「垂直」といったふうに形容される〈存在〉に接触することになる。

このようにして、偶然のなかに深くみずからを挿入しながら、世界のその厚みのただなかから否定性が湧出してくる。世界が開くとは、〈肉〉が裂開することである。「根源的なものは炸裂する」——これがメルロ＝ポンティの否定性の思考のもっとも強烈な表現である。

根源的なものへの訴えかけは、いろいろな方向にむかう。すなわち根源的なものは炸裂する（l'originaire éclate）のであって、哲学は、この炸裂、この不一致、この差異

化に付き添うべきなのである。（VI：一七二頁）

おそらくここでほんとうに問題なのは、〈肉〉の裂開ではなく、肉の〈裂開〉、あるいは〈肉〉としての〈裂開〉ということであろう。根源的な差異化というその炸裂の出来事として。しかし、この炸裂の否定性は――われわれの期待をふたたび脱臼させてしまうようなしかたで、ということはメルロ＝ポンティの思考に忠実すぎるかたちで――まさに肯定的なものの裏面なのである。

メルロ＝ポンティにおいてこの根源的な否定性はたえず裂開するものの生産性へと裏返される。たとえば、「生産力に富むこの否定的存在こそが肉によって、その裂開によって設立されるのである。否定的なもの、無、これは二重化されたもの、身体の双葉、相互に連節された内と外なのである。無はむしろ同一的なもののうちに生ずる差異なのである」（VI：三八八頁）というふうにである。

存在論における絶対的否定性（対自の思想）、政治における絶対的否定性（ウルトラ・ボルシェヴィズム）への警戒からであろうか、メルロ＝ポンティの否定性にはリヴァーシブルな穏やかさが漂っている。「存在の双葉」はここで、メルロ＝ポンティが可逆性のメタファーとして愛用するあの〈襞〉へと自乗される。「否定的なものが真に存在するただ一つの〈場〉は襞であり、つまり内と外とがたがいに密着しているところ、裏返し点である」（VI：三八九頁）。ここでわれわれは否定性よりもむしろ、存在の充溢にこそふれるのだろうか。

いうまでもなく、メルロ＝ポンティは、人間学的な充溢に魅せられてそれへと還帰するのではなく、逆に、すでに前期の文章でも色濃くうかがえたように、人間的なものの水準で維持される形而上学にはつよい警戒心をもっていたはずである。かれが「人間がそのうえに身を据えるところの非人間的な自然の根底」（「セザンヌの懐疑」）へ、さらには存在の深淵にある厚い沈黙に回帰しようとしたのもそのためだったはずである。そしてその延長線上で〈野性の存在〉という、根源的に他なるものに出逢ったはずである。

しかし他方で、おなじ〈肉〉でも人間の身体が〈肉〉として特権化される。「〈自然〉を人間の裏面として（肉として——けっして「物質」としてではなく）記述しなければならない。〈ロゴス〉もまた人間のうちで実現されるものとして、だがけっして人間の所有物としてではなく、記述しなければならない」（VI：四〇八頁）。『見えるものと見えないもの』の末尾で、メルロ＝ポンティははっきりこう書きとめている。ここで〈野性の存在〉は「人間の所有物ではない」として解き放たれながら、「人間のうちで実現されるもの」としてあらかじめ飼いならされている。つまり、その他性が縮減されてしまうのである。

〈可逆性〉の思考はこうして揺れつづける。これを遺稿の編者ルフォールは、「可逆性（reversibility）の経験にもとづく解釈と他性（otherness）の還元不可能性を認容せざるをえない解釈とのあいだの緊張」としてとらえた（Claude Lefort, "Flesh and Otherness", in *Ontology and Alterity in Merleau-Ponty*, edited by Galen A. Johnson and Michael B. Smith, Evanston, Ill.: Northwestern University Press, 1990, p. 3）。

エピローグ　現象学の臨界点

I　現象学の非中心化

臨界線上に立つ現象学

メルロ＝ポンティが取り組んだ仕事、それは最終的になにをめがけていたのだろうか。あらたな存在論への取り組み？　だとしたらそれはメルロ＝ポンティの《現象学》にとってどのような意味をもっていたのだろうか。現象学の徹底化、あるいは深化だろうか。それとも現象学の乗り越えだろうか。

世界や歴史の意味を「その生まれいずる状態で（in statu nascendi, à l'état naissant）」とらえる試み、それが《現象学》であるのなら、その試みはかれのすべての仕事をつらぬくものであったといえる。すぐあとでみるように、むしろその《誕生（ネッサンス）》の視点はあたかもオブセッションのようにかれの思考をきつく呪縛していたと言うことすらできる。

他方、もし《現象学》が、「自己現前（présence de soi, Selbstgegenwart）」の場としての意識における対象＝意味の生成をトレースするものであるとすれば、そのように意識へと特化された〈現象〉の概念は、メルロ゠ポンティの思考のなかではあきらかにもはや維持しがたいものである。〈意味〉と〈現前〉とを結びつける意味生成の理論は中期において、その形而上学がひそかにはたらきだす場面がしばしばあるにしても、すくなくとも構想としては廃棄されていた。メルロ゠ポンティの現象学は、たしかに存在者がそこから現出してくるところの培養地(ミリュー)としての超越論的な〈領野〉を探究したとしても、それを「可能性の条件」を問うという超越論的哲学の実践として遂行したのではなく、つまりそういう論理的な遡行を緻密におこなったのではなくて、事象のただなかから、いいかえると、われわれの経験がそこにおいて発生している「その場での上昇(ascension sur place)」として、まさに当の哲学するものによって生きられてきたのだろう。

現象学的還元とはまさにそういう〈存在〉の「垂直性」の再発見であるはずであった。哲学とは「おのれの端緒がたえず更新されてゆく経験」だとメルロ゠ポンティがいうのも、同様にそういう意味においてである。「根源的なもの」はその意味で秘せられたものではなく、われわれの背後、もしくは周辺に、あるいはわれわれをつらぬいて存在しているのであって、意識の反省的遡行のなかでいつか出逢われるといったものではない。

現象学の徹底化

このことは、〈構成〉の主体から〈制度化〉の主体へ、〈両義性〉から〈可逆性〉へ、〈身体〉から〈肉〉への思考の地すべり的な転位のなかで、何度も確認したことだ。《主観性》の思想、《構成》の思考からきっぱりと手を切ること、この作業はメルロ＝ポンティによってもっとも徹底的になし遂げられた。後期フッサールの現象学的分析が掘りだしたもっとも意義深い地層を、こんどはメルロ＝ポンティがもっともドラスティックに切開したのである。

この地層を、メルロ＝ポンティとともに戦後の西欧現象学をになったルートヴィッヒ・ラントグレーベは「先コギト的な出来事」と名づけ、こう述べていた。「構成主観の経験能作のうちでなされる存在者の構成のすべては、最下の段階では受動的構成であるという事実は、構成的超越論的主観性、つまり絶対的に構成しつつある〈超越論的生〉が、自己自身を統御するデカルト的なエゴ・コギトではないこと、それどころか構成は、究極の根底においては、超越論的生が統御しているのではなくて、むしろ超越論的生に出逢われる一つの出来事であることを示唆している」(Ludwig Landgrebe, „Die Bedeutung der Phänomenologie Husserls für die Selbstbesinnung der Gegenwart“, *Phaenomenologica*, 2, 1959)。

メルロ＝ポンティの現象学はまさに「考古学者のような手つき」で、この実存の古層を穿(うが)つものであった。ハイデガー、メルロ＝ポンティとともに、現象学は、《事実性》の現象学として、解釈学的・存在論的な色彩をより濃くしていった。

メルロ＝ポンティは、超越論的なものと経験的なものとの境界、事実と本質の境界がぼやけることは避けえないと明言し、むしろそのあとの作業が哲学にとっては根本的なのだとした。これら二項がともに足場としているような共通の地盤、その下を潜って、それらを見えないところで媒介しているものを抉りだすこと、そういう〈媒質〉の思考がメルロ゠ポンティの哲学の中心につねにあった。この〈媒質〉の思考はまた、同時代の諸科学の努力、さらには諸芸術の努力としばしば深く交差していた。身体、言語、表現、他者、制度、無意識など、それらじたいがわれわれの世界経験を内側から構造化しているベーシックな媒質として再発見された、そういう主題群をめぐってである。

この〈媒質〉の思考は後年になって、〈媒質〉から〈ミリュー〉（培養地）、〈エレメント〉〈境域〉の思想へと変換されていった。構成するものと構成されるものとの〈隙間〉は、表と裏がめくれかえるような〈襞〉へと、変換された。志向性の〈線〉が、世界の〈奥行き〉へと、垂直の存在のそそり立つ〈面〉へと、変換されていった。構成的な関係が可逆的な関係へと変換されたのである。

さらにいいかえると、すでに一九三〇年代にマルセルやマルブランシュのテクストの読解のなかでわがものとしていたあの〈受肉〉の概念は、〈肉〉とか〈生まの存在〉へと変身していった。メルロ゠ポンティは最晩年のフッサールの思考を手がかりに（「コペルニクス的教説の転覆」と題された草稿）、われわれの「物体」的存在条件ではなく、つぎのような「大地」へのわれわれの深い根ざしについて語りだしていた。「地盤としての存在、そしてなによりもまず大地の存在──われわれがそこで生きている大地、すべての静止とすべての運動がそこに浮かびあがる地なのであるから静止と運動の手前にあることになる大地、諸物体がその分裂によって生じてくる〈根元〉なのであるから物体からなりたっているわけではない大地、すべての場所を含んでいるわけだからそれ自身は〈場〉をもたない大地……」（RC：一二四頁）。

メルロ＝ポンティは、現実的なものを可能的なもののうえに基礎づけようとする近代の科学主義をそっくり反転させて、可能的なものを現実的なもののうえに基礎づける、通常の実証主義よりもはるかに徹底した「現象学的な実証主義」をめざしたのであった。それがふれようとしたのは、究極の基底とか最終的な根拠のうえに立つのではなく、事実的な偶然性を深く内蔵しているものであるがゆえに、〈根拠〉（Grund）ではなくて〈地盤〉（Boden）なのであり、したがって現象学の「試み（エセー）」はその根拠なき深淵（Abgrund＝無底）へとはてしなく沈降してゆくものであった。それはつねに「問いかけ（interrogation）」であり、しかもつねに「未完の」それとして取り組まれたのであった。

側面的な普遍をもとめて

その「問いかけ」はつねに地図をもみずから作りだしてゆかねばならないにしても、では、その地図の最初の方位、そのもっともエレメンタルな方位はどこから汲み上げられていたのだろうか。

「合理性（rationalité＝理性的であるということ）」は、それが開示される場としての諸経験に正確に寸尺を合わせられているものだ。なんらかの合理性が在るということは、つまりはさまざまの展望がつき混ぜられ、さまざまの知覚がたがいに確かめあって、そこから一つの意味がたち現われてくることだ」と、メルロ＝ポンティは、われわれの出発点となった『知覚の現象学』の序文のなかで書いていた。そのおなじ著作のなかで、メルロ＝ポンティはこうも書いている。「われわれはただ、われわれにとって意味をもつものの限界を押しひろげ、主題的意味の狭い地帯を、それを包含する非主題的意味のなかへ置き戻したいだけなのだ」（PP：⑵一〇五頁。「理性を押しひろげる」という表現はS：⑴一八七頁にもみられる）、と。

科学や論理学よりももっと古い経験の地層のなかにまなざしを置き戻すこと、その前論理性をわれわれになじみの論理のなかへ歪みを強いて回収したりしないことを、メルロ＝ポンティはわれわれにもとめていたのである。メルロ＝ポンティの思考の方位はまずこのような場所に大きく設定されていた。

メルロ＝ポンティの最晩年にパリに留学していたドイツの現象学者ベルンハルト・ヴァルデンフェルスがその他者論のなかで書きつけていた言いまわしを借りるならば、他者の経験をわがことのように理解する（他者の自己化＝Aneignung des Fremden）というのは、同時に、自分が自分にとってよそよそしいものに転化すること（自己の異他化＝Fremd-werden des Eigenen）でもあるということ――メルロ＝ポンティ自身の言葉はこうである。「われわれ自身のものを異邦のもののように見、われわれにとって異邦であったものをわれわれのものであるかのように見ることを学ぶこと」――、そのことの例を、メルロ＝ポンティはその著述のいろいろな場所に挿入し、注意を喚起している。たとえば、「病者の行為やさらには動物・幼児ないし「未開人」の行為が、成人や健康者や文明人の行動からのたんなる〈解体〉として理解されうるものではないこと」に注意を促していたし、精神分析学を神話あるいは巫術として、精神分析家を魔術師やシャーマンとして見る可能性を示唆していたし（S：⑴一九六頁）、他者とは西欧的問題だと断言したこともある。

その意味ではメルロ＝ポンティは、近代的理性を一義的に擁護しようとしたことはなかったし、別の理性をそれに二者択一的に対置したわけでもないし、理性に不信任の宣告を突きつけてそれを解消しようとしたわけでもない。かれは「われわれにとって意味をもつものの限界を押しひろげる」というかたちで〈西欧〉というものを揺さぶると同時に、合理性なるものを複数化しようとしたのだとみることができる。晩年、かれが専心した否定的存在論、「生まの存在」や「野性の精神」の探究はそのような合理性の複数化の試みと深く連接していたはずである。

その意味では、メルロ＝ポンティにおいて根源の探究はけっして「失われた」それの探究――これはあらゆる過去を自己の現在のなかに止揚し回収するヘーゲル的弁証法の裏面である――ではなく、むしろ普遍的なものにむかう別の道であった。それは「厳密に客観的方法によって得られる大上段にのしかかる普遍ではもはやなく、われわれが民族学的経験によって、つまりたえず他人によって自己を吟味し自己によって他人を吟味することによって手に入れる側面的普遍（un universel latéral）である」（S：⑴一九三頁）。つまり、「原理的にいって他国や他の時代のひとびとにも接近可能となるような一個の〈拡張された経験〉を構成すること」、それが問題なのであった。

「おなじひとりの人間が、自分の論ずるすべての社会を経験によって知るということはできもしないし、またその必要もない。かれが時折、しかもかなり長期にわたって、他の文化から教えられるすべを学んだというだけで十分である。以後かれは、一つの新しい認識の機関をわがものにするわけだし、自分自身の文化のうちに取り込まれていないために、それによってかえって他の文化とも疎通しあえるような、みずからの野性の領域を取り戻したことになるからである」(S：(1)一九四頁)。これが《可逆性》の思想の、否定的存在論とは別の、もう一つの着地点だったのである。

それを、メルロ＝ポンティはわれわれ自身の「民族学的経験」と名づけた。《可逆性》の思考のなかでこそ、われわれは自分たちの社会の民族学者になりうるというわけだ。が、それがほんとうに「失われた根源」の探究の外部へと突きでることになりえていたか、そのことを検討することがこんどはわれわれの問題となる。

2　問いかけの哲学

差異化としての知覚

われわれは前章で、メルロ＝ポンティの思考をまるで包暈のようにして抱擁している大いなる円環について語った。晩年の〈存在〉の思考が〈裂開〉や〈侵犯〉という暴力的なイメージを核心に据えながらも、〈根源的自然〉との、どこか予定調和的な始元的契約を隠された前提としていることをみた。が、この大いなる円環が閉じることを、あるいはなにか一つの決定項のまわりを巡回することを禁じたのもメルロ＝ポンティであったことも、ここでもう一度つけ加えておかねばならない。

こういうかれの思考じたいの可逆的光景は、言語と沈黙のあいだに色濃くうかがわれたのだが、これは〈現前〉という、現象学にとってもっとも基礎的な場面といわれるものについてのメルロ＝ポンティの理解においても見いだされるものである。

現象学にとって、〈現前〉(présence, Präsenz) という概念は破棄不可能なものである。フッサールはたとえば『イデーン』の第一巻で、直観的な現前なるものを現象学の「原理のなかの原理」として提示している。その原理をここで引いておくと、「すべての原的(オリギネール)に与えるはたらきをする直観こそが認識の正当性の源泉であるということ、つまり、われわれにたいし〈直観〉のうちで原的に、(いわばその生身のありありとした現実性において) 呈示されてくるすべてのものは、それが自分を与えてくるとおりのままに、しかしまた、それがその際自分を与えてくる限界内においてのみ、端的に受け取られねばならないということ」である(『イデーン』第一巻第一篇第一章第二四節、渡辺二郎訳、みすず書房、一九七九年)。

直観性に定位したフッサールのこのような〈現前〉概念を、メルロ＝ポンティはそのまま継承しているわけではない。フッサールの〈現前〉概念を規定している思念（もしくは言表）と対象との一致という理念にたいしては、メルロ＝ポンティはむしろ批判的な場所に立っている。すでにみたように、メルロ＝ポンティにとって意味の源泉としての知覚的経験は、隔たりや隙間といった否定的な契機を深く宿したものなのであって、思考と存在との絶対的一致、あるいは思考の思考自身との一致、思考と世界との一致という古典的現象学の理念は、現象学における超越論哲学的な思考枠組みの残滓とでもいえるものである。

メルロ＝ポンティは、知覚をむしろ差異の生成、つまりは不断の差異化の過程としてとらえたのであって、その否定的な契機が中期のスティル論では逸脱として、後期の存在論的思考においては裂開として前景に出されたのであった。かれによれば、知覚とはつねに〈脱‐自〉（Ekstasis）もしくは〈非‐中心化〉の過程としてとらえられるべきものであった。

世界の頌歌

しかしまた、この知覚は「ナルシシズム」という概念によって特徴づけられるものでもあった。「存在の双葉」という表現にもあったように、それはおのれに魅惑されるという閉じられた関係のなかで生起するものとしてもとらえられる。見るものの見えるものへの、見えるものの見るものへのこの巻きつき、あるいは編みあわせとして、知覚は生起する。この可逆性をメルロ＝ポンティは、存在の〈肉〉であるとしたのであった。そして前期では〈知覚された世界〉が、後期ではこの〈肉〉が、あらゆる合理性、あらゆる存在がみずからの源泉としてつねに前提とせざるをえないものだとされたのであった。キアスム、そして裂開。それらは「わたしと世界との交換」の構造を語りだすときの術語であるが、キアスムにおける対立する二項のその相互反転が、メルロ＝ポンティにおいてはナルシシズムとして規定される。そしてそのナルシシズムの媒体として〈人間〉はある。そうすると最終的に、真理は人間という存在のうちにこそその起源をもつということになる。その意味で、経験も言語もともに、メルロ＝ポンティにおいては、世界の頌歌であり、つまりは存在そのもののイントネーションであるということになる。「記号と記号のあいだにつねに再開されるべき隔たり、終わることのない差異化、〔世界の〕開口」（VI：二一三頁）、それが人間による世界の頌歌のなかに回収されるのだ。

純粋の不可能性

「見るものと見えるものとの可逆性があり、それら両者の変身の交差する地点に知覚とよばれるものが誕生するように、言葉とそれの意味するものとの可逆性がある」（VI：二一三頁）。メルロ＝ポンティは遺稿のなかでこのようにも書きつけているが、ここで「言葉が意味するもの」とはいったいなんだろう。知覚された世界、肉……つまりは黙せるものとしての〈世界〉なのだろうか。その前言語的な意味なのだろうか。だからその表現として、世界の頌歌が人間によって歌いだされるのだろうか。

が、そのような純粋な沈黙、純粋に非言語的な世界など存在しえないというのが、メルロ

＝ポンティのもう一つの確信であったはずだ。メルロ＝ポンティが中期にソシュールの言語学に注目し、『知覚の現象学』のなかにまだ残存していた意味生成の超越論的＝主観主義的な枠組みを最終的に破棄しえたのも、知覚に内蔵され、言語記号のうちに内蔵された隔たり——知覚においては規範からの逸脱であり、記号においてはその弁別的な差異であった——から終始眼を逸らさなかったからだ。だから、「言語が意味するもの」とは、言葉の外にある純粋な沈黙の世界ではありえない。

M・C・ディロンは、メルロ＝ポンティとデリダの差異の思考を比較した「隔たりと差延」という論文（M. C. Dillon, « Introduction: Ecart & Différance », in *Ecart & différance: Merleau-Ponty and Derrida on Seeing and Writing*, edited by M. C. Dillon, Atlantic Highlands, NJ: Humanities Press, 1997）のなかで、メルロ＝ポンティが一貫して拒絶する考え方としてつぎの三つを指摘している。

(1)あらゆる意味がそこへと遡行的に関係づけられるべき論理学的な単純項としてセンス・データないしは純粋な感覚質を設定する考え方、(2)（実証主義者のいう修正不可能性やフッサールのいう必当然性の概念に深く浸透している）確実性のデカルト主義的な探究、(3)知識と対象との一致としての同一性の教説、である。

この意味では、論理実証主義のいうプロトコル命題も古典的現象学のいう直接的印象も、言語性の彼方にある（つまりは言語に汚染されていないような）純粋な〈現前〉態ではありえない。意味生成において、事実的な媒体のその構成的な機能を還元することの不可能性については、われわれもまたこれまでくりかえし指摘してきたし（たとえば第二章の末尾で）、なによりもメルロ＝ポンティそのひとがその方向で現象学を徹底化したのであった。意味の媒体としての声や活字というかたちでの記号（トークン）の弁別的性格がまさにそれとして知覚されねばならないのだから、その意味で純粋に非言語的な経験があるわけではないし、逆にあらゆる経験の対象はその歴史的な地平のなかでそれとして現出してくるものである以上、言語をはじめとしてさまざまのシンボリズムとその分節システムから全面的に解除された純粋な知覚的経験があるわけでもない（〈純粋〉の不可能性については、純粋主義の生成と衰退という視点から二十世紀の思想史を解釈する試みをかつておこなったことがある。鷲田清一「方法の臨界――《純粋》というトポスの不可能性とハイブリッドな思考の可能性」、『岩波講座　現代思想』第二巻、岩波書店、一九九四年所収を参照していただければ幸いである）。

存在への還帰

メルロ＝ポンティの思考にとっては、差異の構造こそが、つまりゲシュタルト（図と地）というかたちでの差異の生成こそが最後までポイントであった。〈現前〉はつねに非現前や隔たりをこそ前提するのであった。

ひとびとは、なにかを結びつけるはたらきをするものが必要だとか、ある「純粋な思考（denken）」、「自己現出（Selbsterscheinung, auto-apparition）」、つまり純粋な現出であるような現出……が必要だ、といったことは教えてくれる。だが、こういったすべては対自の観念を予想し、結局のところ超越を説明することはできない。――まったく別の方向へ探究を進めること。異論の余地はないが、派生的な性格としての対自そのもの。それ〔対自〕は差異化における隔たりの極点なのである。――自己への現前は差異化された世界への現前なのである。――たとえば反射に含まれているような「視」を形成するものとしての知覚的隔たり、また差異化としての言語活動によって対自存在を仕上げるものとしての知覚的隔たり。意識すること＝地の上の図をもつこと――われわれはこれ以上遠くまでは遡れない。（VI：二七二頁）

この点に着目するかぎり、「テクストの外部は存在しない」と書いたジャック・デリダのように、あらゆる意味論的同一性を、ポジティヴな項をもたぬ差異の純然たる戯れへと還元するそのふるまいと、メルロ＝ポンティのそれとを重ねあわせるという誘惑にかられもする。が、メルロ＝ポンティのキアスムには、差異をめぐるある根の深い形而上学がまとわりついている。

たとえばかれはこう書く。

必要なのは同一性としての（空間的ないし時間的）物から、差異としての、つまり超越としての、つまりつねに「背後にあり」、彼方にあり、遠くにあるものとしての（空間的ないし時間的）物へ移行することなのだ。……現在そのものも超越を含まない絶対的な一致ではない。Urerlebnis〔原体験〕が含んでいるものでさえ、全面的な一致ではなく部分的な一致なのである。なぜなら、それはもろもろの地平をもっており、そうした地平なしには存在しないものであろうからである。――現在もまた注意のピンセットではさんで間近からとらえることなどできないものなのであり、それは包括者なのである。（VI：二七七―二七八頁）

この「もろもろの地平」はいわばテクストにたいするコンテクストにあたるもので、その意味でもデリダとともにテクストの外部は存在しないと言えそうだが、このあとに続く文章は、まさにあらゆる現象を抱擁する母胎としての〈肉〉という存在（l'Être）をほのめかしている。ここには、たえず自己を襞としてくりひろげてゆく全体、差異と矛盾を内蔵しつつ不断に増殖してゆく全体としての存在が、みずからを産出してゆくさまが、どうしても透かしみえる。

メルロ＝ポンティの晩年の思考は、次元性としてはたらくもの、その「根源的に現前しえないものの根源的現前」に照準をあわせていたが、この現前はもはや反省における自己自身との一致といったものではない。それは〈存在〉へと非中心化された〈現前〉であり、存在の〈肉〉によって介体された自己現前である。

メルロ＝ポンティのいうように、言語とはその〈肉〉のうち分節された世界の〈肉〉そのものである。逆に言語もまたその弁別のためには知覚可能な感覚的媒体に住みつくのであるから、世界の〈肉〉のうちで分節されるといえる。世界の〈肉〉と言語の〈肉〉とはその意味で可逆的なものである。が、ディロンも指摘するように、その関係は対称的ではない。メルロ＝ポンティにおいては、世界がまずあって、そしてその知覚的意味から言語的意味への移行が発生する。最終的には、知覚された黙せる世界こそがすべての源泉である。陰陽という、生殖の二項をみずから生みだす〈存在〉の始元的な自己契約として、「わたし」と「世界」とが生成するのである。

存在の自己契約

反転につぐ反転に、分析の眼まで眩みそうになるが、この〈存在〉の自己契約が〈存在〉の偶然性へと送りかえされるところに、メルロ＝ポンティのリヴァーシブルな思考の最後の折りかえしがある。

偶然性の感覚というのは、つねに視点が歴史のどこかの場所に局所づけられているという事実性と有限性の感覚であるし——メルロ＝ポンティの前期の仕事はこの象面で「現象学の実存主義的展開」と呼ばれたのであった——、またつねに可視性が不可視性を含みもってはじめて可能となるという否定性の感覚でもある。これが、くりかえし見てきたように、メルロ＝ポンティの〈可逆性〉の思考のいま一つの特質であった。

> 触れることに住みついている否定性（わたしはこの否定性を内輪に見積もるわけにはゆかない／この否定性こそ、身体が経験的事実ではなく、存在論的意味をもつべく仕向けているものなのだから）、触れることのもつ触れえないもの、見ることのもつ見えないもの、意識のもつ無意識なもの（その中心的な punctum caecum〔盲点〕）、意識を意識たらしめている盲目性、つまりはあらゆる事物の間接的で転倒した把握）、これは感覚的〈存在〉の他面ないし裏面（ないし他の次元性）なのである。（VI：三七四頁）

他者の身体との接触においても、われわれはつねに身体のおなじ側にしかいられないという事実こそがじつは〈肉〉の出現の条件になっているということ、つまりこの事実は、身体がさまざまな見えるもののうちの一つであるという意味で「見えるもの」なのではないことを、メルロ＝ポンティは何度も問題にしていた（たとえばVI：四〇四頁）。この否定性、この裂け目が、〈肉〉には深く挿しこまれていたのである。他者との社会的共存の次元としての「歴史の肉」においては、この裂け目がもっと先鋭化するのはいうまでもない。

交叉配列（キアスム）の観念とは、「存在へのすべての関係はとらえることであると同時にとらえられることであり、とらえるはたらきがとらえられ、書き込まれる、それもおのれがとらえるそのおなじ存在に書き込まれる」のだということである。そして「哲学とは、とらえることととらえられることとを、あらゆるレヴェルで同時に体験することなのである」（VI：三九二頁）といわれていた。これを言い換えて、「哲学は見えるものの裏面に身を据えているわけではない――それは表裏いずれの面にも属しているのである。したがって、哲学ないし超越論的なものと経験的なもの（存在論的なものと存在者的なもの、といったほうがよい）のあいだには絶対的な差異はない。……絶対に純粋な哲学的言語もない。純粋に哲学的な政治もない、たとえばある宣言が必要なときに、哲学的厳格主義などあるべきではない」（VI：三九二頁）というふうにも、メルロ＝ポンティは書いている。

存在のきずな

とらえるものがそれがとらえるもののうちにとらえられるという、ウロボロスの蛇のような循環は、〈可逆性〉の思考に本質的なものである。存在の裂開についての思考（＝現象学）が存在の裂開として起こる――だから「現象学の現象学」が必要となるのだ。「世界の肉」についていわれるこのことを「歴史の肉」の次元でいえば、歴史についての思考が歴史のうちで起こる、社会についての思考が社会のうちで起こるということであろう。そしてその循環こそ哲学が深く測鉛を下ろさねばならないものだ。だとすれば、「問題になるのが物であれ、歴史的状況であれ、哲学はそれをよく見つめることをわれわれに再三再四教えこむ以外のいかなる機能をももたないのであり、哲学が実現されるには、それだけ切り離されて存在するような哲学が破壊されねばならない、と言うのは正しい」（PP：⑵三七五頁）ことになる。

このような自己循環的な思考、そのような「非‐哲学（non-philosophie）」、「脱‐哲学

(a-philosophie)」、「反哲学（anti-philosophie)」のことを、メルロ＝ポンティは遺稿のなかでは、「超弁証法（hyperdialectique)」とか「問いかけの哲学（philosophie interrogative)」とよんでもいる。「哲学をばかにすることこそ真に哲学することである」というパスカルの言葉をなぞるようにして、「真の哲学は哲学を意に介さない。それは脱‐哲学なのである」というふうに。

この「問いかけの哲学」は、哲学するものもまた他者と編みあわせられつつ、こうしてあるのだということをつよく意識している。哲学の希望と限界もまた、歴史のなかに、ひとびとの絆のなかにあるということを。そのことをみずからに言い聞かせるかのように、メルロ＝ポンティはみずからの主著『知覚の現象学』を、サン＝テグジュペリ『戦う操縦士』（堀口大学訳、新潮社（新潮文庫）、一九五六年）のなかのつぎのような言葉でむすんでいる。

きみの息子が炎に包まれていたら、きみはかれを救けだすことだろう……もし障碍物があったら、肩で体当たりをするためにきみはきみの肩を売りとばすだろう。きみはきみの行為そのもののうちに宿っているのだ。それがきみなのだ……きみは自分を身代わりにする……きみというものの意味が、まばゆいほど現われてくるのだ。それはきみの義務であり、きみの憎しみであり、きみの愛であり、きみの誠実さであり、きみの発明なのだ……人間というのはさまざまな絆の結節点（un nœud de relations）にすぎない、人間にとっては絆だけが重要なのだ。

主要著作ダイジェスト

『行動の構造』滝浦静雄・木田元訳、みすず書房、一九六四年。のち、全二巻、みすず書房（始まりの本）、二〇一四年（*La structure du comportement*, Paris: PUF, 1942）

人間の行動というものを分析するときに、動機とか意図といったメンタルな契機と、身体運動というフィジカルな契機との合成としてそれを説明する仕方というのは、われわれの思考習慣のなかでも根深いものである。心的なものと生理的なもの、意識と物質との対立という二分法的な思考の枠組みによって、人間の行動がいかに抽象的な諸契機に分解されてきたかを、同時代の生理学や心理学の研究成果を仔細に検討するなかで、批判的に告発するというモティーフが、メルロ＝ポンティのこの処女作を突き動かしている。メルロ＝ポンティはここで、刺激と反応との一対一対応という要素主義的ないしは行動主義的な行動解釈にたいし、人間の知覚や行動は、要素そのものの質的特性によってではなく、それら諸要素の配置関係（＝布置）という全体的構造によって、つまりはゲシュタルトという特性によって規定されているという考え方を対置する。

このような思考は、志向性を核とする主観性の現象学にたいして、超越論的なものを非主観化し、さまざまな意味の生成する場として考える構造論的な思考として、すぐ後に発表される『知覚の現象学』の水準における身体的実存の現象学とある種の対照をなしている。その意味で、『知覚の現象学』をいわば跨ぎ越すかたちで、メルロ＝ポンティ晩年の非主観主義的な可逆性と差異の思考につながってゆくものである。哲学と、同時代の科学研究との深い思想的交流の見本のような研究である。

本書の構成はつぎのようになっている。

序　論

第一章　反射行動（I　反射の古典的考え方と補助仮説、II　ゲシュタルト学説における反射の解釈、III　結論）

第二章　高等な行動（I　パヴロフの反射学とその諸要請、II　行動の〈中枢領域〉と機能局在の問題、III　行動の構造）

第三章　物理的秩序、生命的秩序、人間的秩序（I　物理学における構造、II　生命的構造、III　人間的秩序）

第四章　心身の関係と知覚的意識の問題（I　古典的解答、II　自然主義というものには一理もないのか）

『知覚の現象学』第一分冊：竹内芳郎・小木貞孝訳、みすず書房、一九六七年、第二分冊：竹内芳郎・木田元・宮本忠雄訳、みすず書房、一九七四年／中島盛夫訳、法政大学出版局

（叢書・ウニベルシタス）、一九八二年（***Phénoménologie de la perception*, Paris: Gallimard, 1945**）

本書は、フッサール以後の現象学の展開のなかでもっとも重要な書物の一つである。とりわけ、フッサールの後期思想といえば当時まだ『デカルト的省察』のフランス語訳と、『ヨーロッパ諸学問の危機と超越論的現象学』の一部とその他若干の未編集の草稿、それにL・ラントグレーベによって編集された『経験と判断』などをとおしてしかふれることのできなかった時代に、ルーヴァンで未刊の草稿群を閲読し、そこからおどろくべき直観力で、身体性や間主観性、生活世界や大地、受動的綜合や原創設といった後期フッサールの思考のキー概念とその問題論的な意義を抉りだし、独自の仕方で現象学の主要概念として練り上げていったことで、現象学史のなかでも格別の位置を占めている。本書の刊行後、一九五一年にA・ドゥ・ヴァーレンスの解説書『両義性の哲学――メルロ＝ポンティの実存主義』も刊行され、さらに六六年にはR・ベームによる本書のドイツ語訳も刊行され、ライン河を越えて、本書はフランスにおける現象学の戦後的展開、とりわけフッサールの後期思想の研究のドイツへの逆流をうながすことにもなった。

本書では、西欧の近代哲学を長く規定してきた主観と客観（あるいは意識と物）、理念性と事実性（あるいは主知主義と経験主義）といった二項対立を超えて、〈身体的実存〉とその両義的な存在構造という視点から、知覚的世界の生成とその意味の源泉としての身体的実存の運動性が論じられる。《身体性の現象学》の宣言というべき書物であって、その序文は戦後現象学の輝かしいマニフェストともなっている。また、同時代の科学研究の哲学の側からの突っ込んだ解釈をともなう、その厚い現象の記述と分析は、現象学史における〈現象学的記述〉の最良の模範の一つであるといえる。

本文の叙述はつぎのような構成になっている。

序　論　古典的偏見と現象への還帰

第一部　身体（Ⅰ　対象としての身体および機械論的生理学、Ⅱ　身体の経験と古典的心理学、Ⅲ　自己の身体の空間性および運動性、Ⅳ　自己の身体の綜合、Ⅴ　性的存在としての身体、Ⅵ　表現としての身体と言葉）

第二部　知覚された世界（Ⅰ　感覚するということ、Ⅱ　空間、Ⅲ　物と自然的世界、Ⅳ　他者と人間的世界）

第三部　対自存在と世界-内-存在（Ⅰ　コギト、Ⅱ　時間性、Ⅲ　自由）

『シーニュ』第一分冊：竹内芳郎・海老坂武・粟津則雄・木田元・滝浦静雄訳、みすず書房、一九六九年、第二分冊：竹内芳郎・木田元・滝浦静雄・佐々木宗雄・二宮敬・朝比奈誼・海老坂武訳、みすず書房、一九七〇年（*Signes*, Paris: Gallimard, 1960）

『知覚の現象学』（一九四五年）を刊行後、一九四七年から遺稿『見えるものと見えないもの』の執筆にとりかかる五九年までのあいだに書かれた代表的な論文と雑誌に発表された政治的発言とを一冊にまとめたものである。

ソシュール言語学の哲学的解釈、「語る主体」としての主体の捉えなおし、マルローの芸術論の影響を受けて「一貫した変形」や「スティル」という概念を核として形成された意味の生成論、間身体性という問題設定、絵画と知覚のアナロジー、ヨーロッパのエスノセントリズム（自民族中心主義）批判と「野性の精神」によるその克服の可能性についての議論、レヴィ＝ストロースの構造概念の評価、後期フッサールの研究の位置づけ、モンテーニュやベルクソン、マキャヴェリといった過去の思想家の新しい視角からする再評価、そしてスターリン主義批判やアルジェリア問題をはじめとする同時代の政治状況への積極的な発言など、ひじょうに多彩な内容になっており、メルロ＝ポンティによる同時代診断が生き生きと伝わってくる。

未刊の草稿を集めた『世界の散文』のなかの「表現の科学と表現の経験」や「間接的言語」は、『シーニュ』のなかでもっとも長い論文「間接的言語と沈黙の声」（サルトルの『文学とはなにか』をつよく意識して書かれたこの論文は『レ・タン・モデルヌ』に掲載され、サルトルに捧げられている）のいわば準備原稿でもあり、その二つのあいだの論調の微妙な変化もなかなか興味深いものである。

この論文集は以下のように構成されている。

序（一九六〇年）

間接的言語と沈黙の声（一九五二年）

言語の現象学について（一九五一年）
哲学者と社会学（一九五一年）
モースからクロード・レヴィ゠ストロースへ（一九五九年）
どこにもありどこにもない（一九五六年）
哲学者とその影（一九五九年）
生成するベルクソン像（一九五九年）
アインシュタインと理性の危機（一九五五年）
モンテーニュを読む（一九四七年）
マキャヴェリ覚え書（一九四九年）
人間と逆行性（一九五一年）
発　言（一九四七―五八年）

『眼と精神』滝浦静雄・木田元訳、みすず書房、一九六六年（*L'œil et l'esprit*, Paris: Gallimard, 1960）

表題作はメルロ゠ポンティの最晩年の思考をコンパクトに描きだした、小品ではあるが密度の濃い著作であり、かれが生前に出版した最後の作品である。「わたしがあなたに翻訳してみせようとしているものは、もっと神秘的であり、存在の根そのもの、感覚の感知しがたい源泉と絡みあっているのです」という、J・ガスケの『セザンヌ』の言葉がエピグラフとして引かれていることからもうかがわれるように、感覚的な世界の構造が絵画論のかたちで展開される。感じるものと感じられるものとの交叉や反転といった「不思議な交換体系」、見えるということの秘密、世界の詩的な形態化ないしは想像的な組成などについて、やわらかくも緻密な思考が、華麗な文体によって展開されている。

原著は百ページにも満たないものであるが、邦訳書ではこのほかに、「人間の科学と現象学」と「幼児の対人関係」という、一九五〇―五一年度にパリ大学文学部でおこなわれた心理学の講義録（一九六二年刊行）と、コレージュ・ドゥ・フランスの就任講演「哲学を讃えて」（一九五三年）とが収録されている。「人間の科学と現象学」はフッサール現象学についてのメルロ゠ポンティの解釈を平易に語りだしたもので、『知覚の現象学』の序文の現象学論と併せ読まれることを薦めたい。講義「幼児の対人関係」では、メルロ゠ポンティは幼児の他人知覚をめぐって、アンリ・ワロンとジャック・ラカンの研究とフッサールの他者構成論における「志向的越境」ならびに「対化」という概念に拠りつつ、幼児における身体図式の形成と自他の癒合的な社会性とを、本質的に不可分のものとして分析している。その意味で、のちの「間身体性」の概念を予告する仕事であるといえる。

『見えるものと見えないもの』滝浦静雄・木田元訳、みすず書房、一九八九年／『見えるものと見えざるもの』クロード・ルフォール編、中島盛夫監訳、伊藤泰雄・岩見徳夫・重野豊隆訳、法政大学出版局（叢書・ウニベルシタス）、一九九四年（*Le visible et l'invisible: suivi de notes de travail*, texte établi par Claude Lefort, Paris: Gallimard, 1964)

メルロ＝ポンティは一九五九年の春頃から、『見えるものと見えないもの』という表題でその存在論的思考をまとめるべく準備をしていたが、六一年、哲学者の突然の死によってその構想は実現されることなく終わった。そこでC・ルフォールがその遺志を継ぐべく、ある程度まとまっていた本文の未定稿と、その構想をメモした覚え書の類を「研究ノート」として整理し、刊行したのが本書である。

〈肉〉を媒質とし、そのたえざる反転可能性のうちに世界の生成をみる晩年の否定的存在論・間接的存在論が、そして問いかけとしての「非‐哲学」の思想が、キアスム・絡みあい・巻きつき・骨組み・次元・軸・裂開・侵蝕・生まの存在・垂直の存在といったまったく独自の術語で、未定稿のまま、あるいは断片的な研究ノートのかたちで語りだされている。

編者のルフォールはメルロ＝ポンティの構想を推し量りつつ、未定稿をつぎのように配列し、それにいわば付録として、メルロ＝ポンティが紙片にしたためた一九五九年一月から六一年三月までのメモを「研究ノート」として付している。

・反省と問いかけ
・問いかけと弁証法
・問いかけと直観
・絡みあい――キアスム

・補遺（前客観的存在／独我論的世界、1・現前）
・研究ノート

＊他の邦訳としては、以下のものがある（原著の刊行順）。

『ヒューマニズムとテロル』森本和夫訳、現代思潮社、一九六五年（改訂版）（*Humanisme et terreur*, Paris: Gallimard, 1947）

『意味と無意味』滝浦静雄・粟津則雄・木田元・海老坂武訳、みすず書房、一九八三年／永戸多喜雄訳、国文社、一九七〇年（*Sens et non-sens*, Paris: Nagel, 1948）

『弁証法の冒険』滝浦静雄・木田元・田島節夫・市川浩訳、みすず書房、一九七二年（*Les aventures de la dialectique*, Paris: Gallimard, 1955）

『メルロ＝ポンティ哲学者事典』全四巻、モーリス・メルロ＝ポンティ編著、加賀野井秀一・伊藤泰雄・本郷均・加國尚志監訳、白水社、二〇一七年（*Les philosophes célèbres*, publié sous la direction de Maurice Merleau-Ponty, Paris: L. Mazenod, 1956）

『言語と自然——コレージュ・ドゥ・フランス講義要録一九五二—六〇』滝浦静雄・木田元訳、みすず書房、一九七九年（*Résumés de cours: Collège de France 1952-1960*, Paris: Gallimard, 1968）

『心身の合一——マールブランシュとビランとベルクソンにおける』滝浦静雄・中村文郎・砂原陽一訳、筑摩書房（ちくま学芸文庫）、二〇〇七年（*L'union de l'âme et du corps*

chez Malebranche, Biran et Bergson: notes prises au cours de Maurice Merleau-Ponty, recueillies et rédigées par Jean Deprun, Paris: J. Vrin, 1968)
『世界の散文』滝浦静雄・木田元訳、みすず書房、一九七九年（*La prose du monde*, texte établi et présenté par Claude Lefort, Paris: Gallimard, 1969)
『意識と言語の獲得――ソルボンヌ講義1』木田元・鯨岡峻訳、みすず書房、一九九三年（*Merleau-Ponty à la Sorbonne: résumé de cours 1949-1952*, Grenoble: Cynara, 1988)
『メルロ-ポンティは語る――知覚の優位性とその哲学的帰結』菊川忠夫訳、御茶の水書房、一九八一年（*Le primat de la perception et ses conséquences philosophiques: précédé de Projet de travail sur la nature de la Perception (1933) et La Nature de la Perception (1934)*, Grenoble: Cynara, 1989)
『サルトル／メルロ＝ポンティ往復書簡――決裂の証言』菅野盾樹訳、みすず書房（みすずライブラリー）、二〇〇〇年（« Sartre, Merleau-Ponty: Les lettres d'une rupture », *Le Magazine Littéraire*, 320, 1994)
『自然――コレージュ・ド・フランス講義ノート』ドミニク・セグラール編、松葉祥一・加國尚志訳、みすず書房、二〇二〇年（*La nature: notes, cours du Collège de France, suivi de Résumés de cours correspondants de Maurice Merleau-Ponty*, établi et annoté par Dominique Séglard, Paris: Seuil, 1995)
『コレージュ・ド・フランス講義草稿 一九五九―一九六一』ステファニー・メナセ編、松葉祥一・廣瀬浩司・加國尚志訳、みすず書房、二〇一九年（*Notes des cours au Collège de France, 1958-1959 et 1960-1961*, texte établi par Stéphanie Ménasé, Paris: Gallimard, 1996）

『フッサール『幾何学の起源』講義』加賀野井秀一・伊藤泰雄・本郷均訳、法政大学出版局（叢書・ウニベルシタス）、二〇〇五年（*Notes de cours sur* L'origine de la géométrie *de Husserl: suivi de Recherches sur la phénoménologie de Merleau-Ponty*, sous la direction de Renaud Barbaras, Paris: Presses universitaires de France, 1998）

『知覚の哲学——ラジオ講演 一九四八年』ステファニ・メナセ校訂、菅野盾樹訳、筑摩書房（ちくま学芸文庫）、二〇一一年（*Causeries 1948*, établies et annotées par Stéphanie Ménasé, Paris: Seuil, 2002）

日本語版独自の編集による訳書には、以下のものがある。

『メルロ‐ポンティの研究ノート——新しい存在論の輪郭』現象学研究会編訳、御茶の水書房、一九八一年

『知覚の本性——初期論文集』加賀野井秀一編訳、法政大学出版局（叢書・ウニベルシタス）、一九八八年

『メルロ＝ポンティ・コレクション』中山元編訳、筑摩書房（ちくま学芸文庫）、一九九九年

『メルロ＝ポンティ・コレクション』全七巻、木田元編、みすず書房、二〇〇一—〇二年

『大人から見た子ども』滝浦静雄・木田元・鯨岡峻訳、みすず書房、二〇一九年

キーワード解説

ゲシュタルト(forme, Gestalt)

もともと『行動の構造』において、行動理論における「刺激」がそれぞれの孤立的な要素の特性のモザイク的な総和に還元できるものではなく、むしろ諸要素の布置とか配置関係のなかで個々の「刺激」の特性も決まってくるという考え方をしめすために、ゲシュタルト学説から導入された、〈かたち〉や形態を意味する概念である。が、行動におけるゲシュタルトの特質が「一般性」や「移調可能な全体」というところにあることから、その考えは『知覚の現象学』でも身体図式や世界知覚の特性として引き継がれ、さらに晩年の『見えるものと見えないもの』では、存在が開口し、意味がそこに湧出してくる、そういう差異化の現象そのものとして、あるいは世界生成の次元ないしは軸をあらわす基本概念として、ふたたびメルロ＝ポンティの思考の中心を占めることになる。

両義性(ambiguïté)

フェルディナン・アルキエとアルフォンス・ドゥ・ヴァーレンスがそれぞれメルロ＝ポンティの思考を「両義性の哲学」と名づけたことで、メルロ＝ポンティの前期思想の代名詞のようにして用いられる言葉である。両義性という言葉にはあいまいさという意味もあるが、ここでは「あいまい（équivoque）」という悪い意味で両義性がいわれているのではない。有限性と無限性、内面性と外面性のたんなる混淆は、悪しき両義性といわれる。メルロ＝ポンティのいう両義性は、存在が本質的に内蔵している二義性のことであって、即自でもなければ対自でもなく、客観でもなければ主観でもなく、さらには物でもなければ意識でもない、そういう二項対立の手前がわにある、ある矛盾する二契機の動的な錯綜を意味している。

　メルロ＝ポンティは精神と物体、内部と外部、存在と現象といった伝統的な二元論をこの両義性の概念によって乗り越えようとするのであるが、モーリス・ブロンデルが存在論的双眼視（diplopie ontologique）とよんだこういう視線には、パスカルの両重性（duplicité）という思想が反映していることを否定することはできないだろう。

身体性（corporéité）

　メルロ＝ポンティにおいて、身体は器官の集合でもなければ、ここにおいて起こる物質的で因果的な事実の束なのでもない。意識でも物でもない存在、対自でも即自でもない両義的な存在として、人間の身体的実存はとらえられる。メルロ＝ポンティはそれを、客観的な身体にたいして、「自己の身体」とよび、身体は、コギトという対象意識（「われ思う」）の発動に先行する実存の前人称的で一般的な動性（「われ能う」）であるとする。いいかえると、身体ははじめから世界へと向かう実存の運動のなかでとらえられており、構造化された世界との関係として「始元的な習慣」であるとされる。

メルロ゠ポンティはいわばハイデガーの〈世界‐内‐存在〉を身体の次元でとらえなおしているわけで、身体によって世界のなかに住みつく、そういう世界内属的な実存のあり方が、身体性である。この知覚の主体としての身体、「ひとがわたしにおいて知覚する」というときのその〈ひと〉(on) は、「自然的なわたし」というふうにもいいかえられる。ただこの〈身体性〉の概念は、器官としての身体のみならず、「思考の身体」としての言葉や、「社会的生活の身体」としての制度にも適用されるかなり普遍的な概念であって、のちにこれは、世界と身体の共通の生地としての〈肉〉という、より普遍的な存在論的概念へとさらに練り上げられてゆく。

スティル (style)

中期のメルロ゠ポンティは、意味の生成・変換を「スティル化 (styliser)」の過程として解釈する。スティルとは、ふつう普遍的なものと特殊的なもの、形式的なものと内容的なものとを媒介する概念で、文体とか様式とか個性を意味するが、メルロ゠ポンティはこの概念をうんと一般化して、世界への意味の到来を可能にする構造的特性としてとらえる。スティルとは、表現のなじみの規範からの一貫した逸れ、ないしはぶれをあらわすものであり、諸要素、諸記号の布置全体がある「一貫した変形」にしたがわせられるとき、そこにスティルが生まれるというわけである。

そしてスティルとともに世界が裁ちなおされ、再構造化される。したがって文章や行動のスティルといった通常の意味においてだけでなく、世界のスティル、存在のスティルという言い方もなされる。これは主観の志向性による世界の構成という、古典的現象学の問題設定を乗り越えるためにおなじく中期に編みだされる〈制度化〉の概念と並行的なもので、やがて存在の裂開・炸裂という〈可逆性〉の思想によって乗り越えられてゆく。

制度（化）(institution)

意味の生成を、沈澱と再構造化との弁証法的過程というふうに時間軸でとらえるときに導入される中期の概念である。「ある経験に、それとの連関で一連の他の諸経験が意味をもつようになり思考可能な一系列、つまりは一つの歴史をかたちづくることになる、そうした持続的な諸次元をあたえるような出来事」というふうに定義されている。この概念は後期フッサールがしばしば用いるStiftung（設立）ないしはUrstiftung（原設立）という術語——ある概念や意味がある歴史的時点でだれかによって創設されたものでありながら、以後いわば範例として歴史のなかに深く沈澱してゆく、そのような歴史の生動性をあらわす——をフランス語訳するかたちで導入されたもので、設立・制定するはたらきと設立・制定されたものとを同時に意味する。この概念は「意識の哲学のもろもろの難点にたいする治療薬」であるともいわれ、「構成する（意識）主体（suiet constituant)」から「制度化する（歴史的）主体（sujet instituant）」への現象学の転位がこれによって提起されている。

次元性（dimensionnalité）

偶然に出現したある一つの存在者でありながら（たとえばやがて記号媒体となるであろう石の疵とかインクのしみ、あるいは画家がキャンバスにたまたま最初に置いた色）、以後それとの関係で他の諸要素の位置価が決定され、そこに他のさまざまな存在者が現出するときの次元にもなるというその存在論的な機能を、メルロ＝ポンティは「次元性」と呼ぶ。たとえばある照明色は、特定の色でありながら、それが領野の規準色になると、それはしかじかの色であることをやめて「次元」として存在論的に機能しはじめるというわけである。偶然的なもの、事実的なものが同時に存在論的な規準となるのである。そして規準であるかぎりで、それは、見えるこの世界の見えないもの、「根源的に現前しえないものの根源的現前」であるとされる。

「次元」は「水準（niveau）」とか「軸（pivot, axe）」ともいいかえられている。このような感覚的なものの一般化という現象の、もっとも根源的なものは身体である。身体は、あらゆる感覚的な存在者がそれによって現出してくる普遍的な媒質として、「次元の次元」ないしは「世界の回転軸」であるとされるのである。

可逆性（réversibilité）

見るものが、見る見えるもの（見える見るもの）としてすでに見えるもののうちにあるからこそ、見るということが見えるもののあいだで生起する。見ることのうちには、このように、見るものと見えるもの（感じるものと感じられるもの）とがたがいに巻きつき、絡みあうような相互侵蝕的でかつ相互反転的な関係がなりたっている。「鏡の現象」ともいわれるこうした可逆的関係は、見る身体と見える物、見える他者の身体とのあいだにも拡張されてゆくのであって、そこでは、見るものは見えるものとの隔たりのなかに存在し、見られるものは見るものとともに、出現するという相互媒介的な関係が、まさに可逆的に生起している。

存在のこうした可逆的な生成は、織地の表裏がたがいに反転しあうさまを譬えに語りだされており、その意味で裏返しのきく生地（étoffe réversible）というときのリヴァーシブルであるのだが、概念的には、ゲシュタルト理論における反転図形（figure réversible）といった術語に由来するとみられる。こうした相互反転の関係は、見るものと見えるもの、感じるものと感じられるもののあいだ、身体と世界、自己と他者のあいだだけでなく、さらに諸感覚のあいだ、語音と意味、思考と存在、知覚経験と言語表現のあいだにも拡張されてゆき、晩年の存在論的思考のキー概念となった。

肉（chair）

晩年のメルロ゠ポンティは、見る身体と見える身体とが同一の身体であることのうちに、いいかえると、感じるものが感じられるものであるという可逆性のうちに、現象が生起することの根拠を探りあてようとしていた。そこで『知覚の現象学』においてわれわれと世界との関係の普遍的媒質としてとらえられた〈身体〉が、主体の器官という意味を解除されて、むしろ「存在のエレメント」としてとらえかえされるときに、この〈肉〉という概念が要請されることになる。

メルロ＝ポンティは〈肉〉が二つに裂け、その裂けたものがまたたがいに覆いあい、折り畳まれるという事態のなかに存在の生成過程をみた。この場合に〈肉〉とはなにか質料的なものではなく、見るものが見えるものに巻きつき、感じられるものが感じるものへと反転してくる可逆性そのものを意味することに注意する必要がある。その意味での〈肉〉の裂開こそ、世界の誕生である。ここから「わたしの身体と世界とはおなじ肉でできている」といわれ、さらに一方で「世界の肉」、「存在の肉」、「歴史の肉」といった表現が、他方で「肉的な間主観性」といった言いまわしが見いだされることになる。〈肉〉とはたえず裂開し、自己を分岐させてゆく現象の母胎のことであった。

キアスム（**chiasme**＝交叉配列）

キアスマ（交叉）はもともと神経の交差を、キアスム（交叉配列）は対句の順序を交錯させる修辞法を意味するが、このような言葉でメルロ＝ポンティが語りだそうとしているのは、主観と客観、自己と他者、触れるものと触れられるもの、見えるものと見えないもの、能動と受動……が、たがいを深く侵蝕するというかたちで相互にその存在を交差させ、編みあわせているという存在論的な出来事である。

存在の裂開（déhiscence）と炸裂（éclatement）、そのなかで分岐してきた「存在の双葉」が、「たがいに他のまわりをめぐる内と外」として、たがいを差異化しながら、しかもたがいに反転しあうような関係が、キアスムなのである。それは差異を懐（ふところ）深く宿した「共存不可能なものとの統一」ともいわれ、さらに絡みあい（entrelacs＝編みあわせ）とか相互内属（Ineinander）、侵蝕（empiétement＝蚕食）といいかえられもする。このことは哲学的反省そのものについてもいわれるのであって、哲学もまたそれがとらえようとするものに媒介されつつ生成するのであるから、それじたいが閉じた系、閉じた反省的回路として完結することはありえないことになる。前期に「完全な還元は不可能である」と書き、後期に未完結の弁証法とか（反省不可能なものについての反省という意味で）超反省についてくりかえし論じるのも、そうした理由からである。

生まの存在（être brut）

「生（な）まの存在」は、文化のさまざまな刻印に先行するような象徴の母胎を意味する概念で、最晩年のメルロ＝ポンティはこの言葉をとりわけて愛用している。それはみずからを引き裂き、折り畳んでゆく〈肉〉の動性そのものを意味する。その意味でメルロ＝ポンティにあってもっとも始元的な存在とその多産的な増殖性をさしていると同時に、まったく異質な文化間でそれぞれの文化の底を破るかたちで側面的な接触をはじめて可能にするものでもある。レヴィ＝ストロースの文化人類学的思考を論じた文章のなかでは、「自分自身の文化のうちに取り込まれていないために、それによってかえって他の文化とも疎通しあえる」ような領域といわれている。

「生まの存在」は、フッサールの〈生活世界〉の概念（メルロ＝ポンティが前期に「生きられた世界」と翻案していたもの）を晩年のメルロ＝ポンティが独自の存在論的概念として練りなおしたもので、遺稿では「野性の存在（l'être sauvage）」とか「垂直の存在（l'être vertical）」とも言い換えられている。「生まま」は、幼児の描画にみられる多型・無型の原始的表現性を「生まの芸術（l'art brut）」と名づけたジャン・デュビュッフェのモティーフが、また「野性」にはシェリングの「野性の原理（barbarisches Prinzip）」が反響しているとみることができる。

読書案内

メルロ＝ポンティの哲学思想については、すでに何冊かの包括的な研究書が日本語で出ている。代表的なものを三点にしぼって挙げておく。

木田元『メルロ＝ポンティの思想』（岩波書店、一九八四年）
日本語で書かれた最初の浩瀚なメルロ＝ポンティ研究書である。ほぼ年代順に、メルロ＝ポンティの書き物の分析と解釈がなされている。メルロ＝ポンティの著作の翻訳をずっと手がけてきた著者だけに、また西洋の哲学思想史や科学思想史にひじょうに豊かな学識をもつ著者だけに、テクストの読みは詳細かつ精緻であって、その翻訳の訳注とともに、関連議論の歴史や背景についての情報もたっぷり含まれている。

廣松渉・港道隆『メルロ＝ポンティ』（岩波書店〈20世紀思想家文庫〉、一九八三年）
港道隆が執筆している「内篇」が「メルロ＝ポンティ哲学の輪郭と軌跡」と題され、メルロ＝ポンティの思想のコンパクトな解釈にあてられている。コンパクトとはいえ、ひじょうに鋭利な切り口があちこちに開いていて、メルロ＝ポンティの現代思想としての性格が浮き彫りにされている。

X・ティリエット『メルロ＝ポンティ——あるいは人間の尺度』（木田元・篠憲二訳、大修館書店、一九七三年）

とりわけ後期メルロ＝ポンティの存在論的思考に濃やかな解釈をくわえた、シェリング研究者でもあるティリエットの研究である。原語が多く挿入されているので、晩年の華麗な言葉の藪のなかで迷わないための指針となりうる。行間から、メルロ＝ポンティへの深い愛情が溢れでている。

このほかに、メルロ＝ポンティの現象学がフランスの現代思想のなかで占めてきた位置については、ヴァンサン・デコンブ『知の最前線——現代フランスの哲学』（高橋允昭訳、ティビーエス・ブリタニカ、一九八三年）（原題は『同じものと他なるもの』）が明晰に論じている。ヘーゲル研究という源流からはじめて、サルトルとメルロ＝ポンティの現象学、構造主義と記号学、フーコーとデリダとドゥルーズとクロソウスキーへといたる戦後フランス思想の展開のなかで、メルロ＝ポンティの哲学を「真理の人間的起源」というふうに主題化している。

本文で十分にふれることのできなかったメルロ＝ポンティの政治的活動、とりわけ『レ・タン・モデルヌ』での役割や同時代の共産主義運動とのかかわり、戦後のフランス知識人界での位置などについては、A・ボスケッティの『知識人の覇権――20世紀フランス文化界とサルトル』（石崎晴己訳、新評論、一九八七年）が詳しく分析している。ボスケッティはイタリア人のフランス文学研究者で、ピエール・ブルデューの影響のもと、出版文化や文学グループと文学生産の関係を研究している。

また、加賀野井秀一『メルロ＝ポンティと言語』（世界書院、一九八八年）は言語という視角から、メルロ＝ポンティの哲学の全貌をはすかいに、そして濃やかに描きだしていて新鮮である。

メルロ＝ポンティの使用する用語や概念、さらにその歴史的起源については、木田元・野家啓一・村田純一・鷲田清一編『現象学事典』（弘文堂、一九九四年。のち、縮刷版、二〇一四年）を引くのが便利である。原語でも訳語でも引ける。また、メルロ＝ポンティ研究の現況をお知りになりたいむきには、メルロ＝ポンティ・サークルの年誌『メルロ＝ポンティ研究』（http://www.merleau.jp/etudes/）が役に立つ。また同サークルではメルロ＝ポンティにかんする研究文献の詳細なデータベースも発行している。

あとがき

わたしはメルロ＝ポンティを読むことで、哲学の勉強をはじめた。哲学の世界に足を踏み入れることになった。いうまでもなく、精密な思考、高度に研ぎ澄まされた思考が哲学の最初の魅力なのだが、どこか言いようのない寂しさ、あるいは控えめに滲(にじ)みでてくる断念のようなものがその文章から感じられないような哲学というのも、信用できないというところが哲学にはある。もっとも、これはわたしの趣味のようなものかもしれない。

いちばん深い影響を受けたひとについては語りにくいということもあるのだろう。わたしはこれまで、二、三の拙い解説的な文章を除いて、メルロ＝ポンティにかんし、フッサールについて論じたほどテクスト批判や遺稿の解釈にまで立ち入った議論や、思想史的な位置づけをしてこなかった。だから、この叢書でメルロ＝ポンティについてその思想を全体にわたってふりかえる機会をあたえられたのは、まことに幸運なことであった。

とはいえ、作業のほうは順調に運んだわけではない。ぎりぎりまで追いつめられないと動きださないという生来の怠惰もあって、編集部のみなさんの胃をきりきり痛ませたにちがいない。

わたしのほうは編集部のかたがたに救われるばかりであった。この叢書の発行責任者である宇田川眞人さんは、いつも落ちついた口調、静かなまなざしで接してくださり、どんなに追いつめられたときでも、こわばった肩をほぐしてくださった。担当の稲吉稔さんには、雪のなか、雨のなか、何度も何度も京都や大阪のほうに足を運んでいただいたり、休日出勤を強いたりして、ほんとうにひどいご迷惑をおかけした。汗ばむ季節になると、「いな吉」などという涼しげなお名前で、これが終わればすぐに鱧（はも）おとしや焼き茄子のおひたしの季節ですよと激励の合図を送ってくださった。このこまやかなお心遣いがうれしかった。このお二人の、なみなみならぬご厚意と努力がなければ、この本が祇園祭の前に公刊できたかどうか、おぼつかない。

1997 *mai*

鷲田清一

学術文庫版あとがき

原本は一九九七年に刊行された。阪神・淡路大震災の二年後である。その月日は、被災地での暮らしの復興にあたって大学が、そして「哲学」がなしうること、なすべきことを仲間たちと問う、そのような過程でもあった。わたしのばあい、それは大阪大学を拠点に《臨床哲学》という哲学のプロジェクトを立ち上げるその準備の期間でもあった。

わたし自身はこの本を書き上げたあと、大事なのは整合的な「説明」ではなく丹念で厚い「記述」だというメルロ＝ポンティの言葉に導かれるかのように、いわゆる文献研究から《哲学のフィールドワーク》のほうに仕事の重心を移していった。それまでも「着る」ことや「顔」という現象については筆を走らせていたが、震災以降はおもに、「聴く」こと、「待つ」こと、うめきつつ「語りだす」ことといった、受動性ということを深く内蔵した動詞的ないとなみの考察に取り組むことになった。

木田元さん、滝浦静雄さんらメルロ＝ポンティ研究の第一世代が開始した文献研究は、わたしが属する第二世代を挟んで、次の第三世代の方々が、一九九三年に発足したメルロ＝ポンティ・サークルに集う人たちを中心に、しっかりと継続されている。彼／彼女らの努力によって、その後、メルロ＝ポンティの講義録や覚え書きの翻訳が、そしてその解釈の深化が模索されている。前者については『コレージュ・ド・フランス講義草稿　一九五九―一九六一』（ステファニー・メナセ編、松葉祥一・廣瀬浩司・加國尚志訳、みすず書房、二〇一九年）が代表的なものであり、後者については個々の業績については言及を控えるが、それらの成果を凝集したものとして『メルロ＝ポンティ読本』（松葉祥一・本郷均・廣瀬浩司編、法政大学出版局、二〇一八年）がある。ちなみに二〇〇八年には、雑誌『思想』（岩波書店）において特集「メルロ＝ポンティ生誕一〇〇年」も組まれている。

このたびの文庫化は、奇しくも『思想』編集長としてその特集を編まれ、その後講談社編集部に移られた互盛央さんのご提案によるものである。それを実現するにあたっては、互さんと校閲の方々の緻密な作業にほぼすべてを負っている。なんとも幸運なことであった。

二〇二〇年八月　　鷲田清一

版。滝浦静雄・木田元訳『行動の構造』（みすず書房）刊行。
1967年　竹内芳郎・小木貞孝訳『知覚の現象学1』（みすず書房）刊行。
1968年　『言語と自然——コレージュ・ドゥ・フランス講義要録1952-60』が刊行される。フランス全土でゼネスト、五月危機。
1969年　遺稿集『世界の散文』がクロード・ルフォールの編集によって刊行される。ド・ゴール退陣。
1973年　アレクサンドル・メトロの編集・翻訳によって『メルロ＝ポンティ講義』がドイツで刊行される。
1982年　『エスプリ』誌が6月にメルロ＝ポンティ特集を組む。
1988年　『意識と言語の獲得——ソルボンヌ講義1』刊行。
1995年　『自然——コレージュ・ド・フランス講義ノート』がドミニク・セグラールの編集によって刊行される。

りかかるが、しばらくして中断。

1952年（43〜44歳）　ジャン・ヴァールやマルシャル・ゲルーの推薦によって、コレージュ・ドゥ・フランスの哲学教授に就任。サルトルと決裂し、『レ・タン・モデルヌ』誌を去る。サルトルとカミュが革命をめぐって論争。

1953年（44〜45歳）　コレージュ・ドゥ・フランスにて教授就任講演「哲学を讃えて」をおこなう。スターリン死去。

1954年（45〜46歳）　『レクスプレス』誌上等で、政治的発言を再開する。マンデス＝フランス内閣成立。7月、インドシナ休戦協定成立。12月、アルジェリア民族解放闘争が始まる。

1955年（46〜47歳）　『弁証法の冒険』刊行。サルトルを厳しく批判。ボーヴォワールが「メルロ＝ポンティと似非サルトル主義」と題して激しい反批判をおこなう。レヴィ＝ストロース『悲しき熱帯』、『構造人類学』を刊行。

1956年（47〜48歳）　フルシュチョフによるスターリン批判始まる。10月、ハンガリー動乱。

1958年（49〜50歳）　ド・ゴール内閣成立。第五共和制発足。

1959年（50〜51歳）　マンデス＝フランスを中心とする統一社会党の結成に参加、その発起人のひとりとなる。『見えるものと見えないもの』の執筆を始める。

1960年（51〜52歳）　論文集『シーニュ』を刊行。サルトル『弁証法的理性批判』第1巻を刊行。アルジェリアで反ド・ゴール暴動勃発。

1961年（52〜53歳）　1月、「眼と精神」を『アール・ド・フランス』誌に発表。5月3日、冠状動脈血栓症のため自宅で急逝。机の上に開かれたデカルト全集の一冊の上に伏せるようにして亡くなっていた。

1962年　アルジェリア独立。

1964年　遺稿『見えるものと見えないもの』がクロード・ルフォールの編集によって刊行される。『心理学紀要』が臨時増刊号《ソルボンヌのメルロ＝ポンティ》（第18巻3-6合併号）を出の努力で1944年から46年末まで、C草稿群は1948年末までのあいだ、フッサールの遺稿がパリに保管されることになった)。11月、ドイツ軍、全フランス占領。

1943年（34〜35歳）　サルトル『存在と無』刊行。

1944年（35〜36歳）　サルトルの後任としてコンドルセ高等中学校で高等師範学校受験級を教える。8月、パリ解放。フランス共和国臨時政府成立（首班、ド・ゴール)。

1945年（36〜37歳）『知覚の現象学』を刊行。本書と『行動の構造』とを学位論文として提出、博士号を受ける。5月、第二次世界大戦終結。7月、リヨン大学に講師として着任する。10月、『レ・タン・モデルヌ』誌が創刊される。メルロ＝ポンティは共同主幹の一人として参加。サルトル、『自由への道』第一・二部刊行、講演「実存主義はヒューマニズムか」。

1946年（37〜38歳）『レ・タン・モデルヌ』誌の実質的な編集長として活動する。第四共和制発足。第一次インドシナ戦争が始まる。

1947年（38〜39歳）　フランス哲学会にて「知覚の優位性とその哲学的帰結」と題した講演をおこなう。『ヒューマニズムとテロル』刊行。高等師範学校の講師を兼任する。

1948年（39〜40歳）　論文集『意味と無意味』を刊行。リヨン大学教授に昇格。《革命的民主連合》の発起人名簿に名を連ねる。

1949年（40〜41歳）　パリ大学文学部（ソルボンヌ）児童心理学および教育学の講座主任教授に就任する。サルトル『自由への道』第三部、レヴィ＝ストロース『親族の基本構造』刊行。

1950年（41〜42歳）　すでに暴露されつつあったソ連の強制収容所問題をめぐって「われらの生活の日々」(のちに「ソ連と収容所」と改題して『シーニュ』に収録）を『レ・タン・モデルヌ』誌に発表する。朝鮮戦争が勃発。これと同時に政治的沈黙に入る。

1951年（42〜43歳）　第1回国際現象学会議で「言語の現象学について」と題する報告をおこなう。『世界の散文』の執筆にと

1934年（25〜26歳）　シャルトルの高等中学校に哲学教授として赴任。ゴルトシュタイン『生体の機能』出版される。

1935年（26〜27歳）　39年までパリで高等師範学校の復習教師を務める。アレクサンドル・コジェーヴのヘーゲル講義を聴講。『ラ・ヴィ・アンテレクチュエル』や『心理学雑誌』などに主として書評の寄稿をはじめる。G・マルセル『存在と所有』刊行。11月、フランス人民戦線結成。

1936年（27〜28歳）　書評『存在と所有』、「サルトルの『想像力』」を発表。ブルム人民戦線内閣成立（〜37年）。

1937年（28〜29歳）　サルトル「自我の超越」、小説「壁」を続いて発表。

1938年（29〜30歳）　『行動の構造』を脱稿。フランス人民戦線崩壊。モスクワ裁判、ブハーリン、ルイコフらを銃殺刑。サルトル『嘔吐』を刊行。フッサール死去。

1939年（30〜31歳）　『国際哲学雑誌』のフッサール追悼号を読み、遺稿の存在を知る。4月1日から一週間ほどルーヴァンのフッサール文庫に赴き、遺稿を閲覧する。8月、応召。同月、独ソ不可侵条約締結。フランスの対独宣戦布告を機に、陸軍少尉として配属される。

1940年（31〜32歳）　5月、ドイツ軍がマジノ線突破。6月、パリ陥落、フランス、対独降伏、翌7月ヴィシー政府成立。9月に除隊後、カルノー高等中学校の哲学教授に就任。

1941年（32〜33歳）　サルトルらとレジスタンス組織《社会主義と自由》を結成するが、一年ほどで崩壊。ド・ゴールがロンドンで亡命政府組織《自由フランス国民委員会》結成。ベルクソン死去。

1942年（33〜34歳）　『行動の構造』を刊行。フッサール文庫のヴァン・ブレダ神父がパリを訪れ、フッサールの遺稿の転写原稿（トランスクリプト）をパリに移管する計画を、メルロ＝ポンティ、ジャン・カヴァイエス、ジャン・イポリット、チャン・デュク・タオらに提案する（その結果、メルロ＝ポンティ、タオら

メルロ＝ポンティ略年譜

1908年　3月14日、フランス南西部のロシュフォール・シュル・メールに生まれる。

1919年（10〜11歳）　ル・アーヴルの高等中学校（リセ）に入学。ルノワール死去。

1920年（11〜12歳）　フランス共産党結成。

1923年（14〜15歳）　パリのジャンソン・ドゥ・サイイ高等中学校に転校。

1924年（15〜16歳）　パリのルイ・ル・グラン高等中学校に転校。以後、高等師範学校（エコル・ノルマル・シュペリユール）の受験準備にあたる。マルセル・ベルネやピエール・ティスランらに哲学を学ぶ。

1926年（17〜18歳）　高等師範学校に入学。在学中に、ポール・ニザン、レイモン・アロン、シモーヌ・ドゥ・ボーヴォワール、クロード・レヴィ＝ストロース、そしてジャン＝ポール・サルトルらと知りあう。

1928年（19〜20歳）　この年よりドイツの現代哲学を紹介したジョルジュ・ギュルヴィッチの講義を聴講。

1929年（20〜21歳）　2月23日と25日、ソルボンヌでフッサールの講演「超越論的現象学入門」を聴く。

1930年（21〜22歳）　7月、哲学の教授資格試験（アグレガシオン）に合格する。11月より翌年9月まで兵役につく。

1931年（22〜23歳）　パリの北にあるオワーズ県ボヴェの高等中学校の哲学教授に着任。

1933年（24〜25歳）　国立学術金庫の助成を得、国立科学研究所で研究活動を続ける。1月、ヒットラー、首相に就任。3月、ナチス独裁政権成立。

KODANSHA

本書の原本は、一九九七年に「現代思想の冒険者たち」第18巻として小社から刊行されました。原本刊行後に出版された訳書の情報を付加したほか、若干の改訂を行っています。

鷲田清一（わしだ　きよかず）

1949年、京都府生まれ。京都大学大学院文学研究科博士課程単位取得退学。大阪大学教授、同大学総長、京都市立芸術大学理事長・学長を歴任し、現在、せんだいメディアテーク館長、サントリー文化財団副理事長。専門は、臨床哲学・倫理学。主な著書に、『現象学の視線』、『顔の現象学』、『だれのための仕事』、『〈弱さ〉のちから』、『京都の平熱』（以上、講談社学術文庫）ほか多数。

定価はカバーに表示してあります。

メルロ＝ポンティ
可逆性（かぎゃくせい）
鷲田清一（わしだきよかず）

2020年10月7日　第1刷発行
2023年6月5日　第3刷発行

発行者　鈴木章一
発行所　株式会社講談社
東京都文京区音羽2-12-21 〒112-8001
電話　編集（03）5395-3512
販売（03）5395-4415
業務（03）5395-3615
装　幀　蟹江征治
印　刷　株式会社新藤慶昌堂
製　本　株式会社国宝社

ISBN978-4-06-521260-8

「講談社学術文庫」の刊行に当たって

これは、学術をポケットに入れることをモットーとして生まれた文庫である。学術は少年の心を養い、成年の心を満たす。その学術がポケットにはいる形で、万人のものになることは、生涯教育をうたう現代の理想である。

こうした考え方は、学術を巨大な城のように見る世間の常識に反するかもしれない。また、一部の人たちからは、学術の権威をおとすものと非難されるかもしれない。しかし、それはいずれも学術の新しい在り方を解しないものといわざるをえない。

学術は、まず魔術への挑戦から始まった。やがて、いわゆる常識をつぎつぎに改めていった。学術の権威は、幾百年、幾千年にわたる、苦しい戦いの成果である。こうしてきずきあげられた城が、一見して近づきがたいものにうつるのは、そのためである。しかし、学術の権威を、その形の上だけで判断してはならない。その生成のあとをかえりみれば、その根は常に人々の生活の中にあった。学術が大きな力たりうるのはそのためであって、生活をはなれた学術は、どこにもない。

開かれた社会といわれる現代にとって、これはまったく自明である。生活と学術との間に、もし距離があるとすれば、何をおいてもこれを埋めねばならない。もしこの距離が形の上の迷信からきているとすれば、その迷信をうち破らねばならぬ。

学術文庫は、内外の迷信を打破し、学術のために新しい天地をひらく意図をもって生まれた。文庫という小さい形と、学術という壮大な城とが、完全に両立するためには、なおいくらかの時を必要とするであろう。しかし、学術をポケットにした社会が、人間の生活にとってより豊かな社会であることは、たしかである。そうした社会の実現のために、文庫の世界に新しいジャンルを加えることができれば幸いである。

一九七六年六月　　　　野間省一

哲学・思想・心理

ペルシア人の手紙
シャルル＝ルイ・ド・モンテスキュー著／田口卓臣訳

二人のペルシア貴族がヨーロッパを旅してパリに滞在している間、世界各地の知人たちとやり取りした虚構の書簡集。刊行（一七二一年）直後から大反響を巻き起こした異形の書、気鋭の研究者による画期的新訳。

2564

全体性と無限
エマニュエル・レヴィナス著／藤岡俊博訳

特異な哲学者の燦然と輝く主著、気鋭の研究者による渾身の新訳。二種を数える既訳を凌駕するべく、原書のあらゆる版を参照し、訳語も再検討しながら臨む。次代に受け継がれるスタンダードがここにある。

2566

レヴィナス 「顔」と形而上学のはざまで
佐藤義之著

唯一無二の哲学者レヴィナスの二冊の主著『全体性と無限』（一九六一年）と『存在とは別様に、あるいは存在することの彼方へ』（一九七四年）を解説し、さらに「ケア」という現代の問題につなぐ定評ある一冊。

2567

イマジネール 想像力の現象学的心理学
ジャン＝ポール・サルトル著／澤田 直・水野浩二訳

「イメージ」と「想像力」をめぐる豊饒なる考察――ブランショ、レヴィナス、ロラン・バルト、ドゥルーズなど幾多の思想家に刺激を与え続けてきた一九四〇年刊の重要著作を第一級の研究者が渾身の新訳！

2568

ドゥルーズ 流動の哲学［増補改訂］
宇野邦一著

二〇世紀後半の哲学を牽引した思想家の生涯をたどりつつ主要著作を読み解く、定評ある一冊に加筆・訂正を施した決定版が完成。初期の著作から『差異と反復』、『アンチ・オイディプス』、『シネマ』までの全容。

2603

ミシェル・フーコー［増補改訂］
内田隆三著

言葉を、狂気を、監獄を語るフーコーの視線はどこに到達したのか。新たに長大な序文を加え、エピステーメーの変貌と思考の臨界点を探究した「知の考古学者」の全貌に迫る。

2615

中野孝次著
ローマの哲人　セネカの言葉
死や貧しさ、運命などの身近なテーマから「人間となる術」を求め、説いたセネカ。その姿はモンテーニュやアランにもつながる。作家・中野孝次が、晩年に自らの翻訳で読み解いた、現代人のためのセネカ入門。

2616

渡辺公三著（解説・小泉義之）
レヴィ＝ストロース　構造
現代最高峰の人類学者の全貌を明快に解説。ブラジルへの旅、ヤコブソンとの出会いから構造主義誕生を告げる『親族の基本構造』出版、そして『野生の思考』を経て『神話論理』に至る壮大な思想ドラマ！

2627

鷲田清一著
メルロ＝ポンティ　可逆性
独自の哲学を創造し、惜しまれながら早世した稀有の哲学者。その生涯をたどり、『知覚の現象学』をはじめとする全主要著作をやわらかに解きほぐす著者渾身のモノグラフ、決定版として学術文庫に登場！

2630

エドワード・S・リード著／村田純一・染谷昌義・鈴木貴之訳（解説・佐々木正人）
魂（ソウル）から心（マインド）へ　心理学の誕生
心理学を求めたのは科学か、形而上学か、宗教か。「魂」概念に代わる「心」概念の登場、実験心理学の成立、自然化への試みなど、一九世紀の複雑な流れを整理しつつ、心理学史の新しい像を力強く描き出す。

2633

野矢茂樹著（解説・古田徹也）
語りえぬものを語る
相貌論、懐疑論、ウィトゲンシュタインの転回、過去、知覚、自由……さまざまな問題に豊かなアイディアで切り込み、スリリングに展開する「哲学的風景」。著者会心の哲学への誘い。

2637

田中美知太郎著（解説・國分功一郎）
古代哲学史
古代ギリシア哲学の碩学が生前刊行した最後の著作。著者の本領を発揮した凝縮度の高い哲学史、より深く学びたい人のための手引き、そしてヘラクレイトスの決定版となる翻訳――哲学の神髄がここにある。

2640

《講談社学術文庫　既刊より》

哲学・思想・心理

伊藤亜紗著
ヴァレリー　芸術と身体の哲学
なぜヴァレリーは引用されるのか。作品という装置について、時間と行為について、身体について語られた旺盛な言葉から、その哲学を丹念に読み込む。著者の美学・身体論の出発点となった、記念碑的力作。

2645

高橋和夫著（解説・大賀睦夫）
スウェーデンボルグ　科学から神秘世界へ
一八世紀ヨーロッパに名を馳せた科学者が、五〇代にして突如、神秘主義思想家に変貌する。その思考の軌跡は何を語るのか。カント、バルザック、鈴木大拙……数多の著名人が心酔した巨人の全貌に迫る！

2650

マルティン・ブーバー著／野口啓祐訳（解説・佐藤貴史）
我と汝
経験と利用に覆われた世界の軛から解放されるには、全身全霊をかけて相対する〈なんじ〉と出会わねばならない。その時、わたしは初めて真の〈われ〉となるのだ――。「対話の思想家」が遺した普遍的名著！

2677

本田　済著
易学　成立と展開
中国の思想、世界観を古来より貫く「易」という原理の成り立ちとエッセンスを平易にあますところなく解説。占いであり、儒教の核心でもある易を知ることは、中国人のものの考え方を理解することである！

2683

大森荘蔵著（解説・野家啓一）
新視覚新論
視覚風景とは、常に四次元の全宇宙世界の風景である――。心、時間、自由から「世界の在り方としての私」を考える、著者渾身の主著。外なる世界と内なる心があるのではない、世界とは心なのだ。

2684

竹田青嗣著
言語的思考へ　脱構築と現象学
ポストモダン思想の限界を乗り越え、現象学が言語の「謎」を解き明かす！「原理」を提示し、認識の「普遍洞察性」に近づいていくという哲学的思考のエッセンスを再興する、著者年来の思索の集大成。

2685